BERGISCHER KRIMI

6

Oliver Buslau, geboren 1962 in Gießen, lebt in Bergisch Gladbach. Studium der Musikwissenschaft und Germanistik, seit 1994 freier Autor, Redakteur und Journalist. »Die Tote vom Johannisberg« ist sein erster Roman.

Dieses Buch ist ein Roman. Handlung, Personen und manche Orte sind frei erfunden. Ähnlichkeiten mit lebenden oder toten Personen sind rein zufällig.

Oliver Buslau

Die Tote vom Johannisberg

Emons Verlag Köln

© Hermann-Josef Emons Verlag
Alle Rechte vorbehalten
Umschlaggestaltung: Atelier Schaller, Köln
Umschlagzeichnung: Heribert Stragholz
Umschlaglithografie: Media Cologne GmbH, Köln
Satzbelichtung: Stadtrevue Verlag GmbH, Köln
Druck und Bindung: Clausen & Bosse GmbH, Leck
Printed in Germany 2000
ISBN 3-89705-169-9

In Erinnerung an meinen Vater Dieter Buslau (1940–1990)

1.

Die Stimme der Frau war so sanft wie der Sahneklacks auf einer Bergischen Waffel.

»Detektei Rott?« hauchte es aus dem Hörer.

»Am Apparat«, antwortete ich. Leider konnte ich nicht sehen, ob ihr Mund so rot wie die Kirschen waren, die zu Bergischen Waffeln gehören. »Was kann ich für Sie tun?«

Sie zögerte. »Das ist schwer am Telefon zu sagen.«

»Wenn es um einen Auftrag geht, sollten wir uns besser treffen. Sie können mir einen Treffpunkt nennen oder in mein Büro kommen.«

Wieder herrschte für einen Moment Stille in der Leitung.

»Wo ist Ihr Büro?« fragte sie dann.

»In Elberfeld. Ecke Kasinostraße und Luisenstraße. Sie finden meinen Namen unten an der Klingel. Mein Büro ist im dritten Stock.«

»Gut. Wann haben Sie Zeit?«

Ich tat, als würde ich in meinem Terminkalender blättern.

»Wie wäre es in einer Stunde?«

»In einer Stunde.« Sie legte auf.

Der Abreißkalender neben meinem Schreibtisch zeigte den neunundzwanzigsten Oktober. In Wirklichkeit war aber schon der vierte November. Der erste war Allerheiligen gewesen, und somit wartete mein Vermieter Krause schon den dritten Tag auf die neunhundert kalt, die meine drei Zimmer kosteten. Doch auf meinem Konto herrschte genauso Ebbe wie in meinem Vorratsschrank. Heute morgen hatte ich den letzten Kaffee verbraucht, und ansonsten fristeten in der Küche noch je eine Dose Erbsensuppe und Ravioli ihr Dasein.

Da ich nach dem Anruf der unbekannten Sanften schon mal damit begonnen hatte, mir über meine Besitzstände klar zu werden, beschloß ich, diesem Thema ausführlich auf den Grund zu gehen. Auch wenn es weh tat.

Ich suchte den letzten Kontoauszug. Er zeigte ein Minus von einundfünfzig Mark dreiundzwanzig und hatte sich mittlerweile wegen diverser Versicherungsabbuchungen und der letzten Telefonrechnung sicher erhöht. Ganz bestimmt war mein bescheidener Überziehungskredit voll ausgeschöpft. In meinem Portemonnaie befanden sich genau vierzig Mark in Scheinen, denen ein bißchen Kleingeld Gesellschaft leistete. Ich verzichtete darauf, es zu zählen. Ich klopfte weiter meine Taschen ab und fand schließlich eine Schachtel Camel mit acht Zigaretten darin.

Eigentlich konnte ich froh darüber sein, daß ich gesund war und ein Dach über dem Kopf hatte. Und vielleicht hatte ich in einer Stunde ja einen Auftrag. Dieser Gedanke hinderte mich daran, mich wieder einmal selbst zu beschimpfen, daß ich überhaupt auf die Schnapsidee gekommen war, eine Detektei aufzumachen. Seit zwei Jahren ging das nun schon so: ein ewiges Hangeln von Job zu Job. Mal eine weggelaufene Ehefrau wiederfinden, dann einen krank geschriebenen Angestellten überwachen, dessen Chef berechtigte Zweifel an der Krankheit seines Mitarbeiters hegte. Einmal sollte ich sogar für einen eifersüchtigen Ehemann die Frau testen. Er wollte einfach nur wissen, ob sie fremdgehen würde, wenn jemand zufälligerweise was von ihr wollte. Auf dieses Spiel hatte ich mich nicht eingelassen und so mindestens einen Tausender in den Wind geschossen.

Im Grunde träumte ich davon, einmal einen so richtig spektakulären Fall zu lösen. Einen Fall, bei dem man am Ende schlauer als alle anderen dastand. Einen Fall, der mich in die Zeitung brachte. Einen Fall, der mich berühmt machte – und so reich, daß ich meine Detektei schließen und als Interviewpartner durch die Harald-Schmidt-Shows dieser Welt tingeln konnte. Sozusagen als Jet-set-Detektiv.

Nun hatte ich erst mal eine Stunde Zeit, um mein Büro auf Vordermann zu bringen. Zwei Zimmer meiner Wohnung wurden privat genutzt, das dritte – gleich neben der Eingangstür gelegen – war das sogenannte »Büro«. Zwei Ikea-Wippstühle, ein Resopalschreibtisch mit einem durchgesessenen Chefsessel dahinter und ein Regal mit juristischer Literatur bildeten das gesamte Inventar. Ich hatte die Bücher nie gelesen. Sie stammten von einem Freund, der sein Jurastudium aufgegeben hatte, um eine Bar auf Mallorca aufzumachen. Ich hoffte meine Auftraggeber damit zu beeindrucken.

Im Moment hatte ich so wenig mit einem Auftrag gerechnet, daß mein Büro als Auffanglager für leere Getränkekisten, schmutzige Wäsche und Altpapier diente. Ich schuftete eine halbe Stunde lang, um alles möglichst professionell aussehen zu lassen. Ich schleppte sogar den Staubsauger aus dem Keller nach oben. Dann fiel mir ein, daß auch mal gelüftet werden mußte. Ich öffnete das Fenster, das in Richtung Wupper hinausging.

Genau fünf Minuten vor der vereinbarten Zeit saß ich in meinem einigermaßen repräsentativen Büro hinter dem Schreibtisch und versuchte, mich auf die Rolle des kenntnisreichen und gewandten Detektivs vorzubereiten. In diesem Moment kam etwas durch das immer noch geöffnete Fenster, sprang auf den Teppich und gab ein freundliches »Miau« von sich.

Die Katze hatte eine eigenartige Farbe: Sie war schwarz, aber ihr Fell besaß eine Art Tigermuster in einem warmen, sandartigen Braunton. An einigen Stellen war das Braun zu unregelmäßigen Flächen zusammengelaufen. Auf ihrer Nase saß ein hellbrauner Strich, so daß ihr Gesicht ein bißchen aussah wie das eines Strichmännchens.

»Was willst du denn hier?« fragte ich – offenbar auf die Intelligenz und Sprachfähigkeit von Katzen so sehr vertrauend, daß ich glaubte, sie würde ihr Mäulchen öffnen und es mir sagen. Vor meinem Fenster gab es ein Flachdach, dahinter war eine riesige Tanne. Darüber mußte das Tier heraufgekommen sein.

»Ich kann dich jetzt hier nicht gebrauchen. Ich kriege gleich Besuch«, erklärte ich.

Das schien die Katze eigenartigerweise zu freuen. Sie antwortete tatsächlich – mit einem kurzen Maunzen. Dann warf sie sich auf den Rücken und wälzte sich auf dem Teppichboden. Dabei schnurrte sie so laut, daß es klang, als habe jemand einen Rasierapparat angestellt.

Ich kam hinter dem Schreibtisch hervor. Schlagartig war die Katze wieder auf den Beinen, duckte sich und musterte mich ängstlich mit großen Augen.

In diesem Augenblick klingelte es. Die Katze legte die Ohren an und sprang aufs Fensterbrett. Sie drehte sich noch einmal kurz um, ließ ein »Miau« zum Abschied ertönen und verschwand.

»Schöne Aussicht haben Sie hier.«

Die Frau stand am Fenster und blickte zu den Betontürmen der Bergischen Universität. Ihre Umrisse erinnerten an eine Ritterburg, die schwarz und bedrohlich auf der anderen Seite der Wupper auf dem Berg zu thronen schien. Ich hatte die Aussicht noch nie schön gefunden. Immerhin durchzog feiner Parfümduft mein Büro, den meine Besucherin mitgebracht hatte, und so war ich zu allgemeinen geschmacklichen Kompromissen bereit.

»Es geht«, sagte ich und drehte mich auf dem Bürostuhl ein wenig zu ihr. »Möchten Sie sich nicht vielleicht doch setzen?«

Es machte mich nervös, daß sie einfach so dastand. Sie wirkte unentschlossen und gleichzeitig aufgewühlt. Jetzt nahm sie plötzlich den Fenstergriff in die Hand. Eine Sekunde lang hatte ich die merkwürdige Idee, sie würde das Fenster öffnen (ich hatte es im Hinblick auf gewisse ungebetene Gäste wieder geschlossen) und sich hinunterstürzen. Doch der Eindruck täuschte. Sie hatte wohl nur Halt gesucht.

Es war zum Verzweifeln. Seit genau achtzehn Minuten war die Frau in meinem Büro. Sie hatte beim Handschütteln ihren Namen gemurmelt und dann gefragt, ob ich wirklich Privatdetektiv sei. Ich hatte ihr erst einen Stuhl und dann einen Kaffee angeboten, und sie hatte beides abgelehnt – zum Glück, denn erst danach war mir wieder eingefallen, wie es um meine Kaffeevorräte bestellt war. Auf die Frage, was ich für sie tun könne, hatte sie geantwortet, das sei eine komplizierte Sache, und sie müsse sich erst überlegen, wo sie anfangen solle. Außerdem sei sie sich nicht ganz im klaren darüber, ob ich ihr wirklich helfen könne. Dann hatte es ein ziemlich langes Schweigen gegeben, in dessen Verlauf sie das Bücherregal zu studieren begann. Sie hatte ihren Blick von dem Regal abgewandt und sich auf das Fenster konzentriert.

Und da stand sie nun.

Wie eine Schlafwandlerin, die nicht weiß, wie sie ins Bett zurückfindet, dachte ich.

»Entschuldigen Sie, könnten Sie mir noch mal Ihren Namen sagen?«

Sie drehte sich um und zeigte ihr blasses Gesicht. »Berg. Regina Berg.«

Um wenigstens ein bißchen professionelle Dynamik aufkommen zu lassen, nahm ich demonstrativ einen Schreibblock und einen Stift aus der Schublade, legte ihn auf den ansonsten leeren Schreibtisch und notierte den Namen.

»Sind Sie hier aus Wuppertal?« Ich bemühte mich, eine konzentrierte Miene aufzusetzen.

Die Frau hatte sich wieder dem Fenster zugewandt. Sie mußte jünger sein, als ich auf den ersten Blick geschätzt hatte. Sie wirkte fast wie eine Schülerin der obersten Gymnasialklasse, eine Tochter aus gutem Hause. Ihre Kleidung verriet einen gewissen Luxus: eleganter beigefarbener Regenmantel, darunter eine helle Bluse, eine schwarze Stoffhose und schwarze Wildlederschuhe. Das Haar war auffallend hellblond und wurde von einer schwarzen, schmetterlingsförmigen Spange zusammengehalten. An den Ohren glitzerten silberne Ohrringe. Der Mantel stand offen und gab den Blick auf ein Schmuckstück frei, das sie um den Hals trug. Es war ein kleines Kreuz, ebenfalls silbern, mit stecknadelkopfgroßen grünen Steinen geschmückt. Als sie mich anblickte, sah ich, daß der Farbton genau der ihrer Augen war. Ich korrigierte das Alter etwas nach oben. Sie war wohl Anfang zwanzig.

»Ja. Ich bin aus Wuppertal. Ist das wichtig?«

»Frau Berg«, begann ich vorsichtig. »Seit fast zwanzig Minuten sind Sie nun hier und wollen mir nicht sagen, was ich für Sie tun soll. Entschuldigen Sie, aber meinen Sie nicht, es wäre besser, Sie überlegen sich noch einmal ganz in Ruhe, womit ich Ihnen helfen kann? Und kommen dann wieder?«

Ich setzte ein, wie ich glaubte, gewinnendes Lächeln auf, das jedoch von meiner Besucherin ignoriert wurde. Dabei hatte ich mir alle Mühe gegeben, meine Aufforderung gütig und väterlich klingen zu lassen. Doch nun mußte ich feststellen, daß ich Regina Berg damit in Verwirrung gestürzt hatte. Sie blickte ratlos zu Boden. Dann richtete sie plötzlich ihre eigentümlich klaren Augen auf mich. Sie schien meine Gedanken gelesen zu haben. Und da sah ich, daß sie weinte.

»Werfen Sie mich nicht raus«, murmelte sie. »Es … es ist schwierig, verstehen Sie?«

Wieder schien sie sich zu verwandeln. Diesmal in ein kleines Mädchen, das sich hilflos am Metallgriff des Fensters festhielt.

»Sie können mich nicht einfach rauswerfen«, flehte sie, wobei sie sich an die Fensterscheibe zu wenden schien. »Ich brauche wirklich Ihre Hilfe. Lassen Sie mich nur einen klaren Gedanken fassen.«

Sie zitterte. Ich hatte den Eindruck, sie würde gleich zusammenklappen. Ich stand auf, nahm ihren Arm und führte sie zu einem der beiden Besucherstühle vor dem Schreibtisch.

»Versuchen wir es anders«, sagte ich so aufmunternd wie möglich. »Da Sie sicher sind, daß ich Ihnen helfen kann, Sie aber nicht wissen, wie, helfe ich Ihnen einfach, indem ich einige Fragen mit Ihnen zusammen angehe. Was halten Sie davon?«

Sie setzte sich, nickte fast unmerklich und beobachtete meine Hände, anstatt mir ins Gesicht zu sehen.

»Also: Geht es um eine Überwachung?«

Sie schniefte kurz. »Was meinen Sie damit?«

»Sind Sie auf der Suche nach einer Person? Möchten Sie über die Tätigkeiten einer bestimmten Person informiert werden? Haben Sie den

Verdacht, daß eine bestimmte Person etwas Unrechtes tut, und brauchen Sie Beweise dafür?«

Sie zuckte die Achseln.»Vielleicht. Ja. Auch.«

Ich schrieb eine Notiz auf meinen Block.

»Haben Sie vor jemandem oder vor etwas Angst?«

Sie deutete ein Nicken an. Ich schrieb wieder etwas auf.

»Werden Sie bedroht?«

Achselzucken. Ich schrieb.

»Soll ich jemanden für Sie suchen?«

Achselzucken.

»Jetzt kommt eine kompliziertere Frage:»Glauben Sie, daß Ihnen etwas passieren könnte, wenn ich Ihnen nicht helfe?«

Keine Reaktion. Dafür eine Gegenfrage:»Was haben Sie gesagt?«

»Soll ich Sie beschützen?«

Nicken.

»Wovor? Vor wem?«

Sie griff in die Tasche ihres Mantels, holte ein Tuch hervor und wischte sich die Tränen ab. Dann stand sie auf und ging ein paar Schritte durch den Raum.

Ein merkwürdiges Geräusch drang plötzlich von irgendwoher. Meine Besucherin ging ans Fenster, öffnete es, und die Katze sprang herein. Regina Berg hörte nicht mehr zu. Ich fühlte, wie Ärger in mir aufstieg.

»Bist du süß«, sagte sie und nahm das Tier auf den Arm. Die Katze quittierte es mit lautem Schnurren. Dann wandte sich Regina Berg zu mir.»Ist das Ihre?«

»Nein«, sagte ich.»Sie scheint eine Streunerin zu sein. Sie ist heute zum ersten Mal hier.«

Regina Berg kraulte die Katze am Kopf. Das Tier schloß genießerisch die Augen, das Schnurren wurde lauter.»Sie ist abgemagert. Sie müssen sie füttern. Vielleicht wurde sie ja ausgesetzt.«

Warum soll ausgerechnet ich mich um eine Katze kümmern, wenn die Stadt über dreihundertachtzigtausend andere Einwohner hat, die das übernehmen könnten, wollte ich fragen.»Laut Mietvertrag ist Tierhaltung hier verboten«, sagte ich statt dessen.

»Sie ist entweder herrenlos, oder ihre Besitzer vernachlässigen sie, und das kommt auf dasselbe heraus. Katzen gehen ihre eigenen Wege. Niemand kann Ihnen verbieten, sie zu füttern. Sie ist sicher auf der Suche nach jemandem, wissen Sie. Nach jemandem, zu dem sie gehören kann.«

Ich wagte nicht, das Geschmuse zu unterbrechen. Schließlich setzte Regina Berg das Kätzchen wieder auf das Fensterbrett, und das Tier sprang den halben Meter zum Flachdach hinunter.

Regina Berg schloß das Fenster und starrte hinaus. Vielleicht sah sie der Katze nach.

Ein Telefon klingelte. Es war eine merkwürdige elektronische Melodie.

»Entschuldigung«, sagte sie und zog ein Handy aus der Tasche. Sie meldete sich mit »Hallo« und hörte eine Weile einer Stimme zu, die ich zwar hören, aber nicht verstehen konnte. Sie klang aufgeregt. Instinktiv versuchte ich herauszufinden, ob der Anrufer ein Mann oder eine Frau war. Es gelang mir nicht. Schließlich sagte sie »Okay« und beendete das Gespräch.

»Sie haben recht«, sagte sie, als sie das Handy wieder in ihrem Mantel verstaut hatte.

»Womit?«

»Ich sollte noch einmal darüber nachdenken, ob und wie Sie mir helfen können. Und bis dahin …«

»Bis dahin?«

»Helfe ich mir selbst.« Sie lächelte gequält.

»Wenn Sie das können, um so besser. Wenn nicht – sagen Sie lieber, was Sie auf dem Herzen haben.« Wieder versuchte ich eine gewinnende Miene, wieder nahm die Frau es nicht zur Kenntnis. Sie schien gehen zu wollen.

»Ich weiß es ja selbst nicht. Ich weiß aber jetzt, wie ich mir helfen kann«, bekräftigte sie.

»Kommen Sie wieder?« fragte ich.

»Vielleicht. Vielleicht auch nicht. Kostet dieses Gespräch etwas? Ich meine – bin ich Ihnen etwas schuldig?«

»Nein, nein«, sagte ich, während mir klar wurde, daß mir gerade ein Auftrag durch die Lappen ging.

»Ich habe vielleicht eine kleine Entschädigung für Sie. Mögen Sie Musik?« Sie legte ein längliches Blatt kartoniertes Papier auf den Tisch. Es war eine Eintrittskarte für ein Konzert, das am nächsten Tag stattfand. Die Ärmel ihres Mantels rutschten zurück, und ich sah zum ersten Mal eines ihrer Handgelenke. Was ich erkannte, überraschte mich nicht.

Sie trat hinaus auf den kleinen Gang, der zur Wohnungstür führte.

»Auf Wiedersehen, Herr Rott.«

13

»Auf Wiedersehen. Vielen Dank für die Karte. Gehen Sie auch dorthin?«

»Ja. Versprechen Sie mir etwas?«

»Was?« fragte ich.

»Kümmern Sie sich um das Kätzchen.«

»Meinen Sie wirklich …«, begann ich, aber sie ließ mich nicht ausreden.

»Versprechen Sie es!« Sie blickte mich mit ihren grünen Augen direkt an.

»Ich verspreche es«, sagte ich.

Sekunden später war sie durch die Tür. Ich hörte nur noch das Echo ihrer Schritte im Treppenhaus, das schnell verstummte.

Ich sah auf den Block, der vor mir lag. Da stand: »Regina Berg – überwachen – hat Angst.« Ich riß das Blatt ab, zerknüllte es und verfehlte den Papierkorb nur um eine Handbreit. Dann dachte ich an die hellen Striche, die ich auf Regina Bergs linkem Handgelenk bemerkt hatte. Es waren Narben.

2.

»*Wir schaffen die Zugmaschine schleunigst von der Straße und versuchen den Mann durch die Windschutzscheibe rauszuziehen ... Sei ehrlich, Kelly, wie findest du mein Kleid? ... Wir nehmen lieber kein Öl, wir haben ja genügend Soße ... Und warum glaubst du, daß du ein Messer mit in die Schule nehmen mußt? ... Wir machen Hackfleisch aus euch, ruft die Roboter ... Auch naß hält es, und trocken fusselt's nicht ... Wählen Sie nullhundertachtzig, fünfundfünfzig ... Es gibt eine neue Definition von Haarpflege ... Ich finde das eben einfach zum Kotzen, Mann ... Alarm! Er versucht, mit dem Ultrabeamlaser den Erdkern anzubohren! ... Sharon! Es ist nur zu deinem besten. Hast du mich verstanden? ... Pasta würzen statt salzen ...*«*

Ich drückte auf den roten Knopf der Fernbedienung. Schlagartig war es still im Zimmer.

Seit Regina Berg meine Wohnung verlassen hatte, ging mir das Gespräch mit ihr nicht aus dem Kopf. Da nützte auch das ewige Fernsehen nichts. Was mich wurmte, war die Tatsache, daß ich eine offenbar wohlhabende Klientin verloren hatte. Warum eigentlich? Was hatte ich falsch gemacht? Wie hätte ich die Frau dazu bringen können, mir voll und ganz zu vertrauen und mich zu beauftragen? Außerdem war es diese Regina Berg selbst, die mir nicht aus dem Kopf ging. Eine solche Ausstrahlung von Hilflosigkeit hatte ich noch nie erlebt. Man hörte immer wieder von Frauen, die allein mit ihrem Schutzbedürfnis Männer faszinieren. Regina Berg war der Prototyp dieses Phänomens.

Und nun stellte sich für mich die Frage: Wie kam ich an den Auftrag, den es da ganz sicher zu holen gab, heran? Sollte ich wirklich in dieses Konzert gehen? Was würde sich dann hinsichtlich ihrer Entschlußlosigkeit verändert haben?

Ich stand vom Sofa auf, warf einen Blick in die Küche, wo der ungespülte Erbsensuppentopf noch auf dem Herd stand. Ich seufzte und beschloß, einkaufen zu gehen.

Bei Aldi erstand ich Konservenbüchsen, Brot, Käseaufstrich. Ein paar Mark legte ich in Katzenfutter an, obwohl sich meine Besucherin seit gestern nicht mehr hatte blicken lassen. Ich trieb noch ein paar Flaschen Kölsch auf.

Als ich das Haus wieder betrat, lief mir Krause über den Weg.

Der Name paßte haargenau zu meinem Vermieter: Er sah »Hausmeister Krause« aus der gleichnamigen Fernsehserie mit Tom Gerhardt zum Verwechseln ähnlich. Auch er trug einen abgewetzten, speckigen Cordhut, und auch er war mit ganz normalen Fragen so aus der Fassung zu bringen, daß man sein Gehirn hinter der gerunzelten Stirn förmlich arbeiten sah. Da mein Krause, der aus Köln stammte, aber kein Hausmeister war, sondern einfach nur ein Frührentner, dem seine Heirat ein Fünfparteienhaus in Elberfeld verschafft hatte, fehlten der graue Kittel und der stahlblaue Werkzeugkasten. Dafür gab es bei ihm eine beige Trevirahose, ein enges weißes Hemd und einen großkarierten Pullunder aus Synthetik zu bewundern. Meist umgab ihn der Duft billiger schwarzer Zigarren.

»Herr Rott«, kam er auf dem Flur auf mich zu, das »Herr« wie immer betonend. »Herr Rott – wie sieht es denn mit der Miete aus. Wir haben gar nix auf dem Konto?«

Das Fragezeichen wurde zu dem bekannten Runzeln.

Ich tat überrascht. »Ach, Herr Krause, das ist mir jetzt aber peinlich. Hat denn die Bank mal wieder geschlafen? Da muß ich mich doch gleich drum kümmern. Tut mir leid.«

Krause nickte, paffte kurz und nahm die Zigarre aus dem Mund.

»Gut, gut«, sagte er und senkte mehrmals beschwichtigend die Hand. Mein höfliches Verhalten gefiel ihm offenbar. Dann fiel sein Blick auf die Katzenfutterdosen, die ich dummerweise ganz oben in den Karton gepackt hatte.

»Ja was ist denn das? Sie werden sich doch wohl keine Katze angeschafft haben, Herr Rott?«

»Nein, nein«, wiegelte ich ab. »Ich habe nur für … eine Bekannte miteingekauft. Verstehen Sie – Sonderangebot, und meine Bekannte hatte keine Zeit, zum Supermarkt zu fahren. Sie wissen ja, wie das ist. Schönen Tag noch, Herr Krause.«

Ich quetschte mich an ihm vorbei.

»Schönen Tach noch, Herr Rott. Und denken Sie dran: Tierhaltung ist in den Wohnungen grundsätzlich untersagt!«

Ich dachte dran, ich wußte es, und ich war froh, daß aus der Wohnung meines Vermieters, die direkt unter meiner lag, eine scharfe Stimme drang. »Krause – komm sofort her. Du weißt doch, daß ich …« Der Rest ging unter, weil Krause gleich in seinen Bau zurückkehrte und hinter sich die Tür schloß.

Ja, ja, das war schon ein ehrenwertes Haus, in dem ich hier wohnte. Krause wurde immer vorgeschickt, um auf Mängel aufmerksam zu machen oder Leute an die Hausordnung zu erinnern. Dahinter steckte jedoch seine Frau, von der es nur Sagen und Mythen gab, denn kaum jemand hatte sie bisher zu Gesicht bekommen. Sie schien sich leiblich nur aus der Wohnung zu begeben, wenn es viermal im Jahr in Urlaub in den Schwarzwald ging. Stimmlich aber war sie immer präsent. Ihr schneidendes Organ war im ganzen Haus zu hören – und damit auch die Tatsache, daß sie ihren Mann beim Nachnamen rief. Krause konnte einem schon leid tun.

Oben lud ich meinen Einkauf ab und freute mich auf eine schöne Fernsehzeit. Außerdem war ich gespannt, ob die Katze noch einmal kommen würde. Ich schnappte mir ein Bier, ließ mich auf die abgeschabte Ledercouch fallen, deren gequälte Sprungfedern irgendwo im Innern des Möbels unter meinen achtundneunzig Kilo zu ächzen begannen, und nahm die Fernbedienung zur Hand. Ich hatte das Fernsehprogramm im Kopf und wußte, daß auf Pro Sieben Al Bundy anstand, gefolgt von den Simpsons: zwei schöne Einblicke in modernes Familienleben. Ich wollte gerade den roten Knopf auf der Fernbedienung betätigen, da hielt mich eine Miau-Fanfare davon ab – leise, aber wohlbekannt.

Ich ging ins Büro und öffnete das Fenster. Und da war sie wieder. Mittlerweile beanspruchte sie wie selbstverständlich meine Wohnung, schritt gemütlich vom Fensterbrett zum Schreibtisch, sprang mit einem Satz auf die Platte und sah mich erwartungsfroh an. Offenbar wußte sie, daß ich Futter gekauft hatte, und so war es selbstverständlich, daß ich es ihr gab. Jetzt sofort.

Ich ging in die Küche, sie folgte mir eilig wie ein kleiner Schatten. Ich suchte einen Untersetzer, öffnete eine Dose Futter und gab ein paar Gabeln voll von dem streng riechenden Fleischmatsch darauf. Kaum hatte sich der Geruch ein bißchen ausgebreitet, wurde Madame (denn das war sie, ich hatte mich vergewissert) lebhaft und stellte sich auf die Hinterbeine. Sie versuchte, die Anrichte zu erreichen, wo ich gerade ihr Mahl bereitete.

»Eine Madame, die Männchen macht – paradox«, sagte ich, aber sie kümmerte sich nicht darum. Kaum hatte ich ihr das Tellerchen hingestellt, duckte sie sich darüber und fing an zu schlingen. Schmatzende Geräusche begleiteten das Ganze.

»Wie heißt du eigentlich?« fragte ich das hemmungslos fressende Wesen unter mir. »Ich muß mir einen Namen für dich ausdenken.« Ich ließ
sie allein und ging wieder rüber zur Fernsehcouch.

Kaum flimmerten die bekannten Aufnahmen eines Springbrunnens
aus Chicago im Vorspann der »schrecklich netten Familie« über die
Mattscheibe, kam meine Besucherin, sprang neben mich und machte es
sich ebenfalls auf dem Sofa bequem.

»Traute Familie, was?« sagte ich und sah zu, wie der Versager Al seine Frau, seine beiden Kinder und sogar den Hund mit Dollarscheinen
versorgte. Das hatte ich schon tausendmal gesehen. Daß danach plötzlich der Bildschirm schwarz wurde, war neu. Erst dachte ich an eine
Störung im Sender, doch es kam kein Testbild, es blieb dunkel. Auch der
Ton war weg. Dafür hörte ich das Schnurren neben mir.

Ich erhob mich mühsam aus der tiefen Couch. Der Fernseher stand
auf einem kleinen Rollwagen aus Sperrholz. Ich rückte das ganze Ar-
rangement von der Wand weg und untersuchte die Kabel. Kein Ergebnis. Alles hätte in Ordnung sein müssen. Ich schaltete um. Auch die anderen Sender funktionierten nicht. Wieder checkte ich die Kabel und
schob das Rollregal weiter nach vorne, um mehr Platz zu haben – interessiert beobachtet von der Katze, die nun das ganze Sofa für sich hatte
und genüßlich alle viere von sich zu strecken begann.

Schließlich ging es nicht mehr weiter: Ein Stapel Zeitschriften, der
sich vor dem Fernseher in eine größere, haufenförmige Papierfläche verwandelt hatte, störte. Ich seufzte und machte den Platz frei. Dabei kamen ein paar Dinge zum Vorschein, die unter dem Papier verborgen gewesen waren. Sogar ein Messing-Kerzenständer lag darunter. Jutta hatte ihn mir mal zum Geburtstag geschenkt, damit meine Wohnung etwas
stimmungsvoller wirkte. Ich stellte das Ding ihr zu Ehren auf den Teppich. Dann kroch ich hinter das Gerät und versuchte verzweifelt, irgend
etwas Außergewöhnliches in diesem Kabelsalat zu entdecken – Al Bundy schon abschreibend.

Ich zwängte mich wieder hervor, und dabei geschah es: Ich machte
eine unbedachte Bewegung, um mich abzustützen, mein Ellbogen erwischte den Glotzkasten und schob ihn vom Rollregal nach vorne. Erst
gab es ein schleifendes Geräusch, dann stürzte das Gerät die neunzig
Zentimeter auf den Wohnzimmerfußboden. Der Raum erbebte von einem Riesenknall. Glas splitterte. Es klang, als sei ein Kasten Bier von der
Decke gefallen.

Ich rappelte mich aus dem Eckchen auf und sah mir die Bescherung an. Der Fernseher lag mit der Glasfläche nach unten auf dem Teppich. Ich brauchte ihn gar nicht anzuheben, um zu wissen, was darunter los war. Genau an der Stelle hatte der Kerzenständer gestanden, der nun wie ein Speer in der Bildröhre steckte.

Die Katze war verschwunden. Ich sah mich um und entdeckte sie im Büro. Sie hatte sich auf das Fensterbrett geflüchtet. Das Fenster war geschlossen, und sie konnte nicht hinaus. Ängstlich drückte sie sich an die Glasscheibe.

Im selben Moment klingelte es. Ich machte den Fehler, zur Wohnungstür zu gehen und zu öffnen. Krause stand da und begann eine Tirade gegen den Lärm loszulassen, der seinen Kronleuchter zum Erzittern gebracht habe. Als jedoch die Katze zwischen unseren Beinen hindurchflutschte, um im Treppenhaus einen Weg nach draußen zu finden, wechselte er das Thema.

»Tierhaltung ist in den Wohnungen grundsätzlich untersagt!« zitierte er wieder den Mietvertrag, verstärkt durch den Zusatz: »Wenn Sie sich nicht dran halten können, kriegen Sie die Kündigung. So schnel, wie ich piep sagen kann.« Dann dampfte er mit seiner Zigarre die Treppe hinunter.

Eine halbe Stunde später hatte ich die Trümmer halbwegs beseitigt und die Fernseherruine erst mal in den Keller geschafft. Die Katze war nicht mehr im Treppenhaus. Offenbar hatte sie den Weg ins Freie gefunden.

Danach stand mein Entschluß fest: Ich mußte noch einmal an Regina Berg herankommen. Ich brauchte Geld.

Und einen neuen Fernseher!

Freitagabend gegen halb acht verließ ich das Haus. Ich hastete in der Dunkelheit hinunter in die Stadt. An der Schwebebahnhaltestelle Ohligsmühle überquerte ich die Wupper.

Mein Ziel war die Historische Stadthalle am Johannisberg – Schauplatz des Konzerts. Bald war das Gebäude zu sehen. Festlich leuchteten die riesigen Fenster unter den markanten eckigen Türmen.

Während ich mich zum Johannisberg hinaufquälte, fiel mir ein, daß ich nun zum ersten Mal in meinem Leben ein klassisches Konzert besuchen würde – und dafür alles andere als passend gekleidet war. Ich trug eine verwaschene Jeans, einen dunklen Pullover und darüber ein verbeultes dunkelbraunes Sakko, das ich schon vor fünf Jahren im Second-hand-Laden gratis zum Einkauf dazubekommen hatte.

Ich war noch nie in der Stadthalle gewesen, aber wie jeder Wupper-taler kannte ich sie natürlich. Immerhin hatte die Presse monatelang über die Restaurierung des fast hundert Jahre alten Gebäudes berichtet.

Ich betrat das Foyer – und kam mir vor, als habe mich eine Zeitma-schine in eine andere Epoche versetzt. Schwere Leuchter hingen von der gewölbten Decke, die von Säulen aus schwarzem Marmor mit goldenen Kapitellen getragen wurde. Hölzerne dunkle Theken zogen sich vor der Garderobe über die Längsseite des Raumes – nur unterbrochen vom Eingang zum hell erleuchteten großen Saal, durch den die Besucher zum Konzert strömten. Für eine Sekunde dachte ich, hier müßten die Herren in Frack und Zylinder herumlaufen, die Damen in schwarzer Seide mit Turnüren.

Die Vision vom späten neunzehnten Jahrhundert verging jedoch sofort. Das Publikum war sogar recht jung. Man trank an den runden Stehtischen Sekt oder Wasser, man besorgte sich neben dem Eingang noch schnell ein Programmheft und fischte in der Geldbörse nach Klein-geld. Ich schloß mich dem Besucherstrom an, passierte die Kartenkon-trolle – und befand mich in einem der schönsten Räume, die ich je gese-hen hatte.

Über dem hell glänzenden Parkett erhoben sich Säulenreihen, dar-über war eine großzügige breite Brüstung mit weiteren Plätzen. Mein Blick folgte den prächtigen Verzierungen, und ich sah in einen gemalten Himmel, aus dem inmitten einer riesigen Rosette ein monumentaler Kronleuchter wuchs. Die Wände waren in einem cremefarbenen Ton ge-halten und verschwenderisch mit matten Goldborten und blaßgrünen Blattmustern geschmückt. Rund um die Bühne, die den vorderen Be-reich des Raumes beherrschte, war ein goldener Kranz gemalt, der eine riesige Orgel umrahmte.

Das gewaltige Instrument mit seinen silbernen Pfeifen und dem röt-lichen Holz sah aus wie ein Altar, den ein extravaganter moderner Künstler ersonnen hatte. Darunter, sozusagen zu Füßen der Orgel, be-fand sich das Orchesterpodium, auf dem akkurat aufgebaute Pulte und Stühle auf die Musiker warteten.

Ich ging an den langen Stuhlreihen entlang und fand meinen Platz. Er lag ziemlich weit hinten, aber so hatte ich den Saal wunderbar im Blick. Unablässiges Gemurmel war zu hören, schließlich unterbrochen von metallischen Geräuschen, als die Türen geschlossen wurden. Fast im gleichen Moment kam das Orchester auf die Bühne: schwarzgekleidete Musiker und Musikerinnen, im Frack die Herren, im Kleid die Damen. Die meisten mit einem Instrument in der Hand.

Applaus brandete auf und verebbte schnell wieder. Ein einzelner näselnder Ton eines Blasinstruments fand seinen Weg durch den Raum, worauf das Orchester ein großes Durcheinander anhob: Man stimmte ein.

Dann wurde es so plötzlich still, als habe jemand ein geheimes Zeichen gegeben. Reglos saßen die Musiker auf den Plätzen, das Publikum schien einen Moment den Atem anzuhalten.

Wieder Applaus. Jemand suchte sich seinen Weg zwischen den sitzenden Musikern hindurch. Es war der Dirigent. Mit jedem Schritt schien sein Gang aufrechter, zielsicherer zu werden. Ein kleiner Sprung, und er stand auf seinem Podest, vor dem bereits ein Pult mit der Partitur stand. Er schüttelte dem vorderen Geiger zu seiner Linken die Hand, verbeugte sich lächelnd mehrmals unter großem Beifall. Mit einer eleganten Bewegung strich er sich die grauen Haare zurück und kehrte dem Publikum den Rücken zu. Das Klatschen erstarb augenblicklich. Ein paar Winke des Dirigenten, und die Musik begann.

Ich habe keine Ahnung von Klassik, aber das Stück gefiel mir. Es begann festlich, pompös – irgendwie zu diesem Saal passend. Auch das Orchester war ein toller Anblick: Gleichmäßig gingen die Bögen der Streicher hinauf und hinunter, Ordnung und Schönheit verbanden sich zu herrlichem Wohlklang, zu perfekter Harmonie.

Ein bißchen störend fand ich die Bewegungen des Dirigenten. Er ruderte, wedelte, wandte sich mal nach links, mal nach rechts, dabei schienen sich die Musiker gar nicht um ihn zu kümmern, sondern blickten fest auf das, was in ihren Noten stand.

Meine Platznachbarin, eine ältere Dame, hatte ein Programmheft auf dem Schoß. Ich blickte hinüber und erfuhr, daß eine Sinfonie von Mozart gespielt wurde. Die sogenannte »Linzer Sinfonie«. Das Orchester war die Wuppertaler Kammerphilharmonie, der Dirigent hieß Arthur Satorius.

Ich sah mich verstohlen um. Wo war Regina Berg? Ich hatte mir keine Gedanken darüber gemacht, daß es natürlich nicht ganz so einfach war, in einem solchen Konzert jemanden zu finden, den man unbedingt treffen wollte. Ich nahm mir vor, in der Pause an der Sektbar Position zu beziehen. Von dort hatte man sicher einen guten Überblick. Andererseits waren auch auf der Empore viele Plätze. Wenn sie nun dort oben saß und in einem ganz anderen Foyer die Pause verbrachte? Ich suchte, soweit es ging, die Reihen der Zuschauer ab. Ohne Erfolg.

Bald hatte die Musik alle geschäftlichen Gedanken restlos aus meinem Kopf verbannt. Auf die festlichen Anfangsfanfaren folgten leisere Stellen, die Violinen spielten einschmeichelnde Melodien. Manchmal wirkte die Art, wie die Instrumentengruppen mit ihren Parts abwechselten, als unterhielten sie sich. Bläser kamen hinzu, und es war ein Auf und Ab von Melodien, Steigerungen, die abbrachen, sich wieder zu sammeln schienen, und so ging es weiter und weiter.

Ich wurde abgelenkt, als einige Konzertbesucher vor mir irritiert die Köpfe umwandten. Meine Nachbarin machte eine plötzliche Bewegung. Auch ich hatte das ferne Rumpeln gehört, doch es war kaum in mein Bewußtsein gedrungen. Jetzt war es wieder da. Es klang, als würde jemand schwere Möbel verschieben – sehr weit weg, und doch in unmittelbarer Nähe.

Unterdessen trumpfte das Orchester mit einer lauten Passage auf. Der Dirigent ließ seine Musiker mit ausholenden Bewegungen langsamer werden und auf einem lange ausgehaltenen Akkord verharren. Dann änderte sich das Tempo, wurde schneller. Das ganze Orchester raste in eine virtuose Passage hinein, doch Mozart hatte für eine weitere leise Stelle gesorgt. Und auch diesmal war das ferne Geräusch wieder da, jetzt noch lauter als vorher.

Mein Blick senkte sich zufällig, und ich sah etwas Kleines, Helles vor mir auf dem ansonsten sauberen Parkett liegen. Das Ding sah aus wie ein weißes Steinchen. Ich wußte genau, daß es wenige Sekunden vorher noch nicht dagewesen war. Eigentlich erinnerte es mehr an einen daumennagelgroßen Splitter Kreide. Plötzlich war ein zweites Stück da, und ich hatte das Gefühl, von irgend etwas am Kopf getroffen zu werden. Mir ging es nicht allein so. Die Dame neben mir schrie unterdrückt auf und tastete mit der Hand auf ihrer bläulich schimmernden Frisur herum. Ich sah nach oben, entdeckte aber nichts Außergewöhnliches.

Die Musiker bemerkten noch nichts von der Unruhe, die sich im Saal auszubreiten begann. Einige Konzertbesucher standen leise auf und strebten zwischen den engen Stuhlreihen den Türen zu. Sie störten dabei andere, die aufstehen mußten, um sie vorbeizulassen. Immer mehr bekamen mit, daß sich irgend etwas an der Decke abspielte. Fast jeder sah hinauf.

Neben der Rosette, an der der gewaltige Kronleuchter hing, ragten mehrere schwarze Röhren aus der Decke. Es waren Scheinwerfer – dicke Zylinder. Wenn man genau hinsah, konnte man erkennen, daß einer der beiden leicht hin und her zu wackeln begann.

Dann passierte es: Etwas löste sich von den Scheinwerfern und landete rasselnd in einem der Kronleuchterreifen. Wie in Zeitlupe rutschte es auch dort ab, raste dann unaufhaltsam auf den darunterliegenden Parkettboden zu und schlug mit dumpfem Knall auf den Stühlen auf.

Ein Schrei ging durch die Menge. Die Musik erstarb. Wer jetzt noch saß, sprang auf und eilte zu den Ausgängen.

Auch ich erhob mich schlagartig, erschreckt über das, was da passierte. Aber ich zwang mich, Ruhe zu bewahren. Ich arbeitete mich die Reihen entlang, kletterte über Stühle und drängte entgegenkommende Menschen zur Seite, bis ich an der Stelle angekommen war, wo das Etwas herabgefallen war.

Es hing unförmig über den Lehnen, inmitten weißer Trümmer: Stuck von der verzierten Decke. Zum Glück hatte hier niemand mehr gesessen.

Zunächst konnte ich nichts erkennen. Ich sah grünen Stoff mit einem eigentümlichen Muster und brauchte eine Weile, um zu begreifen, daß es sich bei dem Stoff um ein Kleid und bei dem Muster um Blut handelte. Dann erkannte ich blonde Haare, die auf den Boden hingen. Dazwischen baumelte etwas anderes. Etwas Silbernes mit grünen Steinen darin.

Plötzlich sackte das ganze Bündel zusammen. Der Kopf der Toten rutschte dabei auf die Seite. Leblose grüne Augen starrten mich an.

Die Augen von Regina Berg.

3.

Am nächsten Morgen wurde ich früh wach. Es war erst halb acht. Der dämmrige November schien sich in meine Wohnung geschlichen und alles mit einem grauen Schleier überzogen zu haben, aber es war nur die Farbe des Himmels, der durch die Fenster zu sehen war. Jedenfalls war es saukalt, und ich beschloß, ausgiebig zu duschen.

Ich wurde die Bilder des vergangenen Abends nicht los. Die ganze Nacht hatten sie mich verfolgt – oder vielmehr in der Zeitspanne, die von der Nacht übriggeblieben war.

Als ich Regina Berg erkannt und danach aufgeblickt hatte, war der Saal so gut wie leer gewesen. Es kam mir vor, als hätte ich schon in diesem Moment Polizeisirenen gehört, aber wahrscheinlich hatte ich viele lange Minuten wie versteinert dagestanden – genau wie einige Musiker, die es vor Schreck nicht schafften, die Bühne zu verlassen, und übriggebliebene Besucher, die bewegungslos auf ihren Plätzen saßen oder stumm am Rand standen und vor sich hinstarrten. Irgendwann waren weißgekleidete Notärzte hereingestürzt, hatten brutal die Stühle zur Seite geschoben und sich einen Weg zu dem Bündel gebahnt, das da auf dem Parkett lag. Natürlich kamen sie zu spät.

Ich war ins Foyer gegangen. Auch hier waren kaum noch Besucher gewesen, dafür einige Polizisten, die mit ihren grünen Uniformen in der historischen Umgebung fremdartig wie Marsmenschen wirkten. Ich hatte plötzlich das Bedürfnis gehabt, eine Zigarette zu rauchen, und wollte durch die Glastür das Haus verlassen. Einer der Uniformierten hatte mich aufgehalten.

»Waren Sie im Publikum?« fragte er, und ich nickte. »Bleiben Sie bitte hier, wir müssen die Personalien aufnehmen.« Er winkte einen Kollegen heran, der gleich einen Notizblock hervorzog. »Bitte kommen Sie hierher«, rief er den anderen Besuchern zu, die den kümmerlichen Rest des Publikums bildeten. Dann wandte er sich an mich. »Name? Adresse?« Ich machte die gewünschten Angaben. Der Beamte prüfte auch meinen Personalausweis. Er bedankte sich und kümmerte sich um die anderen. »Wir werden uns an Sie wenden«, erklärte er noch. Ich beobachtete die Prozedur ein wenig und stellte fest, daß dieser Schlußsatz jedem mit auf den Weg gegeben wurde. Dann begriff ich, daß man in dem schmucken Foyer offensichtlich rauchen durfte, und ich machte von dieser Erlaubnis Gebrauch.

Der Rest des Abends war mir nur noch in einzelnen Bildern im Kopf. Die verängstigten Menschen im Foyer, die Reflexe der Blaulichter hinter dem gläsernen Eingang. Draußen dann ein langes Spalier von Neugierigen. Sie mußten für ein dunkles Auto Platz machen, das an die Stufen der Stadthalle heranfuhr. Es war der Leichenwagen. Etwas später kamen zwei Helfer mit dem Metallsarg heraus, verstauten ihn mit geübten Handgriffen, und der Wagen arbeitete sich wieder durch die Menge. Ich stellte fest, daß meine Zigaretten alle waren.

Irgendwann war ich zu Hause. Viel später fiel es mir erst ein, auf die Uhr zu sehen. Ich wußte nicht, wo die Zeit geblieben war. Es war halb eins.

Ich stellte die Dusche an. Kaum war das Wasser richtig heiß geworden, klingelte es Sturm. Ich vermutete Krause und duschte weiter. Das Klingeln steigerte sich, so daß ich wütend meine Dusche abbrach, mir ein Handtuch umwickelte und die Wohnungstür aufriß. Der Besucher stand offenbar unten auf der Straße, denn es klingelte wieder.

Leider verfügt unser Haus nicht über eine Sprechanlage, so daß ich einfach auf den Öffner für die Haustür drückte. Ein Mann in einem Lodenmantel kam mit gemessenen Schritten die Treppe herauf. Er ignorierte meine spärliche Bekleidung und stellte sich vor.

»Krüger von der Kripo. Ich hätte ein paar Fragen an Sie.«

Ich ließ ihn herein, bugsierte ihn ins Büro und kam nach ein paar Minuten angezogen wieder.

»Ist das hier ein Büro?« fragte er.

»Richtig.«

Krüger hatte den Mantel anbehalten. Er zog ein Formular nebst Kugelschreiber aus einer Aktentasche. »Welche Branche?«

»Detektei.«

Er sah auf und zog die Augenbraue hoch. »Würden Sie sich bitte ausweisen? Wir ermitteln in dem Todesfall, der sich gestern abend in der Stadthalle ereignet hat«, sagte er überflüssigerweise.

Ich hatte hinter dem Schreibtisch Platz genommen und legte Personalausweis und Lizenz auf die Resopalplatte. Man hatte zwar gestern bereits meine Personalien aufgenommen, aber hier saß eben ein anderer Beamter, der nun seinerseits überprüfen mußte, wen er vor sich hatte. Das sah ich ein.

»Warum machen Leute von der Kripo die Zeugenbefragung?« fragte ich. »Wird so etwas nicht normalerweise von uniformierten Beamten erledigt?«

Krüger inspizierte meine Papiere und legte sie auf den Tisch. »Es gibt genau eintausenddreihundertzweiundfünfzig Menschen, die als Zeuge für den Todesfall gestern abend in Betracht kommen. Das Publikum, die Musiker, die anwesenden Angestellten der Stadthalle. Jeder muß befragt werden. Das heißt eigentlich: müßte. Die meisten haben den Unglücksort zu schnell verlassen. Wer nicht mehr anwesend war, muß recherchiert werden. Und dazu werden alle Kräfte gebraucht.« Übergangslos begann er die Befragung. »Waren Sie gestern mit jemandem zusammen, der ebenfalls nicht mehr anwesend war, als wir kamen?« Ich verneinte.

»Waren Sie zufällig in dem Konzert?«

»Mit zufällig meinen Sie das Gegenteil von dienstlich?«

»Exakt.«

Ich blickte in stahlblaue Augen, die mir unerklärlicherweise Angst einjagten. Es waren Augen, die sich nicht beirren ließen. Ich beschloß, die Sache möglichst schnell hinter mich zu bringen.

»Ich wollte Regina Berg im Konzert treffen.«

»Wen?«

»Regina Berg«, wiederholte ich. »Die Frau, die von der Decke stürzte.«

Krüger sah auf seine Unterlagen. »Die Frau hieß nicht Berg, sondern Mallberg mit Nachnamen. Sie kannten Sie also?«

»Komisch, bei mir hat sie sich mit Berg vorgestellt. Ja, ich kannte sie.«

»War sie Ihre Mandantin?«

Ich erzählte von ihrem merkwürdigen Besuch am Tag zuvor. Krüger machte sich stumm Notizen. Alles ging routiniert und schnell. Dann stand er auf und verabschiedete sich.

»Es kann sein, daß wir noch einmal auf Sie zukommen«, sagte er. »Wenn Ihnen noch etwas einfällt, was für uns nützlich sein könnte – unter dieser Nummer können Sie mich erreichen.« Er hielt mir eine Karte hin.

»Aber immer zu Diensten«, erwiderte ich.

Als er verschwunden war, holte ich die Dusche nach.

Eine Stunde später spazierte ich in die Stadt. Es war Samstag, und die Zeitungen hatten es gerade noch geschafft, den spektakulären Todessturz in die Wochenendausgabe zu bekommen – angereichert mit ziemlich weitgehenden Recherchen, wenn man bedachte, daß der Unglücksfall nach Redaktionsschluß stattgefunden hatte. Ich studierte die Revolverpresse und erfuhr so allerhand: Regina Mallberg – so hieß sie tatsächlich – war eine siebenundzwanzig Jahre alte Musikstudentin an der Wuppertaler Hochschule gewesen. Ich erfuhr, daß es über dem großen Saal der Stadthalle einen Dachboden gab. Neben den Scheinwerfern, die in der Decke befestigt waren, gähnten breite Löcher in der Decke. Durch eines dieser Löcher war die junge Frau heruntergestürzt. Niemand wußte, was sie auf dem Dachboden gewollt hatte und wie sie dort hingekommen war.

4.

Am Sonntag waren trotz größter Sparsamkeit meine finanziellen Mittel aufgebraucht. Ich griff zum Telefon und rief Jutta an.

»Ahrens.«

»Remi hier. Leihst du mir zwei Hunnis? Ich sitze ziemlich auf dem Trockenen.«

»Remigius Rott, der Meisterdetektiv! Warum suchst du dir nicht einen zahlenden Kunden? Oder Klienten, oder wie das heißt?«

»Mir ist gerade der spektakulärste Kriminalfall in der Geschichte Wuppertals durch die Lappen gegangen. Ohne eigene Schuld.«

»Das Schwebebahnunglück? Da haben wir ja längst den Täter. Eine Eisenkralle war's.«

»Nix Schwebebahn. Lebst du hinterm Mond? Ich spreche vom Johannisberg.«

»Gibt's da neuerdings auch böse Todesfälle? Übrigens – ich lebe immer noch auf dem Brill, aber das mit dem Mond erklärt sich so: Ich bin heute morgen von meinem wohlverdienten dreiwöchigen Florida-Urlaub zurückgekommen und habe den Tag damit verbracht, im Café Engel am Laurentiusplatz zu sitzen und einen Wahnsinnstypen kennenzulernen.«

Ich dachte daran, wie Jutta sich ihrem ererbten Müßiggang hingab, und mir wurde schlecht.

»Und von Zeitungen hast du dich also weise ferngehalten.«

»So ist es. Sollte sich vielleicht unser schönes Wuppertal in eine Hochburg des Verbrechens verwandelt haben? Wo es doch vor gar nicht so langer Zeit noch zu den sichersten Städten Deutschlands zählte?«

»Die Wahrscheinlichkeit ist groß, daß dem so ist.«

Ich setzte an, Jutta zu erzählen, was geschehen war, doch sie bremste mich.

»Ich werde meine Putzfrau danach fragen, wenn sie morgen kommt«, warf sie ein. »Die wird mir sicher noch bessere Details erzählen.«

»Um noch mal auf die zwei Hunnis zurückzukommen –«

Sie fiel mir ins Wort. »Verdien dein Geld mal schön selbst, mein Junge. Du weißt genau, daß ich nichts von direkter finanzieller Unterstützung halte. Arbeit hat noch nie geschadet. Ansonsten steht dir mein gastliches Haus immer offen. Für eine warme Suppe oder so. Oder wenn du mal Hilfe bei einem Fall brauchst.«

Ich seufzte. »Ich dachte ja auch mehr ans Pumpen. Mein Vermieter droht mittlerweile mit Rausschmiß, dein Kerzenständer hat meinen ohnehin kaputten Fernseher aufgespießt, und …«

»Lieber Remi.« Ihre Stimme war zuckersüß. »Glaub mir, mein Florida-Trip war nicht gerade billig. Im übrigen ersuche ich dich dringend, die Leitung freizuhalten. Ich warte auf einen wichtigen Anruf von Tom – du weißt schon, der aus dem Café Engel.«

»Warum hast du ihn nicht sofort am Schlafittchen gepackt und in dein Schlafzimmer geschleppt?« fragte ich zornig.

»Na hör mal«, rief sie entrüstet. »Verhält sich so vielleicht eine Dame? Wobei ich natürlich hoffe, daß das mit dem Schlafzimmer heute abend noch stattfindet. Wenn du mir mit deiner Anruferei keinen Strich durch die Rechnung machst. Adieu!« Sie legte auf.

Ich dachte eine Weile nach. Dann beschloß ich, zum letzten Strohhalm zu greifen.

»Na, kommste mit? Hundert Mark, wenn wir's uns bei mir gemütlich machen, fünfzig im Auto … ach du bist's. Hallo Remi.«

»Hallo Susanne. Kannst du mir sagen, wo Anja ist?«

»Die ist gerade mit 'nem Kunden weg. Vielleicht kann ich dir ja solange weiterhelfen?«

Susanne trug trotz der kühlen Jahreszeit das, was man in den 70ern Hot pants nannte. Dazu ein knappes weißes T-Shirt, hochhackige Schuhe an den Füßen. Immerhin umgab sie ein Mantel, der aber nicht wärmen konnte, weil er weit offen stand. Schließlich dekoriert man nicht aufwendig ein Schaufenster, um es dann mit einem Rollo den Blicken der Käufer zu entziehen.

»Nein danke. Ich warte lieber.«

Susanne nickte und stöckelte weiter das Islandufer entlang.

Ich suchte mir einen Platz zum Warten. Zuerst beobachtete ich die paar Mädchen, die hier eigentlich verbotenerweise ihrem Geschäft nachgingen, aber von der Polizei halbwegs geduldet wurden. Offiziell standen sie da und warteten auf einen Freund oder sahen sich die Gegend an – freie Bürgerinnen in einem freien Land. Ansprechen durften sie ihre Kunden eigentlich nicht. Wenn sie es doch taten, gingen sie ein Risiko ein, denn jeder konnte ein Ermittler der Polizei sein.

Die Tatsache, daß Susanne mir ihre Dienste angeboten hatte, ohne mich überhaupt richtig anzusehen, konnte nur eins bedeuten: Die Geschäfte liefen schlecht.

Keine gute Aussicht für mich.

Ich suchte in meinen Taschen nach Zigaretten und fand eine Schachtel, in der sich noch drei befanden. Ich steckte mir eine an und blickte hinunter zur Wupper. Gemütlich floß sie in ihrem flachen Bett dahin, im Wasser spiegelte sich der bewölkte Abendhimmel. Ein harmloses Flüßchen, wenn man es mit so einem gewaltigen Strom wie dem Rhein verglich. Oben kam ab und zu eine Schwebebahn vorbei – jene berühmte, fast hundert Jahre alte Wuppertaler Lösung des Nahverkehrsproblems. Ich überlegte, warum man nicht auch andere Flüsse dazu nutzte, Menschen in großem Stil von A nach B zu transportieren. Eine lange Brücke in der Flußmitte, und man war alle Sorgen los. Der Rhein beispielsweise war so breit, da hätte sogar noch eine Autobahn Platz.

Bevor ich diesen Gedanken patentamtreif bekam, sah ich eine wuselnde Bewegung zwischen den Steinen am Ufer. Eine Ratte. Vorsichtig schlängelte sie sich von Stein zu Stein. Alle paar Sekunden verharrte sie, dann lief sie weiter. Ab und zu schnupperte sie zwischen den Brocken herum. Ihr bräunliches Fell, fast im selben Ton wie der Boden am angrenzenden Ufer, stand in eigentümlichen Spitzen ab; wahrscheinlich war sie gerade aus dem Wasser gekommen. Ich beobachtete eine Weile das Wuppertaler Tierleben, dann hielt hinter mir ein Wagen. Ich drehte mich um.

»Hallo Rott«, grüßte Anja von der anderen Straßenseite, »das nenn ich 'ne Überraschung.«

Ich hatte Anja bei einem meiner ersten Fälle kennengelernt. Damals war es um einen entlaufenen Ehemann gegangen, der Urlaub von seiner Frau machte und sich mit allerlei Liebesdienerinnen herumtrieb. Die Ehefrau hatte auf eine konventionelle Nebenbuhlerin getippt, zumal der Mann Andeutungen gemacht hatte, daß er eine Scheidung plane. Am Ende stellte sich heraus, daß er zwanzigtausend Mark im Lotto gewonnen hatte, seiner Frau kein Sterbenswörtchen davon gesagt hatte und statt dessen mit dem Geld die Sau rausließ. Als er aufgrund meiner Recherchen unter moralischen Druck geriet, war alles so gut wie verpulvert und nach Ableistung vielfältiger Dienstbarkeiten zum großen Teil in Anjas Tasche gewandert.

»Hallo Anja. Ich denke, ihr dürft keine Kunden ansprechen«, sagte ich tadelnd. »Deine Freundin Susanne da drüben hat mich dermaßen angebaggert, daß ich mich geradezu belästigt fühlte.« Ich warf die abgebrannte Zigarette hinunter in die Wupper.

Anja grinste. »Ach hör mir auf mit Ärger, den haben wir genug. Hast du für mich auch 'ne Kippe?«

Ich kramte nach den Camels, fand sie und hielt ihr die Schachtel hin. Aus den übrigen zwei wurde eine, die ich mir selbst sogleich genehmigte. Ich gab Anja Feuer.

»Willst du nicht mal in einem ordentlichen Etablissement arbeiten? Statt hier auf der Straße? Noch hättest du alle Chancen.«

Anja hätte man kaum abgenommen, daß sie hier am Islandufer auf den Strich ging. Sie war zweiunddreißig Jahre alt und sah von weitem aus wie zweiundzwanzig, von nahem wie sechsundzwanzig. Ihr Aufzug war weniger aufreizend als der ihrer Kolleginnen. Sie trug Jeans, weiße Stiefel und einen dünnen Pullover. Ihr Gesicht war eine Spur stärker geschminkt, als es üblich gewesen wäre. Das kastanienrote Haar war aufwendig aufgebürstet und mit Haarspray in Form gebracht. Das kleine schwarze Handtäschchen, das ihr über der Schulter hing, paßte nicht so recht zu dieser Garderobe – war aber nötig, um die finanzielle Beute sowie Utensilien zum Nachschminken und allerlei Handwerkszeug aus Latex zu verstauen. Ich wußte, was Anjas Spezialität war. Und daher wußte ich auch, daß sie nach jedem Freier eine neue Lage Lippenstift benötigte.

Sie nahm einen tiefen Zug und lächelte mich an. »Danke«, sagte sie. »Und was das Etablissement angeht: Da tut sich tatsächlich was in Wuppertal. Hast du schon mal was vom ›Großen Boß‹ gehört?«

Ich schüttelte den Kopf. Rotlichtstories interessierten mich nicht. Nur wenn sie mit einem meiner Klienten zu tun hatten.

»Da gibt es einen, der will in Wuppertal alles an sich reißen. Bumsläden, Spielerei, verbotene Videos, wahrscheinlich auch Rauschgift.«

»Woher weißt du das so genau?«

»Spricht sich eben so rum.«

»Und was bedeutet das für dich?«

Anja schnippte die Asche auf die Straße. »Scheiß-Konkurrenz. Wenn sie da was aufmachen, wo Sadomaso und anderes Perverses abläuft, da haben wir hier keine Schnitte mehr. Wo doch sowieso jeder Angst hat, sich was einzufangen.«

Wir rauchten eine Weile und betrachteten dabei den friedlichen Fluß. Die Ratte hatte sich verzogen.

31

»In anderen Städten gibt's schon so eine Art Berufsverband für uns«, sagte sie plötzlich.

»Wollt ihr so was auch gründen?«

»Warum nicht?« Anja seufzte. »Das heißt … Ach Rott, keine Ahnung. Aber weißt du – wir gehen einem Beruf nach, der ja immerhin … eine gewisse Bedeutung hat. Das älteste Gewerbe der Welt und so.« Plötzlich schien ihr etwas einzufallen. »Und denk dran, daß es schon einen Todesfall gegeben hat.«

»Todesfall?«

Sie nickte heftig. »Vor zwei Monaten oder so muß es gewesen sein. Da hat so ein Schwein Britta umgelegt – hier am Ufer. Mit dem Auto. Einfach überfahren und abgehauen.«

Die Geschichte dämmerte aus meinem Gedächtnis hervor. Jemand hatte am Islandufer eine Prostituierte angefahren und Fahrerflucht begangen. Der Täter wurde nicht gefaßt. Das Mädchen starb kurz danach im Krankenhaus.

»Und du glaubst, auch das geht auf die Rechnung von eurem ›Großen Boß‹ oder wie ihr ihn nennt?«

»Ganz bestimmt. Der will uns hier weghaben. Oder in seinem eigenen Laden arbeiten lassen.«

Wieder entstand eine Pause. Ich beschloß, möglichst raffiniert zum Thema zu kommen. Mir fiel aber kein eleganter Übergang ein.

»Apropos arbeiten.«

»Ja?«

»Eigentlich wollte ich dich um einen Gefallen bitten.«

»Schieß los.«

»Kannst du mir vielleicht was leihen?«

»Klar«, sagte sie ohne zu zögern und öffnete ihr Handtäschchen. »Wieviel brauchst du?«

»Bist du sicher, daß du mir was leihen kannst? Ich meine, wo es doch hier so schlecht läuft.«

»Ach, ich hatte gerade meinen Stammkunden. Der ist großzügig. Vergiß es.«

»Fünfhundert. Du kriegst es so schnell wie möglich zurück.«

Sie zählte die Scheine ab, gab mir das Geld und sah mich prüfend an. »Deine Nachforschungen scheinen dich aber auch nicht gerade reich zu machen, was?«

»Du sagst es. Aber ich hoffe, daß sich das bald ändert.«

»Na ja, mach dir nichts draus. Und entschuldige, daß ich dich mit meinen Problemen genervt habe. Im Grunde geht's dir ja auch nicht besser. Laß dir Zeit mit dem Zurückzahlen. Ist nicht so dramatisch.«

»Danke.«

Langsam fuhr ein Auto heran. Es war ein dunkler Wagen mit Remscheider Kennzeichen.

»Hau ab, Rott, Kundschaft«, zischte Anja.

Ich entfernte mich. Nach ein paar Metern blickte ich mich um.

Anja war noch in der Verhandlungsphase. Sie hatte sich gebückt; ihr Kopf steckte im heruntergekurbelten Beifahrerfenster. Gar nicht so einfach mit der Frisur.

Auf dem Rückweg die Wupper entlang sah ich am Fluß wieder die bekannte Bewegung. Eine Ratte begleitete mich ein Stückchen. Ich hier oben, sie da unten.

5.

Als am nächsten Morgen das Telefon klingelte, war mir schlagartig klar, daß in den Schulen wieder mal große Pause war. Trotzdem ging ich ran.

»Rott.«

»Ist da Re-mi-gi-us Rott?«

»Ja.«

Ich wußte, was kam. Derjenige, dem diese Kinderstimme gehörte, verstellte sich schlecht oder hatte gar keine Lust dazu.

»Hallo Remigius«, sagte die Stimme fröhlich. »Weißt du was? Ich bin scheiße – und du bist schuld!«

Noch bevor das stürmische Gelächter der Kids durch die Leitung dringen konnte, hatte ich aufgelegt. Ich seufzte. Eigentlich hätten mir meine Eltern auch einen normalen Vornamen geben können. Rolf zum Beispiel. Oder Michael. Aber es mußte ausgerechnet Remigius sein. Ich hatte mich in den siebenunddreißig Jahren einigermaßen daran gewöhnt. Manche Zeitgenossen offenbar nicht.

Ich sah auf die Digitalanzeige meines Radioweckers. Es war kurz nach halb zehn. Das Telefon klingelte wieder.

Ich hob ab – auf einen weiteren Scherzanruf gefaßt.

»Hallo?« sagte ich diesmal nur, um eventuelle Feinde zu verwirren.

»Detektei Rott?« Es war eine Frauenstimme, diesmal jedoch nicht so sanft wie ein Sahneklacks, sondern eher kratzig und alt.

»Am Apparat«, antwortete ich.

»Herr Rott persönlich?«

»Ganz recht.«

»Hier ist Mallberg.«

Ich sagte nichts.

»Helga Mallberg. Die Mutter«, erklärte die Frau.

»Guten Tag, Frau Mallberg.«

»Könnten wir uns unterhalten? Ich meine, persönlich. Nicht am Telefon.«

»Gern. Möchten Sie hierher in mein Büro kommen oder …«

»Es wäre mir lieber bei mir.«

Sie nannte eine Adresse in Ronsdorf und bat mich, um halb elf da zu sein.

Als ich auflegte, trippelte die Katze um die Ecke. Ich hatte mir angewöhnt, das Bürofenster offenzulassen, und so konnte sie kommen und gehen, wann sie wollte.

»Das riecht nach Kundschaft«, sagte ich und kraulte ihr Köpfchen. »Wenn schon nicht die Tochter, dann wenigstens die Mutter.« Dann verließ ich die Wohnung.

In der Stadt versorgte ich mich mit der aktuellen Presse. Offenbar hatten weder die Polizei noch die Journalisten das Wochenende über geschlafen. Es gab jetzt sogar eine Theorie: Man tippte auf Selbstmord. Der Express fragte »War es Selbstmord?« in großen Buchstaben auf dem Titel, Bild stellte seine Leserschaft mit der Formulierung »Es war Selbstmord!« vor vollendete Tatsachen, die WZ erklärte sachlich »Selbstmord nicht ausgeschlossen«. Alle drei lieferten auch gleich das Indiz dafür: Es gab einen Abschiedsbrief, von Regina Mallberg selbst verfaßt und unangefochten echt, wie die Polizei verlauten ließ.

Aufwendiger Selbstmord, dachte ich, das hätte Regina Mallberg auch leichter haben können. Warum hatte sie nicht die Züge am nahen Bahnhof in Anspruch genommen?

Eine Stunde später hatte ich eine bewegende Busfahrt hinter mir: Durch die berüchtigten Kerbtäler, die tiefen Einschnitte in die Landschaft rund um Wuppertal, war es in gnadenlosen Kurven hinauf nach Ronsdorf gegangen – zusammen mit älteren Herrschaften, die wahrscheinlich zur Klinik Bergisches Land oder einfach nur spazierengehen wollten. Faltige Hände umgriffen fest wie Eisenzwingen Handtaschen aus Kunstleder und Blumensträuße in Papier. Mürrische Gesichter. Als ich ausstieg, kam ich mir vor wie ein Seemann, der nach einer längeren Reise wieder festen Boden betritt.

Luhnsfelder Höhe. Eine Gegend, so öde wie ihr Name. Irgendwann mußte das hier mal dörflich-heimelig gewesen sein. Man konnte weit sehen. Eine Weide. Dahinter wurde es hügelig. Noch weiter Richtung Horizont kam Bewegung in das Panorama: Auf der Schnellstraße schob sich ohne Unterlaß der Verkehr entlang.

Ich brauchte nicht lange nach dem Haus zu suchen. Es war das häßlichste der ganzen Straße.

Ein riesiges Schieferdach schien das zweigeschoßige Haus fast zu erdrücken. Mit diagonalen Eisenstreben vergitterte Fenster erweckten den Eindruck eines Mini-Knasts. Kleine Gauben schoben sich aus dem dunklen Dach hervor.

Der Vorgarten mit sauber geschnittenem Rasen und ordentlich in Fassung gehaltenen Lorbeerbüschen lag vor einer schweren, zweiflügligen Eingangstür. Als ich auf den Klingelknopf drückte, ertönte innen ein schnarrendes Geräusch.

Eine verhärmte Gestalt öffnete mir. Ein faltiges Gesicht, aus dem mich zwei blaßgraue Augen anblickten. Schmale Lippen. Falten auf der Stirn. Sie war tiefschwarz gekleidet. Die Haare hatten die Farbe von Asche. Sie waren streng nach hinten gekämmt und zu einem Dutt verknüpft. Die Frisur erinnerte mich an meine Oma, die seit zwanzig Jahren tot war.

»Herr Rott?« Sie musterte meinen nachlässigen Aufzug.

Ich nickte, und sie bat mich herein.

Als ich das Haus betrat, kam es mir vor, als würde ich an einem schönen Sommertag in eine Gruft steigen. Der dicke dunkelrote Teppich in der großen Diele schluckte das Geräusch unserer Schritte. Ich sah schwere, fast schwarze Möbel vor einer dunkelgrauen Natursteinwand. Frau Mallberg öffnete eine gelbliche Glastür, die zum Wohnzimmer führte. Schrankwände, in denen penibel aufgestellte lederne Buchrücken prangten. Darüber Reihen von Ziertellern aus Zinn. Über der Sitzgruppe ragten Hirschgeweihe in den Raum. Daneben ein hölzernes Kruzifix – so groß wie ein Warndreieck. Weiter hinten im Raum stand etwas großes Schwarzes: ein Flügel. Auf der anderen Seite sah ich eine breite Glasfront, hinter der wahrscheinlich ein Garten lag. Friedhofssträucher versperrten die Sicht.

Frau Mallberg bat mit einer Geste Platz zu nehmen. Ich ließ mich auf einer ledernen Couch nieder. Die Kälte der Oberfläche drückte sich durch den Stoff meiner Hose. Frau Mallberg nahm ebenfalls Platz. Sie setzte sich kerzengerade, als habe sie einen Stock im Rücken.

»Bitte tun Sie mir einen Gefallen«, sagte sie. »Zeigen Sie mir Ihre Lizenz.«

Ich friemelte den Ausweis hervor. Frau Mallberg nahm die eingeschweißte Karte und starrte sie mindestens zwanzig Sekunden lang regungslos an. Ich sah mich währenddessen um. Mein Blick streifte ein paar Bücher in den Schrankwänden: »Meine Zeit als Hitlerjunge«, »Der Fall Stalingrad«, »Die großen Luftschlachten des Zweiten Weltkrieges«. Ich versuchte mir vorzustellen, daß das junge elegante Mädchen, das mich besucht hatte, hier aufgewachsen sein sollte. Es gelang mir nicht. Dann hatte Frau Mallberg die Überprüfung beendet.

»In Ordnung. Ich möchte Sie bitten, Ihre Schweigepflicht ernst zu nehmen und alles, worüber wir sprechen, vertraulich zu behandeln.«

»Das ist selbstverständlich.«

»Kommen wir gleich zur Sache. Ich fand Ihre Adresse in Reginas Manteltasche. Sehen Sie – hier.« Sie griff auf einen Stapel von Briefen und anderen Papieren, der auf dem Wohnzimmertisch lag, und zog einen kleinen Zettel heraus. In akkurater Handschrift stand meine Adresse darauf.

»Der Zettel kann noch nicht lange darin gewesen sein«, sagte Frau Mallberg. »Der Mantel kommt alle zwei Wochen in die Reinigung. Regina muß ihn also kurz vor ihrem Tod geschrieben und irgendwohin mitgenommen haben. Kannten Sie meine Tochter?«

»Kaum. Sie war kurz in meiner Detektei.«

Frau Mallberg wirkte nicht im geringsten überrascht. »Wissen Sie – mein Mann und ich, wir sind über die Ermittlungen der Polizei informiert«, erklärte sie. »Mein Mann bringt es jedoch nicht fertig, sich damit zu beschäftigen. Ich schon. Ich kenne die Aussagen der Leute, die am Abend im Publikum saßen – jedenfalls soweit die Polizei sie zusammentragen konnte. Es sind noch nicht sehr viele. Ich habe das Wochenende damit verbracht, sie zu lesen. Und ich weiß auch, was Sie zu Protokoll gegeben haben. Sie haben ausgesagt, sie habe am Tag vor ihrem Tod Ihre Hilfe gesucht.«

»Dem ist auch eigentlich nichts hinzuzufügen. Leider, wie ich finde. Außer vielleicht, daß sich Ihre Tochter nicht unter ihrem richtigen Namen bei mir vorstellte. Sie nannte sich ›Regina Berg‹, nicht ›Mallberg‹. Haben Sie vielleicht eine Erklärung dafür?«

Sie schüttelte den Kopf. »Und Sie sind sicher, daß Sie sich nicht verhört haben? Warum sollte sie so etwas tun?«

»Ich weiß es nicht. Sie wirkte sehr verängstigt. Und am nächsten Tag war sie tot. Alle Zeitungen haben heute darüber berichtet. Es heißt, es wurde ein Abschiedsbrief gefunden?«

»Das ist richtig.«

»Daß der Brief gefunden wurde.«

Sie nickte.

»Und wie stehen Sie selbst zu der Selbstmordtheorie?«

Sie blickte auf die blanke Platte des Wohnzimmertisches und schien sich nicht zu trauen, etwas zu sagen. Sie erinnerte mich an ihre Tochter, wie sie stumm in meinem Büro gestanden hatte.

37

»Warum haben Sie mich eigentlich herbestellt, Frau Mallberg? Trauen Sie den offiziellen Ermittlern vielleicht nicht?«

»Das wäre zuviel gesagt.«

Die Frau tat mir leid. Jetzt erst bemerkte ich ihre tiefe Enttäuschung. Ihre Miene verwandelte sich. Aus der strengen Alten wurde die trauernde Mutter.

»Es gibt nun mal diesen Abschiedsbrief ... Aber ich will das einfach nicht glauben. Auf der anderen Seite war meine Tochter ein sehr sensibles Mädchen.«

»Das schon einen Selbstmordversuch hinter sich hatte«, warf ich ein. Frau Mallberg stutzte. »Das hat Sie Ihnen erzählt?«

»Nein, das habe ich mir selbst zusammengereimt.«

Ihr Schrecken verschwand sofort wieder. Ich konnte förmlich sehen, wie sie sich zusammenriß.

»Gibt es denn gar keinen Hinweis darauf, was meine Tochter von Ihnen wollte?«

Ich sah sie aufmerksam an. In ihr schien ein Zweifel zu nagen – ein nur kleiner Zweifel vielleicht, aber doch deutlich zu spüren. Sie hatte in mich ihre ganze Hoffnung gesetzt, und nun mußte ich sie enttäuschen.

Ich schüttelte den Kopf. »Aber ich kann Ihnen versichern, Sie suchte offenbar nicht nach jemandem, der sie von einem Selbstmord abhielt.« Ich erzählte ihr von dem mysteriösen Handy-Anruf.

»Das kann nicht sein«, sagte Frau Mallberg. »So ein Telefon besaß sie nicht.«

»Vielleicht hat ihr jemand eins geliehen? Oder – sind Sie wirklich sicher, daß sie keins hatte? Sie hat sich vielleicht eins zugelegt, ohne es Ihnen zu sagen.«

Frau Mallberg schüttelte den Kopf. »Mein Mann hätte es nicht erlaubt. Mein Mann ist auch voll und ganz davon überzeugt, daß Regina Selbstmord begangen hat. Aber wenn ich mir jetzt überlege, was Sie mir da erzählen ...«

»Sprechen Sie mit Ihrem Mann darüber«, schlug ich vor.

»Ausgeschlossen. Er will nichts davon hören. Das Thema ist bei uns tabu.«

»Und Sie finden das nicht richtig.«

Sie suchte nach Worten. »Eigentlich nicht. Nein. Ich finde, daß allem nachgegangen werden muß. Vielleicht ...«

»Ja?«

Sie senkte die Augen. »Vielleicht sollte mein Mann nichts davon erfahren.«

Ich schwieg. Ich spürte, daß sie ihre Gedanken ordnen mußte. Außerdem schien es für sie ein gewaltiger Schritt zu sein, etwas zu tun, das nicht in Übereinstimmung mit der Meinung ihres Mannes war.

»Wie ist sie eigentlich ausgerechnet auf Sie gekommen?« fragte sie.

Ich zuckte mit den Achseln. »Das weiß ich nicht. Da gibt es sehr viele Möglichkeiten. Meine Adresse steht im Telefonbuch. Auch in den Gelben Seiten. Sagen Sie …«

Sie blickte auf.

»Darf ich jetzt mal was fragen?«

»Bitte.«

»Ihre Tochter hat Musik studiert?«

»Ja. Sie war hier an der Hochschule. Sie studierte Klavier.«

»Ist sie oft in Konzerte gegangen?«

»Ja, natürlich. Professor Satorius war ja ihr Lehrer. Seine Konzerte hat sie ganz besonders oft besucht.«

Mir wurde klar, warum Regina Mallberg eine Eintrittskarte für Satorius' Auftritt dabeigehabt hatte. Offensichtlich versorgte der Professor seine Studenten mit Freikarten.

Ich wagte einen Vorstoß. »Wie wäre es«, begann ich, »ich meine, vielleicht wollen Sie ja einen privaten Ermittler einschalten, der die Sache untersucht?«

Zum ersten Mal sah ich Frau Mallberg lächeln.

»Geschäftstüchtig sind Sie schon, das muß man sagen. Aber Sie haben recht.« Sie rang immer noch ein bißchen mit sich. »Ich möchte, daß es eine Untersuchung gibt. Und wen sonst sollte ich damit beauftragen, wenn nicht Sie? Sie haben meine Tochter schließlich noch kennengelernt. Und Sie waren dabei, als sie starb.«

Ich hatte ihr eine Möglichkeit gegeben, den Zweifel in ihrem Inneren zu beseitigen.

»Was würde mich das kosten?«

»Vierhundert am Tag plus Spesen. Ich kriege drei Tage Vorschuß. Der heutige Tag zählt mit. Danach gibt es einen Bericht, und Sie entscheiden, ob Sie mich weiter ermitteln lassen wollen.«

Sie blickte mich eine Weile ausdruckslos an. Worüber dachte sie jetzt wieder nach? Waren ihr meine Dienste vielleicht zu teuer? Sie stand auf und ging aus dem Zimmer. Als sie zurückkam, hatte sie Geldscheine in

39

der Hand. Sie legte sie auf den Tisch. Ich zählte eintausendzweihundert Mark und steckte sie ein.

»Dann viel Erfolg«, sagte sie. Sie wirkte wie jemand, der eine Lebensversicherung unterschrieben hat und nun mit dem ganzen Papierkram nichts mehr zu tun haben möchte.

»Einen Moment«, sagte ich, »ich glaube, daß es für meine Nachforschungen notwendig ist, noch ein wenig mehr über Ihre Tochter selbst zu erfahren.«

»Was meinen Sie damit?«

»Es ist wichtig, die verschiedenen Einflüsse, denen Ihre Tochter ausgesetzt war, etwas näher in Augenschein zu nehmen. Kurz gesagt – ich muß wissen, mit wem Ihre Tochter Kontakt hatte. Ich muß etwas über ihren Freundeskreis erfahren.«

Frau Mallberg blickte irritiert zur Seite. Ihre Aufmerksamkeit schien einem Hirschgeweih zu gelten, das über der Sitzecke thronte. Vielleicht hatte sie einen Staubfussel entdeckt.

»Nun, da weiß ich auch nicht so recht.«

»Sie wird doch Freunde gehabt haben«, beharrte ich. »Leute, mit denen sie sich traf. Andere Studenten.«

»Also, junger Mann«, sagte sie plötzlich in scharfem Ton und schüttelte den Kopf. »Das kann ich mir beim besten Willen nicht vorstellen. Sie war so offen zu uns, so ... schutzbedürftig. Sie hat sich natürlich überhaupt nicht mit ihren Altersgenossen abgegeben.«

Ich versuchte zu verstehen, was daran natürlich war. »Wo hat sie gewohnt?«

Frau Mallberg hob erstaunt den Kopf. »Hier bei uns selbstverständlich.«

»Selbstverständlich.«

»Sie war unser einziges Kind«, erklärte Frau Mallberg, als ob das ein Grund dafür wäre. »Sie hat sich in ihrem Vaterhaus immer so wohlgefühlt.«

»Hat sie hier auch immer Klavier geübt?«

»Manchmal.«

»Es wäre vielleicht nett, wenn ich einmal in ihr Zimmer schauen könnte.«

Sie wehrte ab. »Aber das geht doch nicht. Muß das wirklich sein?«

»Ihre Tochter hatte vielleicht ein Adreßbuch, in dem sie die Telefonnummern ihrer Freundinnen notierte. Aber ich möchte Ihnen natürlich keine Umstände machen.«

»Nein, nein. Wenn es nicht so lange dauert. Ich muß mich langsam an das Essen machen, wissen Sie. Mein Mann ist geschäftlich unterwegs und kommt bald nach Hause. Bei uns wird immer pünktlich gegessen.«

Sie stand auf und verließ das Wohnzimmer. Ich folgte ihr. Wir betraten die Diele und stiegen eine breite Treppe hinauf. Kurz darauf standen wir vor einem Zimmer. Sie öffnete die Tür.

»Die Polizei hat hier überall nach Spuren gesucht. Dabei hat sie auch diesen … Brief gefunden. Wissen Sie, mein Mann hätte in ihrem Zimmer am liebsten alles schon ausgeräumt, aber ich möchte, daß es noch eine Weile so bleibt. Ich bekomme es nicht übers Herz, hier etwas zu verändern. Schließlich ist Regina noch nicht einmal unter der Erde. Bitte rühren Sie nichts an.«

Der Raum war länglich. An der gegenüberliegenden Stirnseite war das Fenster, darunter stand ein kleiner Schreibtisch. Rechts an der Wand befand sich das Bett mit einer rötlich-schwarzen Tagesdecke. Links gab es Bücherregale, gefüllt mit Papierkram in allen möglichen Größen. Bücher, Ordner, Mappen. Studienunterlagen, vermutete ich.

Insgesamt wirkte das Ganze wie ein spießiges Jungmädchenzimmer aus den 60er Jahren. Sogar Poster über dem Bett gab es. Doch es waren keine Pop-Stars, die sich Regina in ihr Zimmer geholt hatte, sondern alte Männer. Erst beim zweiten Hinsehen begriff ich, daß es sich um klassische Musiker handeln mußte.

»Sie interessierte sich nur für klassische Musik«, erklärte Frau Mallberg. »Dieses moderne Zeug war nichts für sie. Verstehen Sie auch etwas davon?«

»Nicht sehr viel, glaube ich.«

Sie wies mit ihrer knochigen Hand auf das erste Plakat. »Das hier ist Herbert von Karajan. Und das hier« – sie zeigte auf einen Herrn mit Brille, den ich auf den ersten Blick für einen Sparkassendirektor gehalten hätte – »ist Alfred Brendel, der große Pianist.«

Ich ging ein paar Schritte in das Zimmer hinein und ließ meinen Blick über die Bücher und den Papierkram schweifen. Auf dem mittleren Regalbrett stand ein Notenband aufgeschlagen. Es wirkte, als solle es wie in einem Museum präsentiert werden.

»Wupper-Wellen«, las ich.

»Das ist ein Musikstück, das Regina manchmal gespielt hat. Es ist ein Walzer von Franz Lehár, dem großen Operettenkomponisten. Er hat irgendwann im vorigen Jahrhundert Wuppertal besucht und hier dieses Stück geschrieben.«

Die Noten waren gedruckt; links auf dem Titelblatt sah ich etwas Handschriftliches, das ich jedoch nicht entziffern konnte. »Das ist eine Widmung von Frau Else Cronen«, sagte Frau Mallberg, als müßte ich wissen, wer Else Cronen ist. Die Erklärung kam gleich hinterher. »Sie ist die Enkelin der Frau, für die Lehár das Stück komponiert hat. Eine alte Dame. Regina hat es ihr manchmal vorgespielt.«

Ich wandte mich dem Schreibtisch zu. Dort befand sich etwas, das gar nicht in diese altmodische Welt zu passen schien: ein Notebook.

»Ist der Computer auch von Ihrer Tochter?«

Frau Mallberg nickte. »Sie hat ihn sich selbst von ihrem Taschengeld zusammengespart. Und den Rest haben wir ihr dann zum Geburtstag dazugegeben. Mein Mann und ich verstehen ja nichts davon. Das ist eine andere Generation, wissen Sie. Aber sie hat viel damit gearbeitet. Ich glaube, sie hat ihn für ihr Studium gebraucht.« Sie seufzte. »Es ist, als würde sie jeden Moment wiederkommen.«

Neben dem Schreibtisch hing eine kleine Pinnwand, die bis auf ein einziges Foto völlig leer war. Die Schwarzweißaufnahme zeigte einen älteren Herrn, der mir bekannt vorkam.

»Das ist Professor Satorius«, erklärte Frau Mallberg.

Irgendwo unten im Haus schellte das Telefon.

»Entschuldigen Sie mich einen Moment«, murmelte sie. Ich spürte ihre Verunsicherung. Sollte sie mich hier im Allerheiligsten allein lassen oder nicht? Unten klingelte es weiter. Ich machte keine Anstalten, das Zimmer zu verlassen. Schließlich vertraute sie mir – jedoch nicht ohne Belehrung. »Ich bin gleich wieder da. Wie gesagt: Ich möchte Sie bitten, nichts anzurühren.«

Als Frau Mallberg außer Sichtweite war, begann ich routinemäßig, das Zimmer etwas genauer zu untersuchen. So schnell es ging, überprüfte ich den Inhalt des Regals. Im oberen Bereich waren die Papiere und Ordner untergebracht, weiter unten gab es gebundene Bücher – Lesestoff für eine Sechzehnjährige, aber nicht für eine Studentin von Ende zwanzig: »Das große Katzenbuch«, »Pferde und Freunde« und ähnliches. Sogar »Hanni und Nanni« begegnete mir.

Mit spitzen Fingern arbeitete ich mich durch den Papierkram im Bücherregal. Ich sah handschriftliche und gedruckte Noten. Zeitschriften. Handschriftliche Notizen. Wahrscheinlich Unterlagen aus dem Studium.

Im untersten Bereich des Regales gab es zwei Türen. Ich öffnete sie und stieß auf einige Stehordner, in denen etwas Buntes zu sehen war. Ich griff hinein. Offenbar hatte Regina hier etwas ganz Besonders aufbewahrt: Groschenhefte. Liebesromane. Verheißungsvolle Titel: »Mit dem Frühling kam das Glück.« »Endlich warst du da.« »Eine Liebe wie im Märchen.« Auf den Covers junge, weißzähnig lächelnde Frauen in bunten Kleidern, die Hand in Hand mit scheinbar guterzogenen Männern in ordentlichen Anzügen im Wald spazierengingen, in Booten oder auf Hollywood-Schaukeln saßen. Mindestens dreißig Hefte. Bevor ich mich darüber wundern konnte, daß eine Studentin der klassischen Musik so etwas offenbar in Massen las, fiel mein Name auf den Namen der Autorin, der in blaßrosa Buchstaben auf den Titelseiten stand. Es war natürlich ein Pseudonym, wie es bei solchen Kitschromanen üblich ist. In diesem Fall wußte ich aber, wer sich hinter dem falschen Namen verbarg. Die Autorin hieß in allen Fällen Regina Berg.

Ich packte zwei Hefte und stopfte sie in die Innentasche meines Jacketts. Es beulte etwas, aber es ging. Dann hob ich den Kopf und lauschte. Ich hörte Frau Mallberg unten sprechen. Ich sah mich weiter um. Zu gern hätte ich mir den Laptop unter den Nagel gerissen, doch ich konnte mir denken, daß Frau Mallberg damit nicht einverstanden sein würde.

Ich hob den kleinen Computer an und sah, daß er an ein externes Diskettenlaufwerk angeschlossen war, das sich dahinter befand. Und in diesem Laufwerk steckte eine Diskette. Ein Griff, und auch der Datenträger verschwand in meiner Tasche. Keine Sekunde zu früh. Plötzlich stand Frau Mallberg im Raum. Sie mußte sich geradezu herangeschlichen haben.

Sie blickte sich hektisch im Zimmer um, offensichtlich mißtrauisch nach Spuren suchend, ob ich ihr Verbot auch nicht übertreten hatte. »Entschuldigen Sie«, sagte sie während dieser blitzschnellen Suche, »aber das Gespräch war wichtig.«

Ich versuchte, mich wieder in einen netten, höflichen jungen Mann zu verwandeln, dem sie ohne zu zögern all ihre Geheimnisse anvertrauen konnte. Es schien zu gelingen.

»Aber Frau Mallberg, das ist doch überhaupt kein Problem«, sagte ich und tat, als stecke ich einen Stift ein. »Ich kann Ihre Gefühle sehr gut verstehen. Ich habe mir in der Zwischenzeit ein paar Notizen gemacht. Ich hoffe, Sie nehmen es mir nicht übel, daß ich mich im Zimmer Ihrer

Tochter umgesehen habe. Aber sehen Sie, für mich ist das Umfeld eben neu, und da habe ich gedacht …«

Während ich redete, bewegte ich mich aus dem Raum hinaus auf die Treppe zu und ging hinunter. Frau Mallberg folgte mir brav.

Schließlich standen wir vor der Haustür.

»Noch eine Frage«, sagte ich. »Wie war das eigentlich an dem Tag, an dem sie umkam? Ich meine, wo waren Sie und Ihr Mann? Waren Sie auch im Konzert?«

»Aber nein. Wir haben um halb sieben zu Abend gegessen. Etwas früher als sonst, weil Regina in die Stadthalle mußte. Sie sagte immer, es sei wichtig, daß die Studenten die Konzerte des Professors besuchten. Das kann man verstehen. Mein Mann fuhr sie um zwanzig nach sieben in die Stadt. Um zehn hätte er sie wieder abgeholt. Aber statt dessen … kam dann die Polizei.«

»Wo war sie am Nachmittag?«

»Zu Hause natürlich.«

Ich streckte ihr die Hand hin, um mich zu verabschieden. »Ich störe Sie jetzt nicht weiter.«

»Sie sind ein sympathischer junger Mann. Ich glaube, ich kann Ihnen doch noch etwas weiterhelfen.«

Frau Mallberg senkte die Stimme, als würde sie mir ein ganz großes Geheimnis anvertrauen.

»Regina hatte eine … Bekannte. Aber wir waren nicht so besonders glücklich darüber, daß sich unsere Tochter mit ihr traf. Wissen Sie – es war ein schlechter Umgang.«

»Wie heißt sie?« Ich versuchte, etwas zu schreiben aus der Tasche zu ziehen, ohne daß die bunten Hefte sichtbar wurden.

»Birgit Jungholz. Sie wohnt irgendwo in der Nordstadt. Der Ölberg, Sie wissen schon. Sie ist mit Regina zur Schule gegangen.«

»Aufs Gymnasium?«

»Ja – zuerst. Dann hat sie es aber verlassen müssen. Stellen Sie sich vor, sie hat ein Kind gekriegt. Mit siebzehn!«

Frau Mallberg machte ein betroffenes Gesicht. Ich versuchte es ihr gleichzutun.

»Sachen gibt's, die gibt's gar nicht«, sagte ich und schrieb den Namen auf.

Minuten später stand ich an der Haltestelle und wartete auf den Bus, der mich in die Stadt zurückbrachte.

6.

Monika spürte seine Hände, die jeden Zentimeter ihres Körpers erforschten, spürte Renés heißen Atem auf ihrem Rücken. Er ließ seine Hände langsam herabwandern, schob sie vorsichtig, aber bestimmt unter das Negligé. Das Gefühl seiner warmen Hand auf ihrem Bauch beschleunigte Monikas Herzschlag, und René hielt nicht mit seinen Bewegungen inne, bis das seidige Nachthemd wie ein blauer Farbklecks zu ihren Füßen lag.

Ich gähnte, schob das Heft weg und nahm einen Schluck aus der Kaffeetasse.

Als ich ins Büro zurückgekommen war, hatte ich erst einmal Adresse und Telefonnummer dieser Birgit Jungholz aufgetrieben. Ich ließ es zehnmal klingeln. Vergeblich. Dann hatte ich mich in der Literatur festgelesen, die ich in Reginas Zimmer gefunden hatte.

Petra (Ariane, Yvonne, Ruth oder Janine, völlig egal) ist in ihrem Job unglücklich. Ein Geschäftsmann (Pilot, Architekt, Arzt, Großgrundbesitzer, völlig egal) lädt sie in sein Anwesen in der Nähe von Rom (Venedig, Los Angeles, Paris, völlig egal) ein. Sie macht mit ihrem Freund Schluß, der sie andauernd nur heiraten und damit von ihrer ganz, ganz wichtigen Karriere abbringen will. In Rom (Venedig, Los Angeles, Paris, völlig egal) angekommen, ist Petra (Ariane, Yvonne, Ruth oder Janine, völlig egal) plötzlich ob der luxuriösen Umgebung Hals über Kopf bereit, den Geschäftsmann (Pilot, Architekt, Arzt, Großgrundbesitzer, völlig egal) ganz in Weiß und supertraditionell zu heiraten und sich nur noch diesem gutaussehenden Mittdreißiger hinzugeben. Doch dann muß sie erfahren, daß all der Reichtum nur vorgetäuscht war. Und außerdem ist da noch die eifersüchtige Mutter (Exfrau, Schwester, Cousine, völlig egal). Am Ende kriegen sie sich dann aber doch und besitzen Geld wie Heu.

So ging das in diesen Romänchen. Mir gefielen sie. Ich las einige Absätze der Katze vor, für die ich immer noch keinen Namen gefunden hatte und auf deren Existenz mich auch Krause gar nicht mehr ansprach. Immerhin hatte ich meine Schulden bei ihm beglichen. Die Katze fand die Liebesgeschichten ebenfalls nett. Sie wälzte sich auf dem Teppichboden und schnurrte.

45

Es stellte sich natürlich die Frage, ob Regina wirklich die Autorin dieser Hefte war. Vielleicht war Regina Mallberg ein Fan von »Regina Berg« und hatte einfach ihren Namen angenommen, der zufälligerweise ein bißchen wie ihrer klang? Aber warum hätte sie das tun sollen? Ich beschloß, der Sache auf den Grund zu gehen.

Ich griff zum Telefon und wählte die Nummer der Auskunft. Eine freundliche Damenstimme erklärte, daß ich die Auskunft der Telekom angerufen hätte und dort willkommen sei. Leider seien jedoch alle Plätze belegt. Ich war eine halbe Minute in der Warteschleife, dann meldete sich eine leibhaftige Mitarbeiterin und stellte sich sogar mit Namen vor, den ich jedoch nicht verstand. Er war mir auch egal. Ich verlangte die Nummer eines Verlages in Bergisch Gladbach. Die Nummer wurde angesagt, ich schrieb mit.

Sekunden später hatte ich die Vermittlung der großen bergischen Groschenheftproduktion an der Strippe und fragte mich durch.

»Witeka, Romanredaktion«, meldete sich die letzte Station.

Die Stimme der Frau ließ keine Beziehung zu romantischen Liebesabenteuern aufkommen. Sie erinnerte mehr an einen russischen Kasernenhof. Ich ließ mich nicht beirren.

»Ja, hier Müller vom Redaktionsbüro Müller in Wuppertal. Wir sind an einer Story über Unterhaltungsliteratur dran –«

»Und?« Sie klang genervt.

»Wir dachten da auch an ein Interview, vielleicht mit einer Ihrer Autorinnen. Sie wissen schon: Storys, die die Liebe schreibt. Hinter den Kulissen der Romanfabrik. So was in der Art. Könnten wir vielleicht von Ihnen einen Kontakt bekommen?«

»Na ja.« Sie witterte offenbar Presse und taute ein bißchen auf. »Das heißt nein. Unsere Autorinnen sind sehr unterschiedliche Persönlichkeiten. Manche leben wirklich vom Schreiben. Andere sind Hausfrauen, die das nur nebenbei tun. Andere haben Managerposten und erholen sich, indem sie ihre Phantasien aufs Papier bringen. Und wie Sie sicher wissen, arbeiten die meisten unter Pseudonym. Das hat seinen Grund. Sie wollen gar nicht unter ihrem richtigen Namen bekannt werden.«

»Es geht das Gerücht, daß eine Ihrer besten Autorinnen in Wuppertal wohnt. Regina Berg, stimmt das?«

»Wenn Sie mit der Frage meinen, ob es stimmt, daß sie eine unserer besten Autorinnen ist – dann sage ich ja.«

»Und? Wohnt sie in Wuppertal? Es wäre ganz besonders toll, wenn wir diese Regina Berg als Interviewpartnerin kriegen könnten. Vielleicht kann sie sich ja dazu entschließen, sich zu outen.«

»Zu outen?«

»Na ja – ihr Pseudonym zu lüften. Das wäre eine schöne Story. Könnte man die Dame nicht mal anrufen?«

»Tja, wissen Sie, das ist so eine Sache. Ausgerechnet Regina Berg hat nämlich gar kein Telefon. Selbst wir können sie nicht so einfach erreichen. Aber die Idee, sie für das Interview zu nehmen, wäre gar nicht so schlecht. Wissen Sie was? Geben Sie mir Ihre Telefonnummer. Ich werde sehen, was sich machen läßt. Wir müssen sowieso wieder Kontakt mit Frau Berg aufnehmen.«

»Sie muß wohl wieder mal was abliefern, was?« Ich lachte.

Die Frau kicherte tatsächlich mit. »So ist es. Sie kennen das ja. Manuskripte sind leicht verderbliche Ware.«

»Wem sagen Sie das.«

Ich dankte, verabschiedete mich und legte auf. Sie hatte vergessen, meine Telefonnummer zu notieren, und ich war froh darum.

Ich lehnte mich in meinem Stuhl zurück und dachte nach. Eine Siebenundzwanzigjährige stellt sich mit ihrem leicht zu durchschauenden Pseudonym in meiner Detektei vor, weil sie offenbar Schutz sucht. Vor wem, sagt sie nicht. Sie ist offenbar verstört und fängt erst an in ganzen Sätzen zu sprechen, als sie sich um eine herrenlose Katze kümmern kann. Mittendrin bekommt sie einen Anruf auf dem Handy, das sie angeblich gar nicht besitzt. Einen Tag später verliert sie auf äußerst mysteriöse Weise ihr Leben, und alle Welt scheint davon auszugehen, daß sie sich umgebracht hat. Außerdem schreibt sie offenbar heimlich Liebesromane.

Ich kam zu dem Ergebnis, daß diese Geschichte nur jemand lösen konnte, der sich mit weiblicher Psyche auskennt. Am besten eine Frau. Jutta.

Anderthalb Stunden später kam ich keuchend am Platzhoff-Denkmal an. Die steile Sadowastraße war einfach zu viel für einen unsportlichen Menschen wie mich. Und wenn ich es auch schaffte, den Steilhang ohne Pause zu Fuß zu absolvieren, mußte ich wenigstens hier oben ein Päuschen einlegen.

Am Haus Nummer sieben hatte ich wie immer Else Lasker-Schüler gegrüßt – unbekannterweise, denn ich hatte noch nie etwas von ihr, die dort zur Welt gekommen war, gelesen. Wahrscheinlich ging das den meisten Wuppertalern so. Aber man wußte wenigstens, daß sie bedeutend gewesen war.

Ich spürte, wie mir der Schweiß den Rücken hinunterlief und einen fiesen Juckreiz verursachte. Ich kämpfte gegen die Versuchung, einfach die Jacke auszuziehen, denn damit wäre eine Erkältung unvermeidlich gewesen.

Wie schon so viele Male zuvor las ich auf der Steintafel des Denkmals, daß die Anlage auf der Briller Höhe 1874 angelegt worden war, und das aufgrund der maßgeblichen Initiative von Gustav Platzhoff, der damals dem Verschönerungsverein vorsaß. Ob dieser Platzhoff gewußt hatte, daß man nach zwei Weltkriegen das Briller Villenviertel als etwas ganz Besonderes feiern würde?

Ich drehte mich zur Stadt hin und versuchte die Aussicht zu genießen. Das war nicht ganz leicht, denn ich war hier zwar in einer der nobelsten Gegenden Wuppertals, doch der Rest der Stadt, der sich unter mir ausbreitete, hatte nicht viel von den Ambitionen des Verschönerungsvereins abbekommen. Man hatte vielmehr dessen Arbeit nach dem Zweiten Weltkrieg zunichte gemacht.

Um so schöner waren die Häuser ringsherum: Majestätisch thronten sie in gepflegten, abschüssigen Gärten und schienen wie steinerne Könige in die Weite zu blicken. Es gab glänzende Schieferdächer, Efeu-überwachsene Mauern, dazwischen hin und wieder einen Block mit Eigentumswohnungen oder auch moderne Bungalows. Menschen waren nicht zu sehen.

Ich bog links in die Straße ein, die weiter den Berg hinaufführte, und kam an etlichen Schildern vorbei, die darauf hinwiesen, daß die weitläufigen Hauszufahrten ausschließlich »für Berechtigte« gedacht seien und daß es außerdem – wahrscheinlich eine Warnung an verirrte Jugendliche – hier auf gar keinen Fall zum Sportplatz ging.

Ich war Berechtigter. Ich passierte die schmiedeeiserne Pforte und betrat eine Treppe. Sie führte zu Juttas Wohnung hinauf, die den größten Teil eines der alten Häuser ausfüllte. Nach genau vierundfünfzig Stufen hatte ich es geschafft: Ich stand vor der modernen, mit Metallstreben verzierten Haustür. Der Schmuck war eine geschmackvolle Art, Diebe abzuwehren. Die Zierde bestand aus Stahl, an dem man an die acht Stunden zu sägen hatte, um ihn durchzubekommen. Ich drückte den Klingelknopf aus Messing. Innen ertönte ein dunkelgefärbtes Ding-Dong.

48

Keine zehn Sekunden später rührte sich etwas hinter dem Milchglas. Die Tür schwang auf, und vor mir stand ein dunkelhaariger Jüngling, der aussah, als arbeite er als Model für »Playgirl«. Da er nur ein schmales Handtuch um die Hüften trug, waren seine körperlichen Kräfte leicht einzuschätzen. Er schob einen Schwall eines eigenartigen Geruchs vor sich her. Es mußte irgendein exotisches Rasierwasser oder Duschgel sein – ein Gemisch aus fauligem Obst und Landluft. Mir verschlug es fast den Atem.

Er machte sich nicht die Mühe, mich anzusprechen, sondern nickte nur kurz fragend.

»Ist Jutta da?« fragte ich.

»Wer will das wissen?« Er wechselte gelangweilt Stand- und Spielbein.

Ich hasse es, wenn Fragen mit Gegenfragen beantwortet werden. Wahrscheinlich eine Berufskrankheit. Also machte ich mit einer Gegen-Gegenfrage weiter: »Was soll der Quatsch?«

Ich hatte keine Lust, nach dem Gewaltmarsch länger vor der Tür zu stehen. Ich trat einen Schritt vor und wollte einfach in die Wohnung gehen, doch ein kurzer Griff des anderen vermittelte mir das Gefühl, vor eine Betonwand gelaufen zu sein. Wahrscheinlich war er so etwas Kompliziertem wie Gegen-Gegenfragen intellektuell nicht gewachsen.

Ich versuchte, mich loszumachen, kam ins Taumeln und wäre beinahe die vierundfünfzig Stufen wieder hinuntergefallen. In diesem Augenblick hörte ich Juttas Stimme aus der Tiefe der weitläufigen Wohnung.

»Tom, hör auf, das ist bloß Remi. Remi, komm rein.« Es klang, als würde sie Hunden Befehle geben.

»Wer ist Remi, verdammt noch mal?« schimpfte der Dunkelhaarige, als ich nun unbehelligt in die Diele trat – eine Diele, die größer war als meine gesamte Wohnung.

Vor mir lag hinter einer großzügigen Glaswand ein riesiges, helles Wohnzimmer mit Marmorboden und einem Natursteinkamin in der Mitte, der die Decke wie eine Säule zu tragen schien. Daneben führte eine mindestens zwei Meter breite Treppe in die obere Etage, wo es – wie ich wußte – weitläufige Flure und eine Fülle von weiteren Zimmern gab. Eine breite Fensterfront im Hintergrund zeigte das gleiche Panorama, das ich einige Minuten zuvor vor dem Platzhoff-Denkmal bewundert hatte.

»Ich hab dir doch gesagt, daß mein Neffe kommt.«

Jutta kam die Treppe vom oberen Stockwerk herunter. Sie trug flauschige graue Hausschuhe, die aussehen sollten wie dicke Mäuse und vorne entsprechende schwarzweiße Gesichter aus künstlichem Pelz besaßen. Juttas schulterlange Haare flatterten, als sie heruntergeeilt kam. Außer den Hausschuhen trug sie nichts als einen weißen Bademantel, der jedoch offenstand. Kein Mensch wäre bei ihrem Anblick auf die Idee gekommen, daß sie zehn Jahre älter war als ich.

»Hallo Remi«, sagte sie und hauchte mir einen Kuß auf die Wange. »Tom, das ist Remi«, stellte sie vor. »Remi – Tom.« Ohne Eile begann Jutta, den Bademantel zuzubinden.

»Das soll wohl ein Witz sein«, schnaubte Tom. »Neffe? Du willst mich verscheißern, was?«

Er stürmte die Treppe hoch, streifte sich auf dem Weg das Handtuch ab und warf es einfach ins Wohnzimmer. Kurz darauf knallte oben eine Tür.

Jutta hatte es sich derweil vor dem Kamin bequem gemacht. Ich sah, daß darin noch ein bißchen Holz glühte. Sie schlug entspannt die Beine übereinander.

»Was sagst du zu meiner neuen Haarfarbe?«

»Schön, habe ich gleich gesehen. Gut, daß deine blaue Phase endgültig vorbei ist. Dieses Feuerrot ist ja geradezu harmlos dagegen.«

»Tja«, grinste sie. »Vielleicht werde ich ja auf meine alten Tage noch konservativ. Möchtest du was trinken?«

Sie wartete meine Antwort gar nicht ab, sondern stand auf und schlurfte mit ihren Fellmäusen in die Wohnzimmerecke, in der sich eine gigantische schwarze Holzspirale von einem Meter Durchmesser zur weißgestrichenen Decke schraubte. Nur Kenner konnten ahnen, daß sich darin eine Bar befand.

Jutta kam mit zwei Bourbon zurück, ließ sich wieder in das schneeweiße Sofa fallen, griff in eine runde schwarze Box, die auf dem Glastisch bereitstand. Eine lange, dünne Zigarette kam zum Vorschein. Jutta zündete sie an.

Mir fiel jetzt erst auf, welch reizvollen Kontrast die karottenroten langen Haare zum weißen Leder und dem Frottee des Bademantels bildeten.

Wir prosteten uns zu. Tom kam in Jeans und dunkler Jacke die Treppe herunter. Er glotzte uns aggressiv an. Dann zog er die Glastür auf und war in der nächsten Sekunde draußen. Die Haustür donnerte ins Schloß, daß die Scheiben zitterten.

»Blöder Macho«, giftete Jutta, ließ aber sofort wieder ihr Lächeln sehen. »Na ja, wegen seiner Intelligenz habe ich ihn nicht eingeladen. Soll er platzen vor Eifersucht. Der kommt schon wieder. Vor allem weil er das hier vermissen wird.« Sie zeigte auf den kleinen Couchtisch. Dort lag eine dicke goldene Armbanduhr. »Wer eine Rolex vergißt, der bleibt nicht lange weg. Prost.«

Wir kippten schweigend die Getränke.

»Was ist das eigentlich für ein Typ, den du da aufgegabelt hast?« fragte ich.

»Er arbeitet in einer Sportschule in Barmen. Fitness, Bodybuilding, Kampfsport und so. Täte dir auch mal ganz gut.«

Ich winkte ab. Ich und Sport – undenkbar.

»Was machen die Aufträge?« fragte Jutta. »Wie ich sehe, lebst du noch. Es hat dir also nicht geschadet, daß ich dir kein Geld gegeben habe.«

Ich beschloß, Jutta nichts davon zu erzählen, daß ich ausgerechnet bei Anja hatte Schulden machen müssen. »Ich habe den Stadthallenfall an Land gezogen«, sagte ich statt dessen.

Jutta staunte. »Clever. Wie kommt's?«

Ich erzählte von Regina Mallbergs Besuch und vom Anruf der Mutter.

»Was hast du bis jetzt herausgefunden?«

»Nicht viel. Nur daß diese Regina Mallberg nicht nur Pianistin, sondern auch Schriftstellerin war.«

»Na und?«

»Sie hat Groschenromane geschrieben. Offenbar hat das niemand gewußt, sonst hätte die Presse etwas daraus gemacht. Beim Verlag weiß man gar nicht, daß sie tot ist.«

»Lesen die denn keine Zeitung? Wo ist dieser Verlag? In Australien?«

»In Bergisch Gladbach. Regina Mallberg hat sich dort unter einem Pseudonym eingeführt. Regina Berg. Klingt neutral, kein auffälliger Name. Ich bin sicher, auch ihre Eltern haben nichts davon gewußt.«

»Na ja. Nicht jeder, der Kitsch produziert, will, daß es alle erfahren. Da ist nichts Besonderes dabei. Und den Sturz von der Decke erklärt das auch nicht. Hast du überhaupt schon den Tatort besichtigt?«

Ich verzog den Mund. »Nicht so einfach. Das muß ich sorgfältig vorbereiten. Da hat es sicher eine Menge Journalisten gegeben, die versucht haben, sich in die Stadthalle zu schmuggeln. Ich warte noch, bis ich mir

51

einen Dreh überlegt habe, unerkannt reinzukommen und mir mal diesen Dachboden anzusehen. Übrigens – ich brauche einen Computer. Kannst du mir dein Laptop leihen?«

»Kein Problem. Aber laß uns einen kleinen Spaziergang machen. Ich brauche nach all der Sumpferei heute etwas Bewegung.«

Ich dachte erst an die Bewegung, die ich auf dem Weg hier hoch genossen hatte, dann an die gymnastischen, sehr bewegenden Übungen, die Jutta mit Tom absolviert haben dürfte, und stimmte trotzdem zu.

»Ich zieh mir nur was über. Bin gleich wieder da.«

Kurz darauf verbissen sich Juttas rote Haare und das Orange eines Jogginganzuges schmerzhaft ineinander. »Wir können«, sagte sie.

Die Spaziergänge durch das Waldstück auf der Briller Höhe, das auch Nützenberg heißt, erinnerten mich immer an meine Jugend. Ich bin in Barmen aufgewachsen, aber hier wurden immer die obligatorischen Sonntagsspaziergänge absolviert. Eigentlich ein unglaublicher Vorgang, denn ein echter Barmer verbringt nie seine Freizeit in Elberfeld. Aber mein Vater setzte sich gewissermaßen für die Völkerverständigung in Wuppertal ein.

Es dämmerte bereits, als wir zum Weyerbuschturm schlenderten. Dunkle Quader formen ein schlankes Gebilde, das wie der Rest eines Schlosses aussieht. Oben gibt es eine Brüstung. Man hatte mir als Kind erzählt, das sei der Turm, von dem aus Rapunzel ihr goldenes Haar herabgelassen habe.

Als wir den Platz vor dem Turm erreichten, war kein Mensch in der Nähe. Ich sah den verlassenen Spielplatz, den es in meiner Kindheit noch nicht gegeben hatte. Wippen in verschiedener Form – kleine Elefanten und sogar ein Motorrad. Eine Rutsche, die wie blankes Silber glänzte. Offensichtlich wurden die Spielgeräte eifrig benutzt.

Wir setzten uns auf eine Bank. Der Lärm der Stadt zog sich hier zu einer fernen Wolke zusammen. Irgendwo im Wald erklang Hundegebell. Ab und zu krachte etwas leise durch die Zweige und knallte auf den Boden: Eicheln fielen herab.

Ich genoß es, mit Jutta zusammenzusein. Wir bildeten schon eine komische Minifamilie. Mit fünfzehn Jahren war ich Vollwaise geworden, als meine Eltern bei einem Verkehrsunfall umkamen. Jutta, eine Cousine meines Vaters und meine einzige Verwandte, hatte sich um mich gekümmert, bis ich volljährig wurde. Sie war damals Sekretärin in der

Stadtverwaltung gewesen und hatte später ihren Chef, den Leiter des Bauamts, geheiratet – einen Mann von zweiundsechzig Jahren, der ein knappes Jahr nach der Hochzeit starb. Jutta war noch keine dreißig und mit einem Schlag eine reiche Witwe: Eigentumswohnung, dicke Pension, gut angelegtes Geld. Keine Notwendigkeit zum Arbeiten.

Ich hatte von meinen Eltern eine Lebensversicherung geerbt. Ich erhielt das Geld, als ich Abitur gemacht hatte. Ich versuchte eine Aufnahmeprüfung an der Polizeischule – ohne Erfolg. Dann ging ich nach Köln und gab mich viele Semester sinnlosen Studien hin – ein bißchen Betriebswirtschaft, ein bißchen Jura. Dann war das Geld weg, und ich hatte keinen Abschluß. Es war Jutta, die mich nach Wuppertal zurücklockte. Die ersten Aufträge schanzte sie mir mit ihren Kontakten aus dem weiten Bekanntenkreis ihres Mannes zu. Ihr Name stand immer noch auf der Einladungsliste allerlei bedeutender Empfänge.

»Wußtest du eigentlich, daß ich die Mallbergs flüchtig kenne?« sagte Jutta. »Der Mann hat mal irgendwas bei Bayer gemacht, arbeitet aber so viel ich weiß nicht mehr. Ihm gehören, glaube ich, ein paar Immobilien in Elberfeld.«

»Reiches Elternhaus, das war mir sofort klar. Aber die Tochter hatte weit mehr Geschmack als ihre Eltern.«

»Um es milde auszudrücken. Die Mallbergs legen überhaupt keinen Wert auf Kultur. Sie halten Musik für Teufelszeug. Außer natürlich, wenn es Kirchenlieder sind. Es ist ein Wunder, daß das Mädchen überhaupt so weit gekommen ist. Die Krönung ist: Obwohl der Vater ihr die Hölle heiß gemacht hat, obwohl er seine Tochter zu Hause eingeschlossen hat wie ein kleines Kind, mußte sie bei entsprechenden Anlässen immer zeigen, was sie konnte. Er hat sie vorgeführt wie einen abgerichteten Schimpansen. Für die Geschäftsfreunde mußte sie Klavier spielen. Ich hab sie selbst mal gehört. Sie war ziemlich gut.«

»Du warst schon mal in dieser Totengruft auf der Luhnsfelder Höhe?«

»Einmal, ja. Es war irgendein kleiner Empfang. Ich glaube, Mallberg wurde fünfzig oder so was. Damals lebte Heinz noch.«

»Warum haben sie sie dann überhaupt an die Hochschule gelassen? Wie kann ein Mädchen in dieser Umgebung professionelle Musikerin werden?«

»Keine Ahnung. Am Anfang hat es mit Sicherheit Ärger gegeben. Sie war aber wohl schon in der Schule ziemlich begabt. Ganz bestimmt werden die Lehrer ihren Einfluß geltend gemacht haben. Und weil es ja nun nicht gerade das Schlechteste ist, wenn sich die Tochter mit Beethoven und Bach beschäftigt, werden Mallbergs es zugelassen haben. Sie hätten ihr sicher nicht erlaubt, eine Rockband zu gründen.«

»Oder Groschenromane zu schreiben. Man fragt sich, was solche Leute eigentlich mit ihrem ganzen Geld machen. Viel Spaß scheinen sie sich nicht damit zu gönnen.«

»Anlegen. Für schlechte Zeiten.«

»Und für die nicht mehr vorhandenen Kinder. Statt dessen behandeln sie ihre fast dreißigjährige Tochter wie ein Kleinkind und schenken ihr Geld für einen Computer, so wie andere Kinder etwas für die Modelleisenbahn oder das Fahrrad dazubekommen. Eine Sache verstehe ich nicht.«

»Was?«

»Warum hat sie diese Romänchen überhaupt geschrieben? Warum gibt sich eine klassische Pianistin mit solchem Schund ab?«

»Sie war ja keine Pianistin. Sie durfte nicht richtig auftreten, und sie wurde immer gegängelt. Ihre Kreativität hat sich vielleicht einen anderen Weg gesucht.«

»Aber warum konnte sie nicht richtige Bücher schreiben?«

Jutta zuckte die Achseln. »Welchen Eindruck hattest du von ihr? Einen intellektuellen?«

»Nein, überhaupt nicht. Sie wirkte eher ängstlich. Und überfordert mit der Realität. Naiv.«

»Siehst du. Dann paßt das doch.«

»Und warum benutzte sie mir gegenüber ihr Pseudonym?«

»Ich könnte mir vorstellen, weil das die Identität war, in der sie sich wohler fühlte. In der sie sie selbst war. Vielleicht hat sie es sogar unbewußt getan.«

»Du meinst die Identität, in der sie zum Beispiel Groschenromane schrieb und schreibend von der großen Liebe träumte?«

Jutta nickte. »Zum Beispiel. Oder eben auf eigene Faust Hilfe bei einem Privatdetektiv suchte.«

»Wenn sie nicht eine Stimme von außen davon abhielt.«

Ich erzählte ihr von dem plötzlichen Handy-Anruf.

»Das war bestimmt ihr Vater«, mutmaßte Jutta.

Ich schüttelte den Kopf. »Die Mutter sagte, sie hätte gar kein Handy besessen. Hätte der Vater es gewußt, hätte auch die Mutter es mitbekommen. Warum sollte er das geheimhalten?«

»Was willst du als nächstes machen?«

»Ich muß nachsehen, was auf der Diskette ist. Vielleicht bringt mich das weiter.«

Langsam gingen wir wieder zu Juttas Wohnung zurück. Ab und zu begegneten uns ein paar alte Leute, die ihre Hunde ausführten.

»Möchtest du mal was ganz Tolles sehen?«

»Immer«, antwortete ich.

Jutta öffnete die gläserne Wohnungstür. Gleich daneben führt eine Treppe abwärts. Hier ging es zur Garage, die – wie ich wußte – Juttas BMW beherbergte. Wir gingen hinunter, Jutta machte Licht.

»Na, was sagst du?«

Ich pfiff durch die Zähne. Jutta hatte sich schon wieder ein neues Spielzeug zugelegt. An der Wand stand ein Motorrad. Eine Geländemaschine.

»Hast du dafür überhaupt einen Führerschein?«

»Mache ich bald. Bis dahin muß das Ding hier noch herumstehen. Es ist absolut fahrbereit. Nur das Nummernschild fehlt noch.«

Es war ein besonders feines Gefährt. Eine KTM Enduro. Freiheit und Abenteuer – auch querfeldein. Nagelneu. Kein bißchen Dreck an den schmalen Stollenreifen. Es schrie geradezu danach, mal so richtig durch den Matsch gefegt zu werden.

»Klar, wer so arm ist wie du, kauft sich so was und spart dann die Steuer, statt seinen Neffen ein bißchen damit herumkurven zu lassen. Durch welches Gelände willst du damit eigentlich brettern?«

»Mal sehen. Da wird sich im Bergischen ja was finden. Und vielleicht laß ich dich ja auch mal – wenn du brav bist.«

Später am Abend blieb ich noch bei Jutta zum Fernsehen. Ein bißchen Sorgen machte ich mir wegen der Katze. Ich hatte ihr das Fenster aufgelassen und Futter hingestellt. Trotzdem würde sie mich vermissen. Gegen halb zwölf trat ich, ziemlich abgefüllt von den Geheimnissen aus Juttas Bar, den Heimweg an. In der rechten Hand die Tasche mit dem Laptop.

Als ich zu Hause im Schlafzimmer Licht machte, war mein Bett schon von einem gewissen dunkelgetigerten Wesen besetzt, das friedlich schlief.

Davor lag ein kleines graues Klümpchen.

Eine tote Maus.

7.

»Dann wollen wir mal«, sagte Manni und klappte den kleinen Computer auf. »O Mann, noch nicht mal'n Pentium. Steinzeit. Was willst du denn damit?«

Manni war ein alter Kumpel von mir und sozusagen mein Berater in Sachen Elektronik. Ich besaß keinen Computer. Es war in meinen Ermittlungen auch noch nie dazu gekommen, daß ich mich in Datennetze einschleusen mußte. Rechnungen oder so was gab es natürlich zu schreiben, aber dafür nahm ich meine alte Schreibmaschine.

So hatte Manni bei mir bisher wenig zu tun gehabt. Zum Glück arbeitete er in einer kleinen Computerfirma, sonst wäre er vor die Hunde gegangen. Und nun bat ich ihn ein einziges Mal, eine Diskette zu lesen – und schon fing er an zu meckern. Dabei war ich es, der unter der Aktion zu leiden hatte. Manni konnte solche Privataufträge nur frühmorgens erledigen. Es war gerade mal kurz nach acht – für meine Verhältnisse verdammt früh.

»Du sollst das Gerät nicht kaufen«, sagte ich. »Ich möchte ganz einfach nur wissen, was auf dieser Diskette ist.« Drohend hielt ich das schwarze Scheibchen hoch.

»Ausdrucken kann ich aber nix«, maulte Manni weiter.

»Wieso nicht?«

»Weil du keinen Drucker hast, du Nase! Oder siehst du hier irgendwo einen?«

»Äh, ach so, ja stimmt. Und jetzt?«

Manni seufzte und sprach den nächsten Satz so langsam, als käme ich vom Mond und hätte erst seit fünf Minuten Deutschunterricht. »Dann mußt du dir eben auf dem Monitor ansehen, was auf der Diskette ist.«

Damit drückte er die Power-Taste, irgendwelche Zahlen sausten über das Display, es knirschte in der Maschine, und dann erklärte eine bunte Schrift, daß sich das Gerät im Moment damit beschäftigte, Windows zu laden.

»Mikroweich Fensters. Uralte Version. Drei Punkt eins. Da gehen wir besser erst mal auf die DOS-Ebene, um die Diskette zu prüfen. Ist das denn eine DOS-Diskette, oder ist die von einem Mac? Oder am Ende Atari?«

»Hä?«

»Was weißt du eigentlich? Schon gut.«

Der Bildschirm wurde dunkel, und Manni begann, irgendwelche Sachen zu tippen. Die Diskette lag immer noch auf dem Tisch. Ich wollte ihn gerade daran erinnern. In diesem Moment nahm er sie und schob sie in das Laufwerk.

»Dann wollen wir mal«, erklärte er erneut.

Das Bürofenster, das ich nur angelehnt hatte, ging auf, und die Katze kam von ihrem morgendlichen Rundgang zurück. Manni drehte sich um. »Iiih«, schrie er. »Ich hab 'ne Katzenhaarallergie!«

»Ein Grund mehr, dich zu beeilen«, sagte ich kühl.

»Mann-o-Mann, wenn ich das gewußt hätte«, rief er verzweifelt. »Aber du hast Glück. Es ist 'ne DOS-Diskette.«

Mir war nicht klar, worin mein Glück bestand, aber ich sagte nichts.

Auf dem Bildschirm wurde eine Art Liste sichtbar.

»Das sind die Dokumente, die auf der Diskette sind«, sagte Manni. »Es sind Textdateien. Die Namen bestehen nur aus Nummern.«

»Und wie kann man die Texte lesen?«

»Man muß sie öffnen. Wie ein Buch.«

Manni guckte mich schlau an und drückte eine Taste. Der Text erschien. Ich las den Anfang.

»Was ist denn das?« fragte Manni verwundert.

»Etwas, was du nicht kennst«, antwortete ich. »Literatur. Romantische Geschichten. Zeig mir mal die nächste.«

Wir gingen die ganze Liste durch. Sie war nicht besonders lang. Alle Dokumente enthielten Liebesromanmanuskripte oder zumindest Teile davon.

»War wohl nicht das, was du erwartet hast, oder?« wollte Manni wissen.

»Doch, schon. Aber ich brauche einen weiteren Ansatzpunkt.«

»Was meinst du damit?«

»Leider hat die Dame, von der die Diskette stammt, nur ihre Manuskripte auf dem Computer geschrieben. Sie hat der Maschine nichts Privates anvertraut – obwohl sie eine prima Möglichkeit gehabt hätte, auf diese Weise etwas vor ihren Eltern geheimzuhalten.«

»Oder die Sachen sind auf der Festplatte.«

»Du meinst im Computer selbst? An den komme ich nicht ran.«

Ich überlegte. Manni saß wartend vor dem Laptop und stierte stumm vor sich hin. Wahrscheinlich hatte er der Festplatte in seinem Kopf den Strom entzogen. Die Katze war ins Schlafzimmer getigert.

»Sag mal, Manni, ich hab da neulich so was gelesen, daß man gelöschte Sachen wieder holen kann.«

Mein Kumpel wachte auf. »Klar, das kann man. Meistens jedenfalls.«

»Könntest du mal gucken, ob es so etwas hier auch gibt?«

»No Problem«, sagte Manni großspurig und begann wieder, irgendwas einzutippen. Ich fragte mich, warum ich als Laie auf so eine Möglichkeit kommen mußte und sie nicht von ihm, dem sogenannten Experten, kam.

Manni machte weiter an dem Computer herum, und ich stand daneben, ohne auch nur das geringste zu verstehen. Schließlich gab mein Berater Laute ab, die wie »Aha« oder »Sieh mal an« klangen.

»Wir haben was«, sagte er schließlich und zeigte auf eine Liste mit drei Zeilen. »Drei gelöschte Dateien, zwei wahrscheinlich nicht zurückzuholen, eine schon.«

»Dann zeig mir die mal.«

Das Telefon, das sich direkt neben dem Computer auf dem Schreibtisch befand, klingelte.

»Rott.«

»Mallberg hier.«

Es war eine Männerstimme.

»Guten Tag, Herr Mallberg.«

»Ich sage es Ihnen klipp und klar und nur ein einziges Mal: Ich möchte nicht, daß Sie im Auftrag meiner Frau Ermittlungen anstellen. Meine Frau ist sehr mitgenommen von diesem schrecklichen Ereignis, und das sollten Sie respektieren. Sie regen sie nur unnötig auf.«

Manni fummelte neben mir weiter auf der Tastatur herum.

»Das tut mir sehr leid, Herr Mallberg, aber Ihre Frau hat mich engagiert, Ihre Frau hat mir für drei Tage Honorar bezahlt, und nur sie kann mich auch wieder entlassen.«

»Und ich kann mir verbitten, daß Sie sich in unser Privatleben mischen, Herr Rott.«

Die Tonlage seiner Stimme hatte sich etwas erhöht – genau wie die Lautstärke. Manni guckte überrascht. Er konnte offenbar jedes Wort, das Mallberg sagte, verstehen.

»Ich mische mich nicht in Ihr Privatleben. Im übrigen verstehe ich gar nicht, was Sie haben. Schließlich können meine Untersuchungen ja nur in Ihrem Interesse sein.«

»Was soll das heißen? Die polizeiliche Untersuchung hat zweifelsfrei ergeben, daß es Selbstmord war. Reicht das nicht?«

»Ich glaube, die polizeiliche Untersuchung hat so manches überhaupt nicht ergeben, was mir seit gestern praktisch in den Schoß gefallen ist.«

»Wie meinen Sie das?«

Seine Stimme wurde schlagartig ruhiger. Ich hatte ihn neugierig gemacht.

Manni deutete auf den Bildschirm. »Eine Art Brief«, flüsterte er.

»Ich schlage vor, daß ich Ihnen das persönlich erzähle«, erklärte ich und sah auf den Monitor. Jetzt war ein Dokument offen, bei dem es sich nicht um einen der Romane handelte.

»Ich kann mit Ihnen nicht meine Zeit verplempern, Herr Rott«, tönte es aus dem Hörer.

»Dann tut es mir leid«, erklärte ich und überflog die Zeilen.

»Na gut. Wie wäre es mit der Hardtanlage? Im Botanischen Garten? Am Elisenturm? Genauer gesagt: dort, wo sich der Milchstern befindet. Ornithogalum pyrenaium. Sie sind doch gebildet. Sagen wir um elf?«

»Warum nicht? Alles klar, Herr Mallberg. Um elf.«

Wir legten auf.

Ich las das Schriftstück von vorne bis hinten. Manni tat das gleiche.

»O Mann. Das ist 'ne Story«, staunte er.

Ich ließ für die Katze das Bürofenster angelehnt und machte mich auf den Weg zur Schwebebahnhaltestelle Ohligsmühle.

Es dauerte nur ein paar Minuten, dann kroch die hängende orangefarbene Raupe heran, stoppte und begann mit dem sanften Schaukeln, das mich schon als Kind fasziniert hatte. Die Türen öffneten sich, und ich bestieg das sicherste Verkehrsmittel der Welt, dessen Ruf seit dem Unglück vor ein paar Monaten allerdings ein wenig angekratzt war. Die Schwebebahn war auf ein von Bauarbeitern zurückgelassenes Werkzeug gefahren und abgestürzt.

Ich suchte mir einen Platz und genoß trotzdem die Fahrt, die mich schon seit Kindertagen an eine Fahrt im Zeppelin erinnerte.

Wie profan ist dagegen doch eine normale Straßenbahn! Und aus dem Schwebebahnwaggon heraus sieht man auch die häßliche Stahlkonstruktion mit ihren schrägen Eisenträgern kaum, die sich wie ein riesiger Tausendfüßler durch die Stadt schlängelt. Am interessantesten wird die Fahrt an den Stellen, wo der Weg nicht der Wupper folgt, sondern über

Straßen und sogar über ein Autobahnkreuz geht. Am besten gefällt es mir in der Kaiserstraße in Vohwinkel, wo man den Leuten im ersten Stock in die Wohnzimmer gucken kann. Diese Strecke hatte ich jetzt jedoch nicht vor mir.

Ich verließ das Wuppertaler Traditionsgefährt an der Haltestelle Landgericht, ging hinüber zur Georg-Abeler-Treppe und quälte mich die Stufen hinauf. Oben warteten weitere Konditionsübungen auf mich: die Elisenstraße, die wieder in eine steile Treppe mündet, und schließlich der langsam, aber stetig ansteigende Otto-Schell-Weg, der zum Botanischen Garten hinaufführt.

Ich fragte mich, warum Mallberg ausgerechnet diesen Treffpunkt ausgesucht hatte. Egal – nach dem, was ich alles über ihn gehört hatte, kam die Gelegenheit, ihn mir anzusehen, genau richtig. Ich wollte unbedingt herausfinden, warum er so blind an die Selbstmordtheorie glaubte. War er behördenhörig? Litt er so sehr unter dem Verlust seiner Tochter, daß er einfach alles vom Tisch haben wollte? Oder steckte etwas anderes dahinter? Mir war nicht entgangen, daß Frau Mallberg beteuert hatte, ihr Mann sei völlig mitgenommen, und Herr Mallberg dasselbe von seiner Frau behauptete. Dabei waren beide in der Lage, sich ihre eigene Meinung über das Ereignis zu bilden. Ich war gespannt, wie Mallberg auf meinen Fund aus dem Computer reagieren würde.

Das Café Hardt hatte um diese Jahreszeit geschlossen. Die Terrassen waren verwaist. Ich passierte das große Schild, auf dem die Öffnungszeiten des Botanischen Gartens bekanntgemacht wurden. Dann folgte ich den feinen Kieswegen, auf denen man in gewundenen Pfaden an sorgfältig gepflegten Beeten mit den verschiedensten Pflanzen vorbeikommt. Ordentlich beschriftete Metallschildchen erklären, was dort jeweils wächst. Ich las Namen wie »Mespilus« oder »Chionodxa«, was »Mispel« und »Schneestolz« bedeutet. »Viola« kannte ich, und ich wußte auch, daß es »Veilchen« heißt. Von den Pflanzen selbst war jetzt nichts zu sehen. Die Schildchen ragten aus der nackten Erde wie Grabsteine auf einem Zwergenfriedhof.

Ich war der einzige Besucher. Müde sah der Elisenturm auf die Ödnis herab. Mit seinem rötlich-weißen Anstrich erinnerte er an einen altmodischen kleinen Leuchtturm.

Um kurz vor elf hatte ich die Stelle gefunden, wo das »Milchstern«-Schildchen steckte. Mallberg hatte die Stelle gut ausgesucht. Zwei Bänke luden unter einem mächtigen Baum zum Verweilen ein. Von hier aus konnte man hinunter ins Tal blicken – vor allem jetzt, wo die Bäume ihre Blätter verloren hatten. Es war trocken, ich konnte mich setzen, und ich genoß den Ausblick.

Plötzlich näherten sich von hinten rasche Schritte. Ich blickte mich um. Der Mann sah aus wie ein pensionierter Finanzbeamter. Er trug einen dunkelblauen Regenmantel, Aktentasche und Regenschirm. Die graumelierten Haare waren sorgfältig gescheitelt. Eine randlose Brille vermittelte so etwas wie Würde. Jetzt waren die Gläser allerdings ein wenig beschlagen; Mallbergs Wangen hatten eine rötliche Färbung angenommen. Er nahm sich nicht die Mühe, mich zu begrüßen, und polterte gleich los.

»Raus mit der Sprache. Was wollten Sie bei meiner Frau?«

»Guten Tag, Herr Mallberg«, sagte ich ruhig. »Was soll diese Frage? Ich dachte, wir wollten Informationen austauschen?«

Er setzte sich neben mich, nahm die beschlagene Brille ab und begann sie hektisch zu putzen.

»Also gut«, sagte er. »Wie weit sind Sie mit Ihren Nachforschungen gekommen?«

Ich wollte genau wissen, wie Mallberg zur offiziellen Theorie stand. »Die Selbstmordtheorie hat sich erhärtet«, sagte ich deshalb.

»Wie bitte?«

»Ich sagte: Selbstmord. Das, was in der Zeitung steht. Was Sie auch glauben, was die Polizei glaubt, und was die ganze Stadt glaubt.«

Sein ungläubiger Gesichtsausdruck hellte sich ein wenig auf. Sein Mund verzog sich zu einer Art Lächeln. Er wirkte erleichtert. So erleichtert, daß er nicht merkte, daß ich es nicht ernst gemeint hatte.

»Sehen Sie? Sehen Sie? Also, was soll das alles. Ich wußte es ja.«

»Wo es ja sogar einen Abschiedsbrief gibt.«

Er nickte heftig. »Genau. So ist es. Es gibt einen Abschiedsbrief.«

»Den ich übrigens noch nicht zu Gesicht bekommen habe.«

»Die Polizei hat ihn beschlagnahmt.«

»Und selbst wenn es ihn nicht gäbe, läge ein Selbstmord nahe.«

»Wieso?«

»Dazu komme ich gleich. Wußten Sie eigentlich, daß Regina eine recht erfolgreiche Schriftstellerin war?«

Er sah mich erstaunt an. »Reden Sie keinen Quatsch. Alles, was sie interessierte, war die Musik. Und das war schon schlimm genug für uns. Brotlose Kunst.«

61

Ich griff in meine Jackentasche und zog einen der Liebesromane hervor. »Dann sehen Sie sich mal das hier an. Das hat Ihre Tochter geschrieben. Unter dem Pseudonym Regina Berg.«

Mallberg warf einen kurzen Blick auf das Heft und machte ein angewidertes Gesicht. »Was Sie mir da weismachen wollen, ist doch Unsinn. Zufällige Namensähnlichkeit.«

»Keineswegs. Erstens befand sich dieses Heft im Zimmer Ihrer Tochter. Das heißt natürlich nichts. Zweitens war es aber als Manuskript auf einer Diskette gespeichert, die ich – zugegebenermaßen – aus dem Laufwerk des Computers Ihrer Tochter genommen habe. Und drittens hat sich Ihre Tochter unter diesem Namen einen Tag vor ihrem tragischen Tod bei mir vorgestellt. Wissen Sie, warum?«

Er schüttelte den Kopf.

»Wissen Sie denn vielleicht, warum die Polizei diesen ominösen Abschiedsbrief beschlagnahmt hat, aber nichts anderes? Die Diskette zum Beispiel? Und warum stürzte sich Ihre Tochter vom Dachboden eines öffentlichen Gebäudes? Anstatt sich am Bahnhof vor den Zug zu werfen? Oder die Pulsadern aufzuschneiden?«

Er schüttelte immer noch den Kopf und blickte dabei zu Boden. Es schien so, als wolle er mit dem Kopfschütteln gar nicht mehr aufhören. »Das ist vielleicht ungewöhnlich, aber nicht unmöglich. Sie hatte eine Schwäche für das Theater und diese Sachen. Warum sollte sie ihren Selbstmord nicht inszeniert haben?«

»Ist sie in ihrem Abschiedsbrief darauf eingegangen?«

»Darum geht es hier nicht.«

»Ja oder nein, Herr Mallberg?«

Er schwieg. Ich beschloß, die Bombe platzen zu lassen.

»Und wo wir gerade dabei sind«, fuhr ich fort. »Wußten Sie eigentlich, daß Ihre Tochter ein Kind erwartete?« Wieder zog ich etwas aus der Tasche. Es war der Text der ehemals gelöschten Datei von Regina Mallbergs Diskette. Manni hatte mir in seinem Büro doch noch einen Ausdruck gemacht.

»Das stammt auch aus dem Computer Ihrer Tochter. Es ist ein Brief oder etwas Ähnliches. Er ist an eine gewisse Birgit gerichtet. Ich nehme an, es war Birgit Jungholz, ihre Freundin. Und darin schreibt Regina von ihrer Schwangerschaft. Ihre Tochter erwartete ein Kind, Herr Mallberg. Die Polizei hat das bei der gerichtsmedizinischen Untersuchungen garantiert festgestellt. Und man hat es Ihnen sicher mitgeteilt.«

Mallberg starrte mich mit offenem Mund an. Wie das Kaninchen die Schlange. Dann kam Leben in ihn. »Dazu haben Sie kein Recht«, brüllte er, sah sich dann aber um und sprach leiser weiter. »Das geht Sie überhaupt nichts an. Halten Sie sich da raus.«

»Sie wußten es«, stellte ich fest. »Und Sie haben dafür gesorgt, daß die Nachricht nicht an die Presse kommt. Auf so etwas stürzt man sich ja bekanntlich gern.«

Mallberg starrte auf das Blatt und schwieg.

»Muß es denn die ganze Welt erfahren«, sagte er leise und blickte zu Boden. »Diese Schande.« Er sah auf. Hinter seinen Brillengläsern glitzerten Tränen.

»Wissen Sie, wer der Vater ist?«

»Seien Sie still.«

»Mit wem hatte Ihre Tochter ein Verhältnis?«

»Ruhe, verdammt noch mal! Kümmern Sie sich um Ihren eigenen Dreck!«

Plötzlich wandelte sich das Bild. Mallberg gewann von Sekunde zu Sekunde Stärke zurück. Er setzte sich auf und putzte sich die Nase.

Er hatte sich wieder im Griff. Streng blickte er mich an und stand auf.

»Sie haben mit meiner Frau vereinbart, daß in drei Tagen der Bericht fällig ist«, stellte er kühl fest. »Sehe ich das richtig?«

»Korrekt«, sagte ich.

»Gut. Heute ist Dienstag. Am Mittwoch abend sind wir Sie ja dann hoffentlich los.«

Damit ging er.

Ich betrachtete eine Weile das erdige Beet, dem irgendwann im Frühling der Milchstern entsteigen würde. Und ich dachte an das arme tote Mädchen, das mit solchen Eltern geschlagen gewesen war. Ich fragte mich, wer wohl der Vater ihres Kindes war. Und was genau in dem Abschiedsbrief stand. Für die erste Frage mußte ich unbedingt diese Birgit Jungholz auftreiben. Sie würde mir bestimmt Hinweise auf Regina Mallbergs Bekanntschaften geben können. Was mich wunderte, war die Tatsache, daß es Regina irgendwie geschafft hatte, an den strengen Eltern vorbei eine Liebesbeziehung aufzubauen. Mit wem? Sie konnte sich unbehelligt nur mit anderen Studenten und ihren Professoren treffen. Professor Satorius war ein wichtiger Kandidat. Immerhin hing sein Foto in ihrem Zimmer.

Und der Abschiedsbrief? An den heranzukommen war schwierig. Ich mußte versuchen, den Kripomenschen Krüger für mich zu gewinnen. Wenn ich ihm eine wichtige Information präsentieren konnte, dann wäre ein Blick auf den Brief vielleicht eine akzeptable Gegenleistung. Mir fiel ein, daß ich Krüger nichts von Reginas Handy-Anruf gesagt hatte. Und er wußte sicher auch nicht, daß Regina offiziell gar kein Handy besaß. Vielleicht ließ sich das ausbauen.

Aber jetzt war es erst einmal an der Zeit, den – wie es in Fachkreisen heißt – Tatort unter die Lupe zu nehmen.

8.

Auf dem Rückweg kam ich am Bahnhof vorbei, wo es ein sogenanntes »Kunden-Center« gibt – unter anderem Verteilstation für allerlei Prospekte über das Wuppertaler Kulturleben. Nach kurzem Suchen fand ich ein dickes, rötliches Buch: das Jahresprogramm der Stadthalle. Zufrieden machte ich mich auf den Heimweg. Als ich die Haustür öffnete, stand Krause vor mir.

Erschrocken zuckte er zusammen und drängte sich an mir vorbei. Unter dem rechten Arm trug er einen Pappkarton. Plötzlich war ein dumpfes Miauen zu hören. In mir gingen sämtliche Alarmglocken los.

Ziemlich fix für sein Alter eilte Krause die Kasinostraße hinunter in Richtung Wupper.

»He, Moment mal«, rief ich, doch Krause schlug einen flotten Laufschritt an. Am Kreisverkehr zwischen Neumarkt- und Friedrich-Ebert-Straße gewann er einen beträchtlichen Vorsprung, weil der Verkehr schlagartig so dicht wurde, daß ich nicht hinüberkam.

Nach einigen Sekunden, in denen mein Vermieter weiter in Richtung Mäuerchen hastete, setzte ich praktisch mein Leben aufs Spiel.

Bremsen quietschten, ein Hupkonzert ertönte.

Dann begann ich zu rennen. Das klägliche Maunzen der Katze tönte mir in den Ohren, und es kam mir vor, als würde ich die verzweifelten Hilferufe des eingesperrten Tieres über die zweihundert Meter hinweg hören, die zwischen uns lagen.

Ich lief so schnell ich konnte die Schloßbleiche entlang und sah Krause auf dem Bismarcksteg stehen. Mein Herz schlug mir bis zum Hals, als ich die schmale Brücke über den Fluß erreichte. Krause hatte den Karton mit beiden Händen gepackt. Zehn Meter tiefer floß die Wupper. Bevor er losließ, war ich bei ihm.

Ich riß seine Arme zurück. Der Karton fiel zu Boden. Die Katze sprang voller Panik heraus und rannte in Richtung Islandufer. Ich hoffte, daß sie auf ihrer Flucht nicht unter ein Auto geriet.

Wenn ich auch an der Polizeischule nicht aufgenommen worden war, so beherrsche ich doch so manches kriminaltechnische Handwerkszeug. Zum Beispiel den Polizeigriff. Ich drehte Krauses rechten Arm auf den Rücken. Er schrie auf. Dann versetzte ich ihm voller Wut einen Tritt in

65

den Allerwertesten. Er fiel der Länge nach aufs Gesicht und blieb liegen.

Ich sah mich um. Von der Katze war nichts mehr zu sehen. Passanten waren mittlerweile auf uns aufmerksam geworden. Ein paar Jugendliche stießen sich gegenseitig an und deuteten grinsend herüber. Eine Frau, die anscheinend gerade vom Einkaufen kam, stellte ihre vollgepackten Plastiktüten auf der Straße ab und schaute besorgt.

»Lassen Sie den Mann los«, rief ein Mann, obwohl ich Krause schon längst nicht mehr festhielt, und ein anderer verschwand eilig in einem der Geschäfte. Wahrscheinlich rief er die Polizei. Niemand wagte, den schmalen Steg zu betreten.

»Aua – jetzt haben Sie mir sämtliche Rippen gebrochen«, jammerte Krause von unten.

»Hoffentlich«, sagte ich und hob den Karton auf. »Verdammter Tierquäler!«

Krause setzte sich langsam auf und rieb sich den Arm. Er konnte ihn normal bewegen. Ich hatte ihn offenbar nicht ausgekugelt.

Ich kümmerte mich nicht weiter um ihn, ging hinüber zum Islandufer und versuchte die Katze zu finden. Ohne Erfolg. Als ich zurückkam, war Krause wieder auf den Beinen. Zitternd hielt er sich am Geländer fest und blickte hinunter in den Fluß.

Mittlerweile hatten sich ein paar Helfer eingefunden. Es war ein älteres Ehepaar. Die Frau sprach beruhigend auf Krause ein. Der Mann – ein rüstiger Mensch um die sechzig – blickte mich giftig an.

»Sie, das gibt eine Anzeige wegen Körperverletzung«, rief er mir zu.

»Und das gibt eine wegen Tierquälerei«, antwortete ich und hielt ihnen den Karton hin.

»Tierhaltung ist in den Wohnungen grundsätzlich untersagt«, keuchte Krause schwach. »Keiner sagt was, wenn einer die Hausordnung mißachtet. Aber wenn man das Ungeziefer dann beseitigen will, dann fallen sie über einen her.«

Nun fiel auch bei den beiden Helfern der Groschen. Sie wußten nicht mehr so recht, an wen sie ihre bösen Blicke schicken sollten, und zogen sich dezent zurück.

»Kommen Sie«, sagte ich nur und nahm Krause am Arm. In der Ferne ertönte eine Polizeisirene. Niemand hielt uns auf.

Auf dem Rückweg jammerte er nur unverständliches Zeug vor sich hin. Am Kolpingdenkmal mußten wir eine kleine Pause einlegen.

»Wissen Sie, meine Frau, die ist immer so hart. Das mit der Hausordnung wär ja nicht so schlimm. Sollen die Leute doch ihr Kätzchen haben. Mir ist das egal. Wir hatten früher auch Kätzchen. Sind doch süße Tierchen.«

Er blickte mich mit verhangenen Augen an. »Ich hätte die Katze nicht umgebracht. Glauben Sie mir das? Aber meine Frau. ›Alfred‹, sagt sie immer ...«

Ich glaubte ihm.

Schließlich waren wir an der Haustür angekommen. Dort lag immer noch das Stadthallenprogramm. Ich hatte es vorhin wohl einfach fallengelassen.

»Trinken Sie ein Bier mit? Bei mir?« fragte ich. »Ich habe auch Kölsch da.«

Er nickte.

Wir setzten uns ins Wohnzimmer. Nach der zweiten Flasche bot mir Krause das Du an.

»Ich heiße Alfred«, sagte er und stieß mit mir an.

»Remigius«, sagte ich und stieß zurück.

Er nickte. »Weiß ich. Bist 'ne arme Sau«, sagte er nur.

»Prost.«

Nach einer Stunde war Krause wieder durch die Tür. Von unten drangen die Kommentare seiner Frau in meine Wohnung. Ich ignorierte es und machte mich an das Informationsmaterial. »Historische Stadthalle am Johannisberg – Jahresprogramm 99/2000« verkündete der Titel. Ich rümpfte die Nase über den Rot-Ton, in dem das Buch größtenteils gedruckt war. Ochsenblutfarben nannte man das wohl. Irgendwie fies. Aber es fiel auf, und das war ja der Sinn der Sache. Die Seiten bestanden aus dickem, fast pappeartigem Papier. Der Klotz lag unbequem in der Hand.

Ich blätterte das Buch durch und registrierte Titel von Konzerten, Namen von Komponisten, Fotos von mehr oder weniger ernst dreinblickenden Menschen: Musiker, deren Auftritte angekündigt wurden.

Ich überflog reißerische Texte, die von Chören, Kammermusikabenden und Sinfoniekonzerten berichteten, von Familienkonzerten und Jubiläen: 3. »Bergische Biennale«, »Hundert Jahre Postchor Wuppertal«, »Wiener Philharmoniker«, Anne-Sophie Mutter und »Windsbacher Knabenchor«. »Weihnachten im Glanze des Barock«, »Carmina Burana«, Juliette Gréco und so fort. Dazwischen Fotos von Stuckdecken, merkwürdigen Ornamenten und Falten von Vorhängen. Es waren Detailaufnahmen aus der Stadthalle. Verzierungen von Säulen, Wänden, Türen und Fußböden.

Irgendwann blieb ich an einem Foto hängen, auf dem ein älterer Herr mit Brille dem Leser entgegenlächelte. Es war Arthur Satorius, der Dirigent. Und es war das gleiche Foto, das sich an Reginas Pinnwand befand. Ich war auf der Seite, auf der von dem Konzert mit der Wuppertaler Kammerphilharmonie die Rede war.

Dann stolperte ich über die Tagung der Energieagentur NRW, die Fortbildungsveranstaltung »Therapie der terminalen Herzinsuffizienz und einen Vortrag über »Schlafstörungen im Bergischen«. Schließlich fand ich ganz hinten im Buch ein Gruppenfoto der Hallenbelegschaft.

Ganz vorne jemand mit Fliege, offenbar der Geschäftsführer. Daneben stand ein Werbetext mit dem Aufhänger »Wir machen es möglich«. Ich überflog die Seite und stellte fest, daß es bei weitem nicht nur Konzerte in dieser Stadthalle gab, sondern auch Kongresse, private Feiern wie zum Beispiel Jubiläen und sogar Hochzeiten. Fazit: »Jeder Gast hat es verdient, sich in der Stadthalle rundum wohlzufühlen, ganz gleich, ob er zusammen mit zwanzig Tanten auf der Terrasse walzert oder mit vierzehnhundertneunundneunzig Fachkollegen im Großen Saal debattiert. Lassen Sie sich von unserem Team dazu animieren, Ihren ganz persönlichen Termin in der Stadthalle zu planen.«

Darunter stand eine Telefonnummer. Ein paar Minuten lang überlegte ich, wie ich die Sache angehen sollte. Dann griff ich zum Hörer und wählte.

Eine Stunde später öffnete sich vor mir die Fahrstuhltür und gab den Blick in einen weißgestrichenen, hohen Gang mit grauem Teppichboden frei. Moderne Plastikschildchen an der Wand neben den Türen verkündeten, wer in dem jeweiligen Büro zu Hause war. Hier oben war es mit der historischen Kulisse aus der Gründerzeit vorbei. Hier befand sich die »Stadthalle-GmbH« – die moderne Betreiberfirma einer historischen Institution.

Ich ging mit teppichgedämpften Schritten schnurstracks nach hinten in Richtung Geschäftsleitung.

Der Mann am Schreibtisch trug Sakko und Fliege. Ich erkannte ihn von dem Gruppenfoto. Als ich das große, helle Büro betrat, stand er auf, lächelte und hielt mir die Hand hin.

»Hereinspaziert. Wintershausen. Guten Tag. Bitte nehmen Sie Platz.« Der Geschäftsführer machte einen Stuhl frei, indem er ein paar zusammengerollte Plakate von der Sitzfläche räumte. »Bitte schön.« Dann ließ er sich hinter seinem Schreibtisch nieder, auf dem eine mindestens zwanzig Zentimeter hohe Schicht von allerlei Papieren lastete – gekrönt von einer angebrochenen 300-Gramm-Tafel Milka. Das aufgerissene Papier in Silber und Lila stand nach allen Seiten ab, als wäre jemand gerade darüber hergefallen. Mir fiel ein, daß ich seit heute morgen nichts gegessen hatte.

»Leider ist unser technischer Leiter im Moment nicht da. Wir bauen unten gerade eine Ausstellung auf, und so müssen Sie mit mir vorliebnehmen«, sagte Wintershausen mit heiterer Miene. »Aber das ist ja sicher nicht das Schlimmste, nehme ich an. Soweit ich verstanden habe, geht es um eine Tagung. Kaffee?«

»Ja gern«, sagte ich, und Wintershausen verschwand irgendwohin. Nach einigen Minuten kehrte er mit einem kleinen Tablett mit Thermoskanne, Tassen, Zucker und einem Sahnekännchen aus Plastik zurück. »Meine Sekretärin hat heute frei«, erklärte er. »Da muß ich so manches selbst machen.«

Ich trank einen Schluck und spürte, wie mein nüchterner Magen reagierte.

»Es geht um eine berufliche Tagung«, sagte ich dann. »Sie wandert jedes Jahr in eine andere Stadt, und im kommenden Frühjahr hatten wir an Wuppertal gedacht.«

»Welche Räumlichkeiten hatten Sie sich vorgestellt?« fragte der Geschäftsführer und begann Schubladen aufzuziehen und wieder zuzuschieben. »Wie Sie wahrscheinlich wissen, hat die Stadthalle mehrere Säle. Da ist zum einen der große Saal, in dem auch die Sinfoniekonzerte stattfinden, aber wir verfügen auch über Räumlichkeiten für kleinere Gesellschaften.«

»Etwa neunhundert Leute«, erklärte ich. »Ein großes Vortragsprogramm am Vormittag, dann gemeinsames Mittagessen und schließlich die Arbeit in verschiedenen Arbeitsgruppen. Abends geselliges Zusammensein, verbunden mit einem festlichen Abschluß. Wir haben da an eine Art Konzert gedacht, sind uns aber noch nicht sicher.«

Wintershausen wühlte in dem Papierberg, der vor ihm lag, und zog

69

ein leeres Blatt hervor. Er schob die Schokolade zur Seite und legte es auf den bereits bestehenden Aktenberg.

»Dann würde ich Ihnen empfehlen, die ganze Halle zu buchen. Den großen Saal für die Vormittags- und Abendveranstaltung, tagsüber die kleineren Räume.«

Er schrieb etwas auf das Blatt, stand auf und ging in ein Nachbarzimmer.

»Wissen Sie eigentlich«, rief er herüber, »daß wir auch für das Catering sorgen können? Wir haben ein sehr gutes Restaurant hier im Haus, und alle Säle sind auch entsprechend nutzbar. Wo sind denn nur die Vertragsvordrucke …«

Als er wieder hereinkam, hielt er ein paar Blätter in der Hand. »Wenn Sie möchten, kann ich Ihnen das Haus kurz zeigen. Sagen Sie mir nur schon mal, welchen Termin Sie planen. Dann können wir im Computer nachsehen, ob wir an diesem Tag überhaupt frei sind.«

»Dreißigster Mai«, sagte ich. Das ist mein Geburtstag.

Wintershausen blickte kurz auf die Uhr. »Kommen Sie. Bei der Gelegenheit kann ich auch gleich mal sehen, wie weit die da unten mit der Ausstellung sind.«

Wir betraten den Aufzug, mit dem ich heraufgekommen war. Unterdessen plauderte Wintershausen munter weiter. Es war nicht zu übersehen, daß die Halle sein ein und alles war.

»Es hat sich einiges getan, seit das Haus renoviert wurde. Mittlerweile sind wir auch überregional ziemlich bekannt. Daß wir allerdings mit einem solchen Ereignis wie neulich in die Schlagzeilen kommen, damit haben wir nicht gerechnet.«

»Ich habe darüber in der Zeitung gelesen«, sagte ich vorsichtig, und mir fiel ein, daß ich genau das heute noch nicht getan hatte. Über Mannis frühe Computeraktion und nach dem plötzlichen Anruf Mallbergs hatte ich es schlicht vergessen. »Und auch sonst war das ja ein ganz schöner Medienrummel.«

»Das kann man wohl sagen! Sie glauben nicht, was hier los war. Schon am nächsten Morgen standen in aller Frühe die Übertragungswagen von RTL, Sat 1 und wie sie alle heißen im absoluten Halteverbot auf dem Hallenvorplatz. Gleichzeitig suchte die Polizei noch nach Spuren. Das ging dann bis zum nächsten Vormittag. Manche von den Fernsehleuten haben sogar versucht, heimlich hier hereinzukommen, um Aufnahmen vom Unglücksort zu machen. Sogar jetzt gibt es noch Leute, die unter irgendwelchen Vorwänden versuchen, hier reinzukommen, um einen Blick auf den Schauplatz des Geschehens zu werfen. Stellen Sie sich das vor!« Wintershausen grinste. »Dabei kann man das ziemlich einfach haben.«

»Und wie?« fragte ich ein bißchen zu schnell.

»Man braucht bloß in eines unserer Konzerte zu kommen. Viele machen das auch. Seit langem sind wir wieder mal ausverkauft. Die Stadthalle hat eine Art makabre Popularität bekommen.«

Im historischen Hauptfoyer, durch das ich eben noch zum Aufzug gegangen war, standen jetzt riesige Pappkartons. An den Garderoben lehnten Stellwände und Holzlatten. Arbeiter trugen das Material durch den Haupteingang herein. Wir betraten den großen Saal. Ohne Publikum sah er noch größer aus, als ich ihn in Erinnerung hatte.

Wintershausen deutete in Richtung der majestätischen Orgel. »Ich zeige Ihnen mal die Bühne«, sagte er und ging an einer Seitentreppe auf das Podium. Ich folgte ihm und stand nun genau an der Stelle, an der der Dirigent gestanden hatte, als das Unglück passierte. Ich blickte auf die leeren Stuhlreihen und versuchte den Platz zu finden, wo ich gesessen hatte. Ich sah zur Decke hinauf. Die Fläche war mit einer Art Wolke bemalt.

»Wo sind eigentlich genau die Scheinwerferschächte?« fragte ich.

»Der ›Todessturz von Wuppertal‹ läßt Sie wohl auch nicht los, was?« Er lachte. »Die Schächte sind im Moment nicht zu sehen. Die Scheinwerfer können aus der Decke ein Stück heruntergefahren werden. Dann entsteht dort oben eine Luke, durch die man vom Dachboden über dem großen Saal hinunterstürzen kann. Aber so einfach ist das auch wieder nicht.«

Ich ging ein wenig umher und tat so, als würden mich die Möglichkeiten der großen Bühne interessieren. »Was meinen Sie damit?« fragte ich nebenbei.

»Dort oben gibt es jede Menge Sicherheitsvorkehrungen. Man kann nur auf ganz bestimmten Brücken entlanggehen, die durch den Dachboden führen und die mit Geländern gesichert sind.«

»Brücken?«

»Na ja, metallene Gehsteige – etwa einen Meter breit. Auf der Decke selbst kann man nicht laufen, da gibt es eine gewisse Einsturzgefahr.«

»Aber die Verunglückte ist ja auch nicht durchgebrochen, sondern durch einen der Schächte gestürzt.«

71

»Ja. So war es wohl. Trotzdem ist der Stuck an den Rändern der Schächte etwas in Mitleidenschaft gezogen worden.«

Ich erinnerte mich an die weißen Brocken, die auf das Parkett gefallen waren.

»Ich habe gelesen, daß man gar nicht weiß, wie die Verunglückte überhaupt dort oben hinkam. Ist denn dieser Dachboden nicht abgeschlossen?«

»Natürlich. Die Öffentlichkeit kann dort nicht hin. Und die Frau gehörte ja nicht zum Personal. Allerdings wird dort oben ja gearbeitet, und da kann es schon einmal sein, daß die Türen kurze Zeit aufbleiben.«

Wer genau besitzt die Schlüssel, hätte ich am liebsten gefragt. Wintershausen schien meine Gedanken gelesen zu haben.

»Nur das technische Personal kann dort hinauf. Man muß schon von einer ganz klaren Absicht sprechen, wenn jemand von den offiziell zugänglichen Sälen aus dort hinaufgeht. Sie kann sich nicht dorthin verirrt haben, wenn sie eigentlich in den Konzertsaal wollte. Das ist völlig ausgeschlossen.«

»Andererseits ist es aber auch schwer, auf diese Weise einen Selbstmord zu planen. Wenn man vorher gar nicht wissen kann, wann der Dachboden, von dem man sich stürzen will, zugänglich ist.«

Wintershausen zuckte die Achseln. »Aber doch scheint sie sich umgebracht zu haben. Es ist ja auch ein Abschiedsbrief gefunden worden. Vielleicht hatte sie einen Nervenzusammenbruch oder so was. Ich bin kein Psychologe, aber wenn gerade ein Fenster dagewesen wäre, hätte sie sich in einer solchen Verfassung vermutlich auch da hinausgestürzt.«

»Man kommt doch sicher an vielen Fenstern vorbei – auf dem Weg zum Dachboden?«

»Sie lassen sich allerdings nicht so einfach öffnen.«

»Zeigen Sie mir die anderen Räume?«

»Am liebsten würden Sie auf den Dachboden hinaufsteigen, stimmt's? Sie können das ruhig zugeben. Ich habe in den letzten Tagen ein gutes Gespür für die Neugier meiner Besucher entwickelt, das können Sie mir glauben.«

Ich sagte nichts. Dafür redete Wintershausen unbekümmert weiter.

»Worüber wir noch gar nicht gesprochen haben«, sagte er, »ist, welchen Verband oder was auch immer Sie eigentlich vertreten.«

Ich lächelte. »Wenn ich Ihnen das verrate, zeigen Sie mir den Dachboden bestimmt nicht.«

72

Er blickte mich auffordernd an. »Woher wollen Sie das wissen? Sagen Sie schon.«

»Zeigen Sie mir den Raum dort oben trotzdem?«

Er nickte. »Versprochen.«

»Es ist die Jahrestagung des Verbandes der deutschen Detektive.«

Wieder ging es in den Aufzug.

»Wissen Sie«, sagte Wintershausen, »ich wäre auch gern Detektiv geworden. Aber wahrscheinlich ist das in Wirklichkeit nicht so spannend wie in den Krimis.« Die Kabine ruckte an. »Es ist eine komische Sache. Es hat ja früher schon Vorfälle gegeben, die mit spektakulären Stürzen zu tun hatten.«

»Meinen Sie in Wuppertal oder hier in der Stadthalle? Bei Wuppertal fällt mir nur die Geschichte von Tuffi ein – dem Elefanten, der bei einer Zirkus-Reklamefahrt aus der Schwebebahn gesprungen ist.«

»Genau. Aber auch hier in der Halle selbst gab es so etwas. In den fünfziger Jahren, glaube ich, ist zum Beispiel ein Mann während eines Konzerts von der Empore gestürzt.«

»Ist er dabei umgekommen?«

Er zuckte mit den Schultern »Das weiß ich nicht. Man nimmt an, daß er sich von der Musik so stark begeistern ließ, daß er alles um sich herum vergaß.«

»Es wurde aber nicht Mozart gespielt?«

»Nein. Es war Bruckners achte Sinfonie.«

Mittlerweile waren wir wieder im obersten Stock angekommen. Der Geschäftsführer bat mich, kurz zu warten. Er verschwand hinter einer Tür, auf der »Regieraum« stand. Dann kam er zurück und schloß eine andere Tür auf. Über eine Treppe aus hellem Metall ging es nach oben. Wir erreichten eine weißgestrichene Eisentür. »Betreten verboten, Lebensgefahr«, warnte ein gelbes Schild.

»Na, die Risiken sind ja nicht zu übersehen«, bemerkte ich.

Wir gingen auf einem schmalen Gang weiter. Der Boden war nichts als ein Metallrost, links und rechts mit einem Geländer gesichert und mit gelbschwarzem Klebeband markiert. Sogar ein Sehbehinderter hätte hier keine Schwierigkeiten gehabt, auf dem richtigen Weg zu bleiben.

Auf beiden Seiten erstreckte sich der weite Raum des Dachbodens, in dem das trübe Licht verdämmerte. Ich blickte nach unten und sah zwei Meter tiefer einen weiteren, etwas gewölbten Fußboden.

»Das ist die Decke des großen Saales«, erklärte der Geschäftsführer. »Wir blicken jetzt von oben darauf. Wie gesagt: Auf der Stuckkonstruktion kann man nicht gehen, weil sie nicht viel Gewicht trägt. Deswegen gibt es diese Sicherheitsgänge.«

Die Brücke führte über die gesamte Länge des Konzertsaales, unterbrochen von einigen eingezogenen Wänden. Hier mußte Wintershausen wieder eine Tür öffnen, damit es weiterging.

»Jetzt sind wir in der Mitte des Saales«, sagte er schließlich. »Kommen Sie weiter.«

Wenige Schritte noch, dann deutete der Geschäftsführer nach unten. Ich sah einen Scheinwerfer, groß wie ein Ölfaß und schwarz gestrichen. Er schien in dem gewölbten Boden zu versinken. Daneben war die Stuckdecke heller und merkwürdig gerillt. Ich wollte schon fragen, was das war, doch dann erkannte ich es. So, wie man Felder und Waldstücke für eine bunte Tischdecke halten könnte, wenn man aus dem Flugzeug blickt, sah ich, daß die scheinbaren Rillen im Fußboden die Stuhlreihen waren – unglaublich tief unten. Unwillkürlich spürte ich ein leichtes Schwindelgefühl.

»Etwa zwanzig Meter«, sagte Wintershausen nur. »Hier ist es passiert.«

Die Öffnung rund um den Scheinwerfer war breit genug, daß ein Mensch hindurchfallen konnte.

»Das heißt, sie hat hier den Sicherheitsweg aus irgendwelchen Gründen verlassen«, bemerkte ich.

»Aus irgendwelchen Gründen, ja.«

Schweigend kehrten wir zurück. Als wir wieder im Büroflur waren, lächelte mich der Geschäftsführer an. »Und?« fragte er.

»Und was?« fragte ich.

»Haben Sie jetzt gesehen, was Sie sehen wollten?«

Ich nickte nur. Dann verabschiedete ich mich und verließ die Stadthalle.

Ich schlenderte an dem neuen Hotel vorbei, das sich seit September zwischen der Stadthalle und dem »Schwimmoper« genannten Hallenbad drängte, und faßte zusammen.

Die offizielle Theorie war: Regina Mallberg beschloß, sich umzubringen. Sie schrieb einen Abschiedsbrief. Dann ging sie in das Konzert. Sie schlich sich auf den Dachboden und stürzte sich durch einen dieser

Scheinwerferschächte. Dazu mußte sie erstens die Stadthalle und ihre räumlichen Möglichkeiten gut kennen. Zweitens mußte sie wissen, ob und wann die Türen zu dem Dachboden unverschlossen sind. Das schien ja, wie Wintershausen gesagt hatte, sehr unregelmäßig der Fall zu sein. Und schließlich blieb die Frage, warum sie ihren angeblichen Selbstmord überhaupt so kompliziert plante und nicht einfach die Möglichkeit wählte, mit der sie sich schon einmal beinahe das Leben genommen hatte. Welche Erklärung aber gab es, wenn man die Selbstmordtheorie beiseite ließ? Was macht man auf einem Dachboden? Man versteckt sich. Vor wem? Vor jemandem, vor dem man nicht woandershin flüchten kann. Das Foyer ist voller Menschen, man will nicht gesehen werden.

Oder man versteckt sich nicht, sondern trifft sich absichtlich mit jemandem. Mit wem? Mit jemandem, der den Schlüssel hat. Warum? Zu einem Schäferstündchen. Einem Schäferstündchen, das in einen tragischen Unfall mündet: In der Hitze des Gefechts stürzt einer der Partner in die Tiefe. Eigenartige Vorstellung – aber warum nicht? Da stellte sich die Frage: Wer war der andere?

Ich ging im Geist Personen durch und bemerkte, daß ich mir schleunigst jemanden vornehmen müßte: Arthur Satorius, den Professor und Dirigenten.

Zu Hause öffnete ich vorsichtig die Wohnungstür und war erleichtert, als mich meine Mitbewohnerin lautstark begrüßte. Sie schnurrte und strich mir an den Beinen entlang. Offensichtlich war ihr klar, daß wir einen großen Sieg über Alfred Krause errungen hatten. Daß er sich jetzt mit seiner Frau herumschlagen mußte, war mir ziemlich egal.

Die Welt war nun für mich fast wieder in Ordnung, und ich wählte Juttas Nummer.

»Hallo.«

Es war eine tiefe Männerstimme, die das »Hallo« nicht fragend, sondern mehr wie eine Feststellung in den Hörer geschickt hatte.

»Hallo – hier ist Remi. Ist Jutta da?«

Ich konnte nicht richtig hören, was sich auf der anderen Seite abspielte. Einen Moment hatte ich das Gefühl, der andere hätte aufgelegt, aber da kein Amtszeichen kam, gab ich die Hoffnung nicht auf. »Hallo? Hallo? Verdammt noch mal, ist da jemand?«

Jemand kicherte, dann hörte ich Juttas Stimme. »Hör auf, Tom, du weißt doch, daß ich kitzlig bin. Laß das. Wer ist da am Telefon, hast du gesagt? Hihihi.«

»Hallo Jutta?«

»Remi, Hallöchen. Tom, laß das ... nein!«

Ein kurzes Kreischen, dann Gekicher, weit weg. Offenbar hatte sie den Hörer fallengelassen.

»Jutta, hörst du mich? Jutta, jetzt hör mir doch mal zu.«

»Hihihi, nicht kitzeln.«

Wieder ein Kreischen, dann ein Getrampel, als würde eine ganze Herde Büffel durch Juttas Wohnung getrieben.

»Bist du noch da?«

»Da bin ich wieder, Remi«, sagte Jutta plötzlich seelenruhig. »Warte mal, ich mach die Tür zu.«

Ein Knall, dann Gehämmer.

»Ja, ja, Tom, ich komm ja gleich wieder. Jetzt laß mich mal telefonieren.«

»Entschuldige, Jutta, daß ich dich bei deiner Orgie störe, aber ich brauche ein paar Infos. Du kennst doch Gott und die Welt.«

»Vor allem zweiteres. Schieß los.«

Immer noch das Gehämmere im Hintergrund. Wahrscheinlich würde Tom vor lauter Trieb gleich die Tür eintreten.

»Was kannst du mir über diesen Arthur Satorius erzählen?«

»Was hast du gesagt? Ich versteh dich so schlecht.«

»Ich möchte an Satorius rankommen. Und ich hatte gedacht, ich könnte ihm gegenüber als Journalist auftreten. Aber dafür brauche ich ein paar Informationen.«

»Puh. Warum fragst du nicht einfach in der Stadthalle nach? Die müßten das am besten wissen. Du solltest dir wahrscheinlich sowieso ein Bild vom Unglücksort machen.«

»Vergiß es«, seufzte ich.

»Ich muß jetzt auch auflegen«, rief Jutta schnell. »Tschüs!«

Es knackte. Dann ertönte das Besetztzeichen.

Ich fand im Telefonbuch Satorius' Nummer.

Nach einigen Ruftönen klickte es, dann kam ein kurzes dumpfes Rauschen, und die Stimme von einem Anrufbeantworter begann: »Sie haben die Nummer von Professor Satorius gewählt. Ich bin leider nicht zu erreichen ...« Plötzlich klickte es wieder, und jemand meldete sich.

»Ja bitte?«

»Hallo, spreche ich mit Herrn Professor Satorius?«

»Am Apparat.«

»Entschuldigen Sie bitte die Störung. Mein Name ist Rott. Ich bin Musikjournalist und arbeite gerade an einem Artikel über das Wuppertaler Musikleben. Ich wäre sehr an einem Interview über Sie und Ihr Orchester interessiert.«

Als der Mann sich meldete, hatte es geklungen, als sei er gerade aufgestanden. Vielleicht aus dem Mittagsschlaf. Doch jetzt wirkte er hellwach. »Ein Interview? Musikjournalist, sagen Sie? Gern, gern. Lassen Sie mich überlegen ... Wann haben Sie Zeit?«

»Ich komme aus dem süddeutschen Raum«, log ich. »Und ich bin gerade bei Freunden in Wuppertal untergekommen. Ich habe auch vor, das Sinfonieorchester und die Stadthalle zu besuchen.«

»Ach wissen Sie was«, sagte Satorius. »Ich bin auch ab Montag eine Woche lang mit Proben und Aufnahmen beschäftigt und muß mich noch darauf vorbereiten. Kommen Sie doch bitte, wenn es Ihnen möglich ist, morgen um vierzehn Uhr in die Universität. Ich halte da eine Gastvorlesung. Sie dauert eine gute Stunde, und im Anschluß können wir uns unterhalten.«

»Das paßt prima. Gern.«

»Wollen Sie auch Fotos machen?«

»Nein, nein«, sagte ich. »Sie können mir sicher ein paar Künstlerfotos von sich zur Verfügung stellen. Jetzt geht es erst mal nur um den Text.«

»Gut. Dann bis morgen. Ich bin gespannt, was Sie für Fragen haben.«

Das bin ich auch, dachte ich und verabschiedete mich höflich dankend.

Die Katze kam in gleichmäßigem Trab vom Wohnzimmer herüber. Mit einem Satz sprang sie auf den Schreibtisch und sah mich herausfordernd an: Machst du jetzt Feierabend, oder muß ich noch länger auf dich warten? Ich streichelte sie ein bißchen am Rücken, aber sie entwand sich, maunzte kurz, hüpfte wieder auf den Fußboden und warf sich auf den Rücken. Ich stand auf. Sie stellte sich ruckartig wieder auf die Beine und rannte in meinen Wohnbereich hinüber, daß die Pfoten nur so auf dem Boden trommelten. Als ich hinterhergekommen war, sah ich, daß sie ein Spielzeug entdeckt hatte. Es war ein Bleistiftstummel. Sie machte ihre linke Vorderpfote krumm, schoß das Holzstückchen einen Meter vor sich her, stürzte sich kämpferisch auf das flüchtende »Opfer« und biß hinein. Dann setzte sie sich brav hin und sah mich an.

Ich wußte, was zu tun war. Ich nahm das Spielzeug und warf es in die Ecke. Sofort raste die Katze hinterher, fing es ab, schubste es weg und stürzte sich wieder darauf.

»Ich wußte gar nicht, daß auch Katzen Stöckchen nachlaufen«, wunderte ich mich. Und so spielten wir noch eine Weile, bis sie keine Lust mehr hatte.

Fünf Tage war es jetzt her, seit sie das erste Mal zu mir gekommen war, und ich hatte immer noch keinen Namen für sie. »Vielleicht sollte ich dich ›Madämchen‹ nennen?« überlegte ich laut. »Ja, ›Madämchen‹ ist gut.« Sie sah mich aufmerksam an und legte das Köpfchen schief. Offenbar hatte sie verstanden. »Madämchen«, sagte ich feierlich. »Du gehörst jetzt zur Familie. Und als älteres Familienmitglied muß ich dir jetzt leider sagen: Ich muß noch arbeiten.«

Ich ging hinüber ins Büro. Madämchen faßte das als Affront auf und war sofort beleidigt. Es war für sie wohl selbstverständlich, daß sie jetzt die Regeln bestimmte. Mit einem Satz war sie auf der Fensterbank und wollte hinaus. Ich öffnete das Fenster. Sie verschwand auf dem Flachdach.

Dann suchte ich die Karte von diesem Kripomann Krüger. Als er sich meldete, dachte ich unwillkürlich an seine stahlblauen Augen.

»Guten Tag, Herr Krüger«, sagte ich jovial. »Na – haben Sie Ihre tausend Zeugen durch?«

Ich merkte gleich, daß ich den falschen Ton angeschlagen hatte. Krüger war kein Mann für Späße. Außerdem war er unangenehm kurz angebunden.

»Eintausenddreihundertzweiundfünfzig«, sagte er. »Was kann ich für Sie tun, Herr Rott?«

»Nun ja – Sie hatten mich gebeten, Sie anzurufen, wenn mir noch etwas Nützliches einfällt.«

»Und das wäre?«

»Eine Information über Regina Mallberg. Etwas, das Sie wahrscheinlich noch nicht wissen.«

»Sonst würden Sie mich ja kaum anrufen. Soll ich jemanden schicken, der Ihre Aussage entgegennimmt, oder wollen Sie mir am Telefon sagen, was sie mitzuteilen haben?«

»Also eigentlich«, druckste ich. »Eigentlich …«

»Ja?« bellte es aus dem Hörer.

»Ich wollte Ihnen ein kleines Geschäft vorschlagen.«

78

Krüger atmete hörbar aus und bremste seine Ungeduld. Es verging mindestens eine Sekunde, bevor er reagierte. »So, so – ein Geschäft«, sagte er nur.

»Ich gebe Ihnen eine nützliche Information«, wandte ich ein.

»Und was geben wir Ihnen?«

»Nichts Besonderes. Sie gewähren mir nur einen Blick auf ein gewisses Dokument.«

»Darf ich raten?«

»Dürfen Sie. Aber vorher zeige ich Ihnen, daß ich es ernst meine: Es gibt einen Kontakt zwischen Regina Mallberg und einer unbekannten Person. Sie könnten mit Ihren polizeilichen Methoden diese Person leicht ausfindig machen.«

»Und das sollen wir auch noch für Sie tun?«

»Nein. Das verlange ich überhaupt nicht«, sagte ich, obwohl das natürlich ideal gewesen wäre.

»Sehr freundlich von Ihnen«, sagte Krüger sarkastisch. »Haben Sie heute eigentlich schon die Zeitungen gelesen?« fragte er dann.

»Äh – ja«, sagte ich. Dabei hatte ich es immer noch nicht getan.

»Gut. Ich habe also Ihr Wort, daß wir Ihre Information bekommen?«

»Das haben Sie. Und ich darf mir den Abschiedsbrief ansehen?«

Ein komisches Geräusch kam aus dem Hörer. Ich erkannte nicht sofort, daß Krüger lachte. »Dürfen Sie. Morgen früh um acht Uhr in meinem Büro im Polizeipräsidium. Bis dann.« Er legte auf.

Ich verstand überhaupt nichts. Nur die Ruhe, sagte ich mir. Jetzt wird erst mal weiter telefoniert. Ich versuchte es wieder bei Birgit Jungholz und hatte Glück. Sie war gleich am Apparat und hatte nichts dagegen, daß ich heute abend noch vorbeikommen würde. Sie gab mir ihre Adresse.

Ich ging hinüber zum Kiosk am Laurentiusplatz, um endlich Zeitungen zu beschaffen. Schon als ich von weitem den Titel der Bild zu Gesicht bekam, ahnte ich, was Krüger so belustigt hatte. Die Schlagzeile bestand nur aus zwei Wörtern: »DER BRIEF«.

Die Journalisten hatten gute Recherchearbeit geleistet. Irgendwie waren sie an Reginas letzte Worte gekommen. Gleich auf der ersten Innenseite sah man einen reproduzierten Ausschnitt des Schriftstücks. Wenige Zeilen in runder Jungmädchenschrift. Der gesamte Inhalt war im Text abgedruckt. Er war ziemlich unbestimmt: »Es hat alles keinen Sinn mehr. Ich mache Schluß. Das ist kein Leben. Regina.« Ich erkannte auf der Reproduktion eine Umrandung mit Blumenmotiven. Offenbar hatte Regina Mallberg Briefpapier benutzt.

Der Inhalt war läppisch. Es gab keine Begründung, warum sie sich ausgerechnet in der Stadthalle umbringen wollte. Trotzdem machte die Bild-Zeitung eine Riesenstory daraus und rekonstruierte theatralisch sogar den Hergang: »Ein einsames Mädchen sitzt an seinem Schreibtisch. Traurig sieht es über die bergischen Hügel hinter seinem Fenster. Dann beginnt es zu schreiben. Ihr Entschluß steht fest. Der Entschluß zum Selbstmord.« Und so ging es weiter. Der Autor stellte eine waghalsige Theorie auf, warum Regina die Stadthalle als Schauplatz gewählt hatte. Es sei ihre starke Liebe zur Musik gewesen, die dabei eine große Rolle gespielt habe: »Mozart, das war ihr Leben. Und bei den Klängen Mozarts wollte sie auch sterben.«

Mir kamen fast die Tränen. Ich beschloß, mir solide Informationen für das morgige Interview zu beschaffen, und nutzte dafür eine Einrichtung, die sich sozusagen vor der Haustür meines Büros befand: die Elberfelder Stadtbibliothek in der Kolpingstraße.

Ich passierte die Drehtür und nahm die Aufforderung zur Kenntnis, Taschen und Rucksäcke in den dafür vorgesehenen Schließfächern zu deponieren. Da ich nichts dergleichen bei mir trug, wandte ich mich gleich dem Treppenhaus mit den grauen Steinstufen zu. Die Musikabteilung war im obersten Stock. Auf dem Weg hinauf konnte man eine lange Reihe von Filmplakaten bewundern, die die Wände schmückten. Offenbar mußte sich so etwas Altmodisches wie eine Bibliothek langsam, aber sicher in eine Videothek verwandeln, um bei der Jugend Anklang zu finden.

Die Musikbibliothek befand sich hinter einer kleinen Glastür. Grauer Teppichboden dämpfte die Schritte. Es war still. Links neben dem Eingang saß eine Bibliothekarin an einem Schreibtisch. Vor ihr lag eine Zeitung. Weiter hinten begannen die Regale. Daneben gab es in exaktem Abstand kleine dreieckige Tischchen, an denen man Platz nehmen und lesen konnte. Nur eins davon war besetzt: Ein älterer Mann in Hut und Mantel blätterte langsam ein Buch durch.

Ich ging zu den eng aneinander stehenden Regalen. Schließlich fand ich eine Ecke mit Musiklexika. »Die Musik in Geschichte und Gegenwart« umfaßte eine ganze Batterie von Bänden. Ich nahm mir den mit dem Buchstaben »W« heraus und suchte den Artikel über Wuppertal. Der Beitrag begann in der Steinzeit; ganz am Ende kam ein Abschnitt über das zwanzigste Jahrhundert. Ich las etwas über die Konzertgesellschaft Elberfeld, über das Elberfelder Städtische Orchester, irgendwann kam der Zweite Weltkrieg, und dann: »Aufbau nach 1945«. Keine Rede von Professor Satorius.

Ich nahm den Band mit dem Buchstaben »S«. Auch hier suchte ich vergeblich. Wahrscheinlich war das Lexikon nicht aktuell genug. Ich überlegte, wie ich an Informationen über den Mann kommen könnte. Neben dem Tisch, wo die Bibliothekarin saß, stand ein Computer. Den würde ich ganz sicher nicht benutzen. Ich beschloß, die Fachkraft persönlich zu fragen.

Kaum hatte ich meine Schritte in ihre Richtung gelenkt, sah sie auf und lächelte. Sie hatte lange Haare, und mir fiel auf, daß sie nicht das geringste Quentchen Make-up trug.

»Entschuldigen Sie«, begann ich.

»Ja bitte?«

»Ich suche nach Informationen über Arthur Satorius, den bekannten Wuppertaler Dirigenten und Hochschulprofessor.«

»Da haben wir eine kleine Sonderabteilung«, sagte sie. »Herr Satorius hat sie uns netterweise zur Verfügung gestellt.« Sie stand auf. »Sehen Sie – hier.«

Ich folgte ihr wieder in Richtung der Regale. Wir passierten die Buchstaben »B«, wo ich eine lange Reihe von Büchern über »Bach« und »Beethoven« wahrnahm, wir kamen an »M« vorbei, wo es hauptsächlich um Mozart ging, und schließlich kamen wir bei »S« an. Der Mann befand sich wirklich in bester Gesellschaft.

»Bitte sehr«, sagte die Bibliothekarin und verschwand.

Ich sichtete die vorhandene Literatur. Besonders vielversprechend war ein Buch, das zum fünfzigsten Geburtstag des Professors erschienen war. Eine Sammlung von Aufsätzen – »von seinen Schülern«, wie es im Titel hieß. Vorangestellt war – natürlich – eine ausführliche biographische Würdigung des Gelehrten, geschmückt mit seinem fotografischen Konterfei, das ich mittlerweile gut kannte. Ich nahm den Band, setzte mich an eines der dreieckigen Tischchen und war nach kurzer Zeit über Satorius im Bilde.

Man konnte es auf eine ganz einfache Formel bringen: Ohne diesen Herrn wäre die Wuppertaler Musikwelt wahrscheinlich in absolute Bedeutungslosigkeit versunken. Der Mann war eine wahre Lokalgröße. Pina Bausch, das Opernhaus, die Chöre und was es sonst noch in dieser

Stadt gab, waren überhaupt nichts gegen Satorius' glanzvolle Aktivitäten. Kein Orchester in dieser Stadt, das er nicht schon einmal dirigiert, kein Chor, der nicht schon unter seiner Leitung gesungen hatte. Und seine Leistungen ragten weit über die des praktischen Musikers hinaus: Ab und zu ließ er es sich nicht nehmen, ein Gelegenheitswerk zu komponieren, das dann anläßlich eines Orchester- oder Chorjubiläums erklang.

Und auch das reichte noch nicht: Satorius kümmerte sich intensiv um die Musikgeschichte Wuppertals. Er hatte so manche Ausgrabung gemacht, die die Bergische Metropole »im Licht der internationalen Musikgeschichte« zeigte, wie es blumig hieß.

Irgendwann war der österreichische Operettenkomponist Franz Lehár in Wuppertal gewesen und hatte hier das getan, was Wiener Komponisten wahrscheinlich andauernd tun: Er hatte einen Walzer geschrieben. Seitdem ist die Musikgeschichte ganz normal weitergegangen, Konzerte haben stattgefunden, den Radioprogrammen ist keineswegs die Musik ausgegangen, und auch sonst hat kaum jemand bemerkt, daß dieser Wuppertaler Lehár-Walzer in Vergessenheit geraten war. Bis jemand das verlorene Stück namens »Wupper-Wellen« entdeckte. Und dieser jemand war natürlich Satorius gewesen.

Seit der Entdeckung war er der Hans Dampf in allen Gassen der Wuppertaler Musikszene. Man pries ihn als eine Persönlichkeit, die »auf höchstem Niveau intellektuelle Bildung mit fruchtbarer künstlerischer Tätigkeit verband.«

Na wunderbar, dachte ich. Jemand mit solch phänomenalen Fähigkeiten konnte mir sicher bei der Aufklärung dieses Falles weiterhelfen.

9.

Entweder hatte ich die falschen Schuhe an, oder derjenige, der dem »Tippen-Tappen-Tönchen« den Namen gegeben hatte, litt an Hörstörungen. Wenn ich die berühmte Treppe ganz in der Nähe meiner Detektei passierte, hörten sich meine Schritte ganz anderes an als diese merkwürdige Lautmalerei – angeblich die genaue Umsetzung des akustischen Eindrucks beim Betreten dieser Wuppertaler Attraktion.

Es war bereits dunkel, als ich »Tippen-Tappen-Tönchen« hinaufstieg, um in die Nordstadt zu kommen. Genauer gesagt: in die Schusterstraße, wo Birgit Jungholz wohnte.

Inoffiziell heißt dieses Gebiet Ölberg, weil die armen Leute, die früher hier wohnten, beim Schein der Öllampen bis in die Nacht hinein arbeiteten. Heute sind aus den armen Leuten »Bewohner eines sozialen Brennpunkts« geworden. Und mit altmodischen Funzeln müssen viele der Menschen, die hier leben, auch nicht mehr arbeiten – obwohl sie es wahrscheinlich gern täten, wenn sie nur Arbeit fänden.

Immerhin gibt es Strom. Das beweisen schon die vielen Satellitenschüsseln an den Hauswänden.

Die Kinder lernen in diesem Viertel gleich, wo es langgeht: »Der Hof ist kein Spielplatz«, verkünden strenge Metallschilder, und auch die Erwachsenen werden ermahnt. An einem kleinen Parkplatz erinnert man daran: »Waschen und Reparieren von Autos verboten«.

Ich hoffte inständig, hier oben niemals eine Panne zu haben. Man konnte geradezu froh sein, kein Auto zu besitzen.

Zwei Jugendliche mit Baseball-Kappen kamen mir entgegen. Jeder führte einen Pitbull an der Leine. Ich wechselte die Straßenseite und lächelte einem alten Mann zu, der im rosa Jogginganzug auf der Straße stand, die Hände in den Taschen. Von irgendwo her kam Pop-Musik und Geschirrgeklapper. Schließlich hatte ich die richtige Hausnummer gefunden. Sie war mit weißer Farbe auf die dunkle Mauer gemalt worden.

Ich klingelte und absolvierte einen dämmrigen, muffig riechenden Flur. Die Holztreppe knarrte, das Geländer gab leicht nach. Oben wurde ich von einer Frau mit mindestens zwanzig Kilo Übergewicht empfangen. Soweit ich es bei der funzeligen Flurbeleuchtung sehen konnte, besaß sie eine gesunde, rötliche Gesichtsfarbe. Ihre dunklen Haare hingen in Strähnen herunter.

»Da haben Sie aber Glück gehabt, daß Sie mich überhaupt erreicht haben. Normalerweise arbeite ich dienstags.« Ich betrat die Wohnung. »Daniel, laß das, bleib schön auf deinem Stuhl sitzen.« Und dann wieder zu mir: »Wissen Sie, ich kassiere beim Spar in Barmen, und neuerdings haben die da bis acht auf. Kommen Sie doch rein.«

Daniel war ein Kleinkind, das in der winzigen Küche auf einem hölzernen Stühlchen thronte, mich und Birgit Jungholz quietschend anlachte und so stark hin- und herruckelte, daß das Möbel mitsamt dem Kind umzufallen drohte. Da der Kleine nicht in der Lage war, diese Katastrophe vorherzusehen, störte ihn die Gefahr natürlich überhaupt nicht – genausowenig, daß sein blaugelbes Lätzchen, das er um den Hals trug, von oben bis unten bräunlich besabbert war. Alles war in den kalten Schein einer Neonleuchte getaucht, die an der Decke hing. Birgit Jungholz schien das endlose Quietschen des Kindes nicht zu stören.

»Möchten Sie Kaffee?« rief sie mir fröhlich entgegen, und ich überschlug, wieviel ich von der pulsschlagfördernden Flüssigkeit heute schon zu mir genommen hatte.

»Vielleicht lieber ein Wasser«, sagte ich.

Ich quetschte mich an einen mit Wachstuch bedeckten Tisch auf einen Plastik-Klappstuhl. Die Tischdecke war mit fotografisch getreuen Motiven von riesigen Tomaten bedeckt. Man bekam so richtig Lust auf Spaghetti. Wenn zwei Leute am Tisch saßen wie jetzt, konnte man nicht mehr so ohne weiteres aufstehen und hinausgehen. Dazu war es zu eng. Ich versuchte, dem schwankenden, quietschenden und sabbernden Daniel nicht zu nahe zu kommen. Birgit Jungholz, die ebenfalls Platz genommen hatte, griff hinter sich, holte ein Glas und eine Wächtersbach-Tasse aus einem Preßspan-Regal.

»Einen Moment, ich muß eine neue Flasche aus der Vorratskammer holen. Außerdem muß das Kind ins Bett.« Sie stand auf. Plastik schrammte geräuschvoll über PVC-Fliesen. Daniel wurde in die Höhe gehoben. Er stieß einen weiteren Quietscher aus und verschwand dann in den Händen seiner Mutter im hinteren Bereich der Wohnung, wo ich so etwas wie ein Gitterbett gesehen hatte. Kurz danach war Birgit Jungholz wieder da und setzte sich. Daniels Quietschen ertönte nun schallgedämpft durch die Tür.

»Sie wollen also etwas über Regina wissen. Ich verstehe nicht so recht, warum. Haben Sie was mit der Polizei zu tun?« Sie sagte das nicht abwehrend oder mißtrauisch, eher neugierig.

»Ist die Polizei bei Ihnen gewesen?«

Sie schüttelte den Kopf.

»Ich bin ein Privatermittler.«

»Ein Detektiv? Ich dachte, so was gäbe es nur im Fernsehen.« Sie öffnete die Flasche und goß mir Wasser ein. Sie selbst griff ohne aufzustehen zur Kaffeemaschine, die auf dem Bord stand, und schenkte sich ein.

»Das gibt's auch in Wirklichkeit. Ansonsten haben Sie recht: Ich versuche etwas über Regina Mallberg herauszufinden.«

»Und was?«

»Vor allem, wie sie umkam.«

Sie nahm einen Schluck Kaffee. »Haben Sie das nicht in der Zeitung gelesen?«

Ich ging nicht darauf ein.

»Sie waren doch mit Regina eng befreundet. Ist Ihnen ihr Tod nicht nahegegangen?«

Sie setzte die Tasse ab und machte ein ernstes Gesicht. »Das kann man wohl sagen. Aber ich hatte in letzter Zeit nicht mehr so viel Kontakt zu ihr ...«

»Was heißt ›in letzter Zeit‹?«

»Na ja, so die letzten Monate.«

»Haben Sie gewußt, daß Sie ein Kind erwartete?«

Sie blickte erstaunt auf. »Nein. Wer hat Ihnen das gesagt?«

»In ihrem Computer war ein Brief gespeichert, in dem sie darüber schrieb. Haben Sie den Brief nicht bekommen? Er war an Sie gerichtet.«

»Nein«, sagte sie erstaunt. »Das ist ja schrecklich. Wann hat sie den Brief geschrieben?«

»Das weiß ich im Moment noch nicht. Aber es ist bestimmt nicht lange her. Sehen Sie – es könnte ja sein, daß es etwas mit ihrem merkwürdigen Tod zu tun hat. Obwohl dieser Umstand natürlich auch die Theorie untermauern könnte, die als die offizielle gilt. Ich meine, daß Regina Selbstmord begangen hat. Immerhin war die Schwangerschaft für die Eltern wohl skandalös.«

Sie sah mich skeptisch an. »Für wen arbeiten Sie eigentlich?«

»Das kann ich Ihnen leider nicht sagen. Ich kann Sie nur bitten, mir zu helfen. Natürlich werde ich ebenfalls für mich behalten, daß Sie mir Informationen gegeben haben.« Ich dachte, daß sie mich wie all die an-

85

deren auch nach meiner Lizenz fragen würde. Ich kramte die Karte heraus und legte sie auf den Tisch. Birgit Jungholz warf einen kurzen Blick darauf, schien dem Dokument jedoch keine weitere Bedeutung beizumessen. Sie seufzte, starrte auf die knallrote Tomatentischdecke und malte abwesend mit ihren Fingern die Ränder der Früchte nach.

»Ich wußte wirklich nicht, daß Regina ein Kind erwartete.« Dann schien ihr etwas aufzufallen, und sie hob überrascht den Kopf. »Woher haben Sie eigentlich meinen Namen?«

»Ich habe mit Frau Mallberg gesprochen und sie nach Reginas Freunden befragt.«

Birgit Jungholz machte weiter mit den Fingerübungen. »Ja, ja, die Mallberg. Alte Schreckschraube. Sicher hat sie nichts Gutes über mich gesagt. Was hat das damals für einen Ärger gegeben.« Sie sah versonnen in ihre Tasse.

»Ärger?«

Sie lachte, aber es klang böse. »Als ich das erste Mal schwanger wurde. Da war ich noch etwas jung, wissen Sie. Es gab einen Riesenkrach im Beirat der Schule, und meine Eltern waren natürlich auch völlig hilflos. Mallbergs waren auch im Elternbeirat. Er war sogar Vorsitzender. Sie haben eine regelrechte Hexenjagd gegen mich veranstaltet. Daß ich von der Schule ging, reichte ihnen immer noch nicht. Sie wollten nicht, daß Regina sich mit mir traf.«

»Aber Daniel ist doch erst …« warf ich ein.

»Der ist zwei Jahre alt«, sagte Birgit Jungholz, und in ihrer Stimme schwang ein wenig Stolz mit. »Er ist mein zweites Kind. Meine Tochter wird zwölf. Sie ist gerade was einkaufen.« Sie sah zur Uhr, die an der Wand über der Tür hing. »Eigentlich müßte sie bald nach Hause kommen. Dann wird bei uns gemeinsam das Abendessen vorbereitet. Da lernt die Kleine gleich was. Nicht ganz einfach für eine alleinerziehende Mutter, wissen Sie.«

Ich verkniff mir die Frage nach dem Vater oder nach den Vätern der Kinder.

»Wenn ich Sie richtig verstehe, hat Ihre Freundschaft mit Regina Mallberg gehalten, obwohl deren Eltern dagegen waren?«

»Ich glaube, ich war die einzige Freundin, die sie hatte. Mir hat sie alles erzählt – auch wie schlecht sie mit den anderen Studenten an der Musikhochschule zurechtkam. Das lag natürlich daran, daß ihre Eltern ihr nichts erlaubt haben. Sie durfte sich keine eigene Wohnung suchen, sie durfte nicht ausgehen, sie durfte gar nichts. Dabei war sie unheimlich begabt, ein richtiges Wunderkind. Das habe ich in den Gymnasiumsjahren noch selbst miterlebt. Keine Schulfeier, bei der sie nicht Klavier gespielt hätte. Und sie war natürlich der Liebling der Lehrer.«

»Warum hat sie so lange studiert? Wenn sie so begabt war?«

»Als sie dann älter wurde, hatte sie es schwerer. Wunderkinder sind was Besonderes, ihnen fällt alles in den Schoß. Aber wenn sie erwachsen werden, müssen sie mit den anderen mithalten, und das ist nicht so leicht. Der Bonus, den man als Frühbegabung bekommt, ist dann weg. Es ist ihr an der Musikhochschule mehr schlecht als recht gelungen, sich durchzusetzen. So was gibt es oft. Und außerdem – was hätte sie tun sollen? Sie hat sich hinter ihrer Musik regelrecht verschanzt.«

Ich schwieg. Birgit Jungholz war gerade im Erzählschwung, und ich wußte aus Erfahrung, daß es sehr ungünstig war, jemanden dabei zu unterbrechen. Zum Glück war jetzt auch Ruhe in die Wohnung eingekehrt. Daniel schien nebenan eingeschlafen zu sein, und so hörte man nur die Geräusche, die aus dem Viertel heraufdrangen. Irgendwo unterhielten sich Leute auf der Straße. Ferne Musik.

»Unglaublich«, erzählte Birgit Jungholz weiter, »unglaublich, was die Kommilitonen mit ihr gemacht haben. Einmal war ich bei einem Schulkonzert, bei dem Klavierstudenten vorgespielt haben. Regina war eine von den Mitwirkenden. Es war ein Stück, bei dem jemand neben dem Klavier sitzen und blättern mußte. Eine andere Studentin machte das, die Regina nicht leiden konnte. Sie hat bei dem Konzert einfach zu früh oder zu spät die Seiten umgewendet, so daß Regina schließlich den Faden verlor und aufhören mußte. Sie war so fertig deswegen, daß sie heulend das Podium verließ. Die andere hat nur mit den Schultern gezuckt und ist grinsend abgegangen. Eine Gemeinheit war das. Reginas Eltern waren auch da. Und stellen Sie sich vor … sie haben das Regina als Versagen ausgelegt und das Ausgehverbot noch verstärkt. Sie würde sich im Studium nicht genug anstrengen. Die hatten keine Ahnung. Sie konnte das Stück doch! Sie war eben nur nervös. Regina blieb nichts anderes übrig, als zu Hause zu bleiben, ein bißchen zu üben und ein bißchen zu schreiben. Sie hat auch Romane geschrieben, wissen Sie. Ein paar sind auch gedruckt worden.«

»Ja, ich weiß. Stimmt es, daß sie Ihre Adresse benutzt hat, um die Geschäfte mit den Manuskripten nicht zu Hause abwickeln zu müssen?«

Sie nickte. Ich hatte geraten und voll ins Schwarze getroffen.

»Wie lief das genau?«

87

»Ganz einfach. Regina schickte ihre Manuskripte auf Diskette an den Verlag. Dann kamen die Schecks an mich. Von Zeit zu Zeit trafen wir uns, und ich gab sie ihr.«

»Und wieso haben Sie sich dann so lange nicht mehr gesehen?«

»Na ja – Regina hat seit einem Jahr nichts mehr geschrieben.«

»War das Romanschreiben eigentlich lukrativ?«

Sie nickte.»Ich denke schon. Für sie auf jeden Fall. Sie war ja noch auf ihren knickrigen Vater angewiesen, der ihr Taschengeld gab. Hundert Mark im Monat.«

Sie schwieg und starrte wieder auf die Tischdecke.

»Haben Sie eine persönliche Meinung dazu, was sie auf dem Dachboden der Stadthalle gewollt haben könnte?« fragte ich.

Sie schüttelte den Kopf.»Nein. Normalerweise hätte sie unten im Saal das Konzert hören sollen, oder nicht?«

»Glauben Sie an die Selbstmordtheorie?«

Sie überlegte.»Nein. Ehrlich gesagt nicht. Obwohl Regina sehr merkwürdig war, als wir uns das letzte Mal trafen.«

»Wissen Sie noch, wann das war?«

»Im Sommer. Vielleicht im Juli oder so. Es war warm. Es hatte aber nichts mit den Schecks zu tun. Ich sah sie zufällig in der Stadt.«

»Trotz Ausgehverbot war sie in der Stadt?«

»Es gab ein paar Dinge, für die sie das Haus natürlich verlassen durfte: Arztbesuche, Konzerte, ihr Studium. Da konnte sie auch manchmal ein bißchen tricksen.«

»Was meinen Sie damit, daß sie merkwürdig war?«

»Na ja – sie war unheimlich hektisch und schien mich kaum zu erkennen. Sie war sicher irgendwie mit den Nerven runter. Wir wechselten nur ein paar Worte. Wenn ich es mir jetzt so recht überlege – vielleicht hat sie sich ja doch umgebracht. Vielleicht hat sie einfach durchgedreht. Aber dann war sie wirklich krank. Dann hat sie es ganz spontan gemacht.«

»Aber der Abschiedsbrief?« wandte ich ein.

»Ja stimmt. Daran habe ich jetzt nicht gedacht. Sie muß den Brief ja vorher in Ruhe geschrieben haben.«

»Wußten Sie, daß sie schon einmal einen Selbstmordversuch unternommen hat?«

»O ja. Das war nach Reginas Abitur.« Sie dachte nach.»Es muß 1989 gewesen sein. Die Sache wurde natürlich geheimgehalten. Die Eltern haben damals einen befreundeten Arzt gebeten, sie zu versorgen. Ein paar

Tage später hatte Papa Mallberg mal wieder ein Geschäftsessen, und danach gab es zu Hause einen Empfang. Regina mußte eine Stunde lang Chopin spielen. Niemand hat sich gefragt, warum sie so lange Ärmel trug.« Birgit Jungholz' Stimme klang verbittert.

»Wissen Sie den Namen des Arztes?«

»Hm – warten Sie mal. Der hatte so einen schwedischen Namen. Irgendwas mit ›son‹ am Ende. Robertson oder so ähnlich. Ich weiß aber, daß er im Klinikum Barmen arbeitete. Ich habe Regina dort besucht. Das war kurz bevor sie entlassen wurde.« Sie dachte nach. »Nein, ich komme nicht auf den Namen. Tut mir leid.«

»Wie hat sich eigentlich der damalige Selbstmord zugetragen? Ich meine, wie ist die Sache abgelaufen?«

»Sie hat es wohl spät in der Nacht getan. Sie hat sich im Bad eingeschlossen. Am nächsten Morgen wollte ihre Mutter sie wecken, aber ihr Bett war unberührt. Auf der Decke lag eine Nachricht.«

»Auch ein Abschiedsbrief?«

»Ja, genau. Sie haben dann gleich gemerkt, daß sie im Bad war, und haben die Tür aufgebrochen.«

»Gibt es keine Namen von anderen Freunden?« fragte ich. »Von anderen Kontakten? Es muß doch irgend jemanden geben, der mit ihr zu tun hatte?«

»Sind Sie schon mal in dem Haus der Mallbergs gewesen? Ja sicher, das sind Sie. Dann ist Ihnen doch klar, was das für ein Gefängnis ist. Regina hatte nur sich selbst, ihr Zimmer und ihren Flügel, auf dem sie geübt hat. Sonst nichts. Ich weiß noch, wie sie einmal versucht hat, ein Haustier zu bekommen.«

»Eine Katze?«

»Ja genau. Woher wissen Sie das? Regina fand sie im Garten ihrer Eltern. Wahrscheinlich war sie ausgesetzt worden.«

»Und sie durfte sie nicht mit in die Wohnung nehmen?«

»Nicht nur das. Der Vater brachte die Katze einfach um. Ich glaube, er ertränkte sie in der Regentonne. Regina hat das einen richtigen Schock versetzt. Sie war danach tagelang nicht ansprechbar.«

»Warum sind diese Leute so streng mit ihrer Tochter? Sie war ihr einziges Kind, sie haben Geld.«

»Ich habe oft darüber nachgedacht. Mallberg ist sehr konservativ. Er empfand diese Schikanen nicht als etwas Schlechtes, sondern als Schutz. Er glaubte, Regina vor den Widrigkeiten der Welt abschotten zu müssen. Anstatt sie stark zu machen. Die Leute sind relativ alt. Sie haben lange auf ein Kind gewartet. Und als es dann kam, wollten sie es nicht erwachsen werden lassen. Das soll keine Verteidigung sein, aber es erklärt vielleicht manches.«

»Aber auch wiederum nicht, warum sie sich nicht gegen die Repressionen ihrer Eltern zur Wehr gesetzt hat.«

»Sie hat sich in die Musik und das Schreiben hineingeflüchtet. Regina war eine Künstlerin, verstehen Sie. Sie mußte ihrer Kreativität Raum geben. Egal wie. Die Musik haben ihre Eltern gerade noch so akzeptiert. Aber das Schreiben mußte sie heimlich tun. Darin war sie frei. Sie konnte Welten erfinden, in denen sie gern gelebt hätte. Figuren, die sie gern gewesen wäre …«

Ich dachte an all die Karrierefrauen in den Romanen, die sich dann irgendwelchen Lovern in die Arme warfen und von ihnen vor den Widrigkeiten des Lebens gerettet wurden.

»Wissen Sie, was Mallberg beruflich genau macht?« fragte ich.

»Irgendwas Kaufmännisches, glaube ich.«

Ich trank mein Wasser aus, und wie auf Kommando ertönte eine grelle Türklingel. Kurz darauf hörte man Daniel weinen.

»Das ist sicher Yvonne.« Birgit Jungholz schrabbte wieder mit dem Klappstuhl zurück, zwängte sich aus der engen Küche in die winzige Diele und betätigte den Türöffner.

Ich erhob mich und folgte ihr. Ich hatte keine Fragen mehr.

»Vielen Dank, Frau Jungholz. Sie haben mir sehr geholfen.«

»Das kam mir nicht so vor. Aber Sie müssen es wissen.«

»Noch eine Frage.«

»Was denn?«

»Wer könnte der Vater von Reginas Kind sein?«

»Keine Ahnung.«

Ein Mädchen kam die Treppe herauf. Es trug Jeans, eine dünne Jacke und einen vollgepackten lila Rucksack auf dem Rücken. Wenn man sich den Pferdeschwanz wegdachte, hatte man eine junge Kopie ihrer Mutter vor sich. Als sie oben angekommen war, schaute sie verwirrt. Sie hatte wohl nicht damit gerechnet, Besuch vorzufinden.

»Hallo«, sagte Yvonne, blickte scheu in meine Richtung und verschwand in der Wohnung.

»Leider kann ich Ihnen nicht mehr sagen«, erklärte Birgit Jungholz. Ich bedankte mich und eilte die Holztreppe hinunter.

10.

Es war dunkel, und irgendwo quatschte jemand unentwegt. Es dauerte seine Zeit, bis ich begriff, daß mein Radiowecker angegangen war. Eine Ewigkeit später brachte ich es fertig, mich herumzudrehen. Die nächste Hürde war: Augen auf und einen Blick auf die Digitalanzeige werfen. Sie zeigte sieben Uhr fünfundzwanzig. Ich hatte noch eine gute halbe Stunde Zeit, um zum Polizeipräsidium zu kommen.

Ich zwang mich aufzustehen, spürte, wie mein Kreislauf schlapp zu machen drohte, und wankte ins Bad. Zum Duschen blieb keine Zeit. Ich verlor zehn Minuten mit der Suche nach meinem rechten Schuh. Das Frühstück mußte warten. Um zehn vor acht verließ ich das Haus in Richtung Bushaltestelle an der Bundesallee.

Die Wuppertaler stehen zu den großen Söhnen ihrer Stadt – auch wenn es Kommunisten sind. So verbindet zum Beispiel die beiden großen Zentren Elberfeld und Barmen die Friedrich-Engels-Allee, an der sich auch das Präsidium befindet.

Es war fast Viertel nach acht geworden, als ich Krügers Büro betrat und in seine blauen Augen blicken konnte. Er grinste mich an, wobei der obere Teil seines Gesichts auf eigenartige Weise von der fröhlichen Regung ausgenommen war. »Na, nicht aus dem Bett gekommen?« witzelte er, doch es wirkte eiskalt. »Na ja, das akademische Viertelstündchen.«

»Guten Morgen, Herr Krüger«, sagte ich.

»Guten Morgen«, antwortete er und zeigte auf einen Stuhl vor seinem Schreibtisch. Draußen war es mittlerweile heller geworden. Hier drinnen stach kaltes Neon von der Decke.

»Ich hätte gar nicht gedacht, daß Sie hier überhaupt noch auftauchen«, sagte Krüger.

Ich tat verwundert, doch mir war natürlich klar, worauf er anspielte. »Wieso?«

»Nachdem Sie selbst gemerkt haben, daß alle Welt Regina Mallbergs Abschiedsbrief in der Zeitung sehen konnte.«

»Ach, das meinen Sie.« Ich versuchte, ein erstauntes Gesicht zu machen. »Wer gibt schon was auf die Zeitungen? Ich will mir selbst ein Bild machen. Ich will das Original sehen.«

»Wieso eigentlich?« Die blauen Augen musterten mich aufmerksam.

»Wie Sie ja wissen, hatte diese Regina Mallberg mich aufgesucht. Ihr Schicksal geht mir eben nah. Ich möchte mir meinen eigenen Reim auf die Sache machen.«

Krügers Mund grinste. Der Rest des Gesichts blieb unbewegt. »Ach, sieh mal an – ein Menschenfreund. Jemand, der sich völlig uneigennützig für das Schicksal anderer interessiert. Daß es so was noch gibt.« Er beugte sich vor. Das Grinsen war weg. »Hören Sie auf, Rott. Ich kann mir denken, daß Sie irgendwie in der Sache mitmischen. Das war mir schon klar, als ich neulich bei Ihnen war.«

»Jetzt tun Sie mir unrecht«, sagte ich wahrheitsgemäß, denn an diesem Tag hatte mich ja Frau Mallberg noch gar nicht engagiert.

»Mir egal. Sie sagen mir ja sowieso nicht, was Sie mit der Sache zu tun haben. Und das müssen Sie auch gar nicht, wie wir beide wissen.«

»So ist es. Außer, ich behindere die Arbeit der Polizei. Außer, ich verschweige wichtige Hinweise. Für mich gelten dieselben Pflichten wie für jeden Bürger. Alles klar, Herr Krüger.«

Er nickte und lehnte sich wieder zurück. »Ich finde es schön, daß wir uns so gut verstehen. Dann wissen Sie ja auch, daß Sie mir den weiteren Kontakt, den Sie da am Telefon angesprochen haben, in jedem Fall zur Aussage bringen müssen. Egal, ob wir irgendwelche Deals machen oder nicht. So wie jeder Staatsbürger.«

Ich sagte nichts und sah ihn nur eine Weile an. Das Büro miefte nach trockener Heizungsluft. Ich war auf einmal furchtbar müde.

»Ich habe keine Ahnung, wovon Sie reden«, sagte ich dann. »Von welchem Kontakt soll ich Ihnen am Telefon erzählt haben?«

Krüger schwieg eine Weile zurück, ohne mich aus den Augen zu lassen. Er verschränkte die Hände hinter dem Kopf und präsentierte mir riesige Schweißflecken, die sich unter seinen Armen gebildet hatten. Ich überlegte, ob er bereits eine Nachtschicht hinter sich hatte und noch nicht nach Hause gekommen war. Er nahm die Arme wieder herunter.

»Okay, Rott. Sie haben gewonnen. Warum soll ich Ihnen nicht zeigen, was jeder lausige Zeitungsschmierer in diesem Lande bereits als Kopie in Händen hält?« Er drehte sich auf seinem Bürostuhl und öffnete einen Aktenschrank, der hinter ihm stand. Als er sich mir wieder zuwandte, hatte er eine Mappe in der Hand. Er legte sie auf den Schreibtisch, drehte sie herum und schlug sie auf.

Der Brief befand sich in einer Plastikhülle. Es war, wie ich angenommen hatte: Regina Mallberg hatte ihre letzten Worte auf einem Briefpapier für kleine Mädchen geschrieben. Rund um den Text wand sich eine kitschige Blumengirlande. Sie hatte mit Füllfederhalter geschrieben. Ich nahm die Mappe in die Hand, weil sich die Deckenbeleuchtung in dem Plastik spiegelte. Ich versuchte, mich an die Schrift auf dem Zettel zu erinnern, den Frau Mallberg in Reginas Mantel gefunden hatte. War das dieselbe Handschrift? Dann sah ich, daß der Blumenrand oben unterbrochen war und sich die Girlande nicht um den gesamten Text wand. Wie abgeschnitten.

»Ein eigenartiges Format«, sagte ich. »Es ist etwas kürzer als DIN-A-4. Haben Sie untersucht, wo das Briefpapier herkommt?«

»Das lassen Sie mal unsere Sorge sein. Der Brief ist jedenfalls echt. Wir haben Handschriftuntersuchungen vorgenommen.« Er schloß die Mappe und legte sie zurück in den Schrank. »So, das war's.« Er drehte sich um. »Jetzt sind Sie dran.«

Ich gab einen kurzen Bericht über den plötzlichen Handy-Anruf und erwähnte, daß Regina Mallberg nach Auskunft ihrer Mutter gar kein Mobiltelefon besessen hatte. »Vielleicht können Sie herausfinden, wer der Anrufer war.« Krüger holte ein Blatt Papier und einen Stift aus der Schublade.

»Das ist schwierig. Wissen Sie die genaue Uhrzeit? Wann der Anruf stattgefunden hat? Das Datum ist ja klar. Es war der vierte November.«

Ich überlegte. »Ich glaube, es war etwa um drei Uhr nachmittags. Ich hatte auf die Uhr geschaut, als Regina Mallberg bei mir war.«

»Warum?«

»Weil sie so zögerlich war. Die Zeit verging ewig nicht, und sie war fast zwanzig Minuten bei mir und druckste herum. Außerdem war ich etwas unter Zeitdruck, bevor sie kam. Ich hatte noch was zu erledigen. Sie hatte ja vorher angerufen und wollte eine Stunde später dasein.« Es ging Krüger nichts an, daß ich die Stunde mit Aufräumen verbracht hatte.

Krüger schrieb etwas auf und fuhr sich durch die Haare. »Wir wissen natürlich nicht, welches Netz sie benutzt. Aber vielleicht kriegen wir was raus. Ich gebe das weiter. Das war alles?«

Ich nickte. »Das war alles.«

»Eine Frage noch«, sagte ich. Krüger zog die Augenbrauen hoch.

»Ist die Leiche eigentlich freigegeben?«

»Wollen Sie auf die Beerdigung gehen? Können Sie. Heute mittag um zwölf auf dem evangelischen Friedhof in Ronsdorf. Soviel ich weiß. In aller Stille. Die wollen keine Presse dabeihaben.«

»Ich nehme an, die Gerichtsmedizin hat herausgefunden, daß Regina Mallberg schwanger war. Können Sie mir sagen, im wievielten Monat?«

Krüger stutzte. »Wer auch immer Ihnen diese Information gegeben hat – es hat nichts mit unserem Deal zu tun.«

»Alles klar.« Ich stand auf und verabschiedete mich.

Als ich das Gebäude verließ, war es endgültig hell geworden. Oder das, was man an einem Novembertag in Wuppertal »hell« nennen konnte. Ich ging zur Bushaltestelle und wälzte drei Fragen hin und her. Erstens: Warum hatte Regina Berg seit Monaten keinen Roman geschrieben? Zweitens: Warum war das Papier, auf dem Regina den Abschiedsbrief geschrieben hatte, an der oberen Kante abgeschnitten worden – so daß durch den Schnitt das Datum verschwunden war? Drittens: Warum merkte die Polizei nicht, daß sie einen Abschiedsbrief als Beweismittel hatte, der wahrscheinlich uralt war?

Genauer: fast zehn Jahre alt.

So alt wie Regina Mallbergs erster Selbstmordversuch.

Als ich in meine Wohnung zurückkehrte, klingelte das Telefon.

»Mallberg hier.«

»Guten Tag, Frau Mallberg.«

»Haben Sie etwas herausgefunden?«

»Ich habe mit einigen Informanten gesprochen und die Bestätigung erhalten, daß Ihre Tochter schon einmal einen Selbstmordversuch unternommen hat. Auch weiß ich, daß sie ein Kind erwartete.«

Sie war nicht überrascht. »Das ist jetzt nicht mehr wichtig«, sagte sie leise.

»Das stimmt. Allerdings bin ich da auf eine Ungereimtheit gestoßen.«

»Was meinen Sie damit?«

»Ich muß leider noch einmal auf Reginas Tat vor etwa zehn Jahren zurückkommen«, sagte ich und versuchte, das Wort »Selbstmord« zu vermeiden. »Ihre Tochter hat damals auch einen Abschiedsbrief hinterlassen?«

»Nicht daß ich wüßte.«

»Haben Sie den Abschiedsbrief gesehen, den sie jetzt geschrieben haben soll?«

»Nein. Mein Mann hat sich darum gekümmert. Was sollen diese Fragen?«

»Ich glaube, daß etwas mit dem Abschiedsbrief nicht stimmt.«

»Warum? Meinen Sie, daß er ...«

»Gefälscht ist? Nein, das nicht. Ich glaube einfach, daß die Polizei sich irrt. Was auf dem Präsidium liegt und die Selbstmordtheorie untermauern soll, ist in Wirklichkeit der Brief, den Ihre Tochter vor zehn Jahren geschrieben hat.«

Sie sagte nichts. Sie schien nachzudenken.

»Das ist ja merkwürdig. Ich verstehe das nicht. Mein Mann war so davon überzeugt, daß –«

»Wer hat den Brief gefunden? Wo befand er sich?«

»Auf Reginas Schreibtisch. Mein Mann hat ihn der Polizei gegeben. Wollen Sie etwa damit sagen, daß mein Mann ...?«

Ich merkte, wie Frau Mallberg die Fassung zu verlieren drohte.

»Frau Mallberg, Sie müssen mir helfen«, sagte ich energisch. »Frau Mallberg?«

Sie sagte nichts. Ich hörte, wie sie weinte.

»Frau Mallberg, Sie müssen mir noch etwas sagen.«

Es hatte keinen Zweck. Ich hörte sie nur noch schluchzen. Nach einer Weile schien sie sich zu schneuzen, dann sprach sie weiter. »Mein Mann ist dagegen«, erklärte sie. »Ich kann Ihnen nicht weiterhelfen. Ich muß auf meinen Mann hören.«

»Aber Frau Mallberg. Sie haben mich engagiert. Ich habe herausgefunden, daß etwas mit Reginas Tod nicht stimmt. Das haben wir doch schon vermutet, als ich bei Ihnen war.«

»Nein«, sagte sie plötzlich böse. »Sie drehen mir die Worte im Munde herum. Ich habe Sie nur angerufen, weil Regina Ihre Adresse in der Tasche hatte. Das ist alles. Bitte lassen Sie uns in Ruhe.«

Ich wußte nicht mehr, was ich sagen sollte.

»Sie sollten nicht mehr weiter in der Sache herumwühlen«, sagte sie kategorisch. Ich hörte ein Klicken in der Leitung, dann das Amtszeichen. Sie hatte aufgelegt.

Resigniert legte ich ebenfalls den Hörer auf. Ich hätte noch so manche Frage gehabt. Zum Beispiel wie der Arzt hieß, der Regina behandelt hatte. Und ob sie sich wirklich nicht vorstellen konnte, wer der Vater von Reginas Kind war.

Was mich aber ganz besonders beschäftigte, war die Frage, ob mich Frau Mallberg nun entlassen hatte oder nicht. Ich drängte den Gedanken beiseite und beschloß, ihr morgen einen vernünftigen Bericht zu liefern. Ganz nach unserer Abmachung. Wenn sie erst einmal alles schwarz auf weiß vor sich hatte, würde sie mich vielleicht doch weiter engagieren.

Das Telefon klingelte wieder. Es war Jutta.

»Du hast mir gerade gefehlt«, sagte ich. »Ich habe noch nicht gefrühstückt.«

»Dann holen wir das jetzt nach. Ich wollte auch noch einen kleinen Stadtbummel machen. Komm doch mit.«

Ich seufzte. »Okay. Hol mich ab«, sagte ich dann. »Ich bin zu Hause.«

Kaum hatte ich das Gespräch beendet, begann meine Mitbewohnerin ein klägliches Miaukonzert. Ihr Schwanz stand senkrecht in die Höhe, die obere Spitze zuckte hin und her. Mir war klar, was das bedeutete: Madämchen verlangte ihr Futter.

Ich ging hinüber in die Küche, und noch bevor ich den Vorratsschrank öffnete, fiel mir ein, daß die Dosenration, die ich vor wenigen Tagen gekauft hatte, verbraucht war. Die Katze war erwartungsfroh hinter mir hergekommen. Neugierig beschnupperte sie die Schranktür.

»Es tut mir leid, meine Kleine«, sagte ich. »Aber da wirst du dich etwas gedulden müssen. Ich muß jetzt leider weg. Aber ich verspreche dir, ich bringe dir was Leckeres mit.«

Als Ersatz kraulte ich ganz lange das niedliche schwarze Köpfchen mit den hellbraunen Einsprengseln. Sie schien mir zu verzeihen, daß ich kein Futter eingekauft hatte, marschierte hinüber zum Bett und rollte sich dort zusammen.

»Paß schön auf die Wohnung auf. Bis nachher.«

Sie hob das Köpfchen und blickte mich aufmerksam an, als ich behutsam die Tür schloß.

Bleib nicht so lange, sollte das heißen. Ich warte hier auf dich.

11.

»Hat sie wirklich gesagt ›ich muß auf meinen Mann hören‹? Na, das paßt ja in dieses Spießermilieu. Da, halt mal, ich muß die Hände frei haben.«

Jutta übersah, daß meine Hände auch nicht frei waren. Ich aß nämlich gerade ein dickes Sandwich – stehend und mitten auf der Straße.

Die Uhr zeigte zehn Uhr dreißig. Das gemeinsame Frühstück hatte ich mir eigentlich anders vorgestellt. Wir waren auf der Friedrich-Ebert-Straße unterwegs gewesen. Dann war Jutta vor einem Schaufenster stehengeblieben, und sie hatte ganz spontan, wie es nun mal ihre Art war, eine Klamottenkauforgie begonnen. Zwischendurch berichtete ich über den Fortgang meiner Ermittlungen und erzählte ihr, daß ich unfreiwilliger Besitzer einer Katze geworden war.

Jetzt drückte sie mir eine prall mit Klamotten vollgestopfte riesige Plastiktüte in die Hand, ohne darauf zu achten, daß ich bereits mehrere dieser als Werbeträger fungierenden Verpackungen mit mir herumschleppte.

»Und du glaubst, daß Satorius der große Unbekannte, sprich: der Vater des Kindes ist?« fragte ich, während wir die Straße entlanggingen.

»Denk mal an diese Birgit Jungholz. Jede Menge Kinder, und weit und breit kein Vater in Sicht.«

»Macho! Das ist wieder mal typisch. Du könntest dich glatt mit Tom zusammentun. Ihr paßt ja prima zueinander. Es sind nicht ›jede Menge Kinder‹, sondern zwei. Und außerdem: So schüchtern, wie Regina war – meinst du, die hatte gleich eine ganze Latte von Liebhabern?«

»Stimmt natürlich.«

»Warte mal einen Moment«, rief Jutta, die plötzlich vor einem Schaufenster gestoppt hatte. Dort standen lebensgroße Puppen, die mit sackartigen Leinenkostümen bekleidet waren. Die Klamotten sahen aus wie Provisorien, damit die Puppen nicht nackt herumstehen mußten und womöglich noch die Jugend verdarben.

Kaum war ich dem Befehl nachgekommen, hatte Jutta bereits den Laden geentert. Brav trottete ich hinterher und fand zum Glück in einer Ecke einen Stuhl, auf dem ich mich niederlassen konnte, die Blicke der Verkäuferin ignorierend, die merkwürdigerweise ganz normale Sachen trug – nicht die eigenartigen Textilien, die sie verkaufte.

Jutta störte das überhaupt nicht. Sie verschwand gleich mit einer ganzen Kollektion in der winzigen Umkleidekabine. Das Räumchen war mit einer Schwingtür ausgestattet, die nur den Körperbereich vom Oberschenkel bis zum Brustbein verdeckte – vorausgesetzt, man besaß die normierte Körpergröße von schätzungsweise einem Meter fünfundfünfzig. Jutta war fünfzehn Zentimeter größer, was dazu führte, daß sie beim Umziehen jedem im Raum Anwesenden sowie dem Publikum, das hinter dem Riesenfenster auf der Straße vorbeiflanierte, ihren lila BH präsentierte. Das Ding war durchsichtig wie ein hauchdünner Seidenstrumpf. Doch auch daran nahm sie keinen Anstoß, ignorierte ebenfalls die Fachkraft, die eilig einen Haufen Anprobiermaterial anschleppte, und schlüpfte wieder einmal in die Rolle, die ihr alle paar Wochen die liebste war: in die der Detektivassistentin.

»Klar ist also, daß es kein Selbstmord war«, stellte sie so kategorisch fest, daß sich zuerst die Verkäuferin angesprochen fühlte, und zog beherzt den hellbeigen Leinensack über den Kopf. »Im übrigen hättest du dich eher mal mit einer ganz anderen Frage beschäftigen sollen.«

»Und die wäre?« fragte ich von meinem Stuhl aus, umgeben von umgekippten und übereinanderliegenden Plastiktüten.

»Hast du Birgit Jungholz mal nach weiteren Bekannten Reginas gefragt? Das hier paßt nicht, geben Sie mal das da.«

Ich seufzte. »Sie hat mir glasklar gesagt, daß sie die einzige Freundin von Regina gewesen sei, und außerdem haben ihr die Eltern doch sowieso keinen Kontakt zu irgendwem erlaubt. Warum ist diese Frage jetzt gerade interessant?«

»Na, ganz einfach. Wir sind uns doch wohl darüber einig, daß Regina bestimmt nicht allein auf diesem Dachboden war.« Einig war etwas übertrieben; ich hatte schon mal darüber nachgedacht, aber ich ließ sie weiterreden.

»Nun hat sie sich aber wohl kaum mit Satorius dort oben getroffen.« Jutta war mit dem Umziehen fertig und trat aus der Kabine, als würde sie eine Saloontür passieren. Das helle Leinenkleid, das an den Oberschenkeln endete, brachte zwar Juttas Beine zur Geltung, doch ansonsten sah sie in dem Designerkleidungsstück aus wie das arme Mädchen aus Andersens Märchen, das Streichhölzer verkauft – allerdings in einer Technovariante, wenn man Juttas grellrot gefärbte Haare berücksichtigte.

»Warum nicht?« fragte ich.

»Ist doch klar«, sagte Jutta und zupfte an dem Kleid herum. »Der Mann stand schließlich zu dem Zeitpunkt auf der Bühne.«

»Nicht gleich. Vielleicht waren sie ja zusammen oben. Und er ist dann zu seinem Auftritt gegangen.«

»Und sie hat sich auf dem Rückweg im Dunkeln verlaufen und ist abgestürzt.« Jutta drehte sich ein paarmal um den viel zu kleinen Spiegel und suchte nach dem Preisschild. Mühsam entzifferte sie die handgeschriebenen Zahlen. »Tausendsechshundert? Prima, nehmen wir.« Und zu mir gewandt fügte sie hinzu: »Bingo. Das hört sich ja schon nach einer Theorie an.«

»Ich werde sie prüfen«, versprach ich.

Mit einem Schritt war sie wieder in der Kabine; davor stand die Verkäuferin, die in diesem Moment wahrscheinlich zum ersten Mal jemanden gefunden hatte, der ihr die Sackware abkaufte.

Kurz darauf verließen wir das Geschäft in Richtung Laurentiusplatz.

»Wollen der Herr Detektiv vielleicht einen Eiskaffee oder eine andere Erfrischung? Etwas Warmes vielleicht?« fragte Jutta, als wir vor dem Café Engel standen, das sich auf der Fassade eigenartigerweise »Kaffee« schreibt und in dem, wie eine Marmortafel an der Fassade verkündet, bereits der deutsche Kaiser zu Gast gewesen war. Damals beherbergte das Haus jedoch noch kein Café, sondern eine Bank. Es hätte mich auch gewundert, wenn der alte Wilhelm nur zum Kaffeetrinken nach Elberfeld gekommen wäre.

»Ich geb einen aus«, bestimmte Jutta.

»Da sag ich nicht nein.«

Wir setzten uns so, daß wir den Platz im Blick hatten – ein Ort, der mir immer wie ein kleines Stück Italien in Wuppertal vorkommt. Allerdings eher im Sommer. Jetzt im Herbst sah alles aus wie ein bergischer Hinterhof. Ich versuchte, die Jahreszeit zu ignorieren, und bestellte einen Eisbecher. Jutta schien genauso zu denken und orderte das gleiche.

»Weißt du«, sagte sie, als wir das Eis in uns hineinlöffelten, »ich denke, daß da eine Liebesgeschichte mit dem Professor dahintersteckt.«

»Aha.«

»Natürlich ist die Selbstmordgeschichte Quatsch. Regina muß sich vor dem Konzert auf diesem komischen Dachboden mit ihrem Professor getroffen haben.«

»Warum ausgerechnet da?«

99

»Warum trifft man sich an ungewöhnlichen Orten? Weil man nicht zusammen gesehen werden will.«

Ich dachte an Mallberg und an sein Treffen mit mir im Botanischen Garten. »Du meinst, weil man etwas zu verbergen hat?«

»Natürlich. Zum Beispiel …«

»Zum Beispiel, wenn eben niemand etwas von dieser Affäre wissen soll.« Ich lehnte mich zurück, den Becher in der Hand. »Wie gemütlich. Auf diesem Dachboden ein Liebesabenteuer zu erleben.«

»Romantisch heißt das«, wandte Jutta ein und unterbrach ihr Löffeln.

»Okay: Romantisch. Dann wäre der freie Fall in den Konzertsaal also ein Unfall gewesen. Geschehen sozusagen im Eifer des Gefechts. Tödliches Ende eines Liebesakts. Das würde auch die rumpelnden Geräusche erklären, die vorher zu hören waren.«

Jutta nickte.

»Aber das Komische ist«, sagte ich, »daß dann der Vater des Mädchens der Polizei die Story von dem Selbstmord auftischt. Nicht der Professor.«

»Vielleicht hat ihn Satorius darum gebeten. Um den Skandal zu vermeiden. Sie haben sich zusammengesetzt, dann fiel Mallberg ein, daß er noch den alten Abschiedsbrief hat, den ja niemand kennt. Der Selbstmordversuch damals wurde ja nicht bekannt.«

»Hm. Glaubst du wirklich, daß der Skandal so riesig wäre, wenn das rauskäme? Das ist doch an den Unis Alltag, daß Professoren mit Studentinnen rummachen.«

»Vielleicht ist Satorius verheiratet.«

»Das kann ich ihn unverfänglich fragen. Wenn ich von ihm persönlich wissen will, ob er was mit Regina hatte, wird er es garantiert abstreiten – gerade dann, wenn es stimmt.« Jutta wußte, daß ich heute nachmittag einen Termin mit Satorius hatte. »Spinnen wir die Geschichte mal weiter. Nehmen wir an, sie waren da – wenn mir auch noch immer nicht einleuchten will, warum. Wie sind sie hingekommen? Ich meine – wie kamen sie an einen Schlüssel?«

»Wie in allen klassischen Liebesgeschichten«, erklärte Jutta, »hatte das Paar natürlich einen Helfer. Und der arbeitet in der Halle. Denk dran, daß Regina Liebesgeschichten geschrieben hat. Sie wollte eben auch mal eine erleben.«

»Und hat deswegen mit dem Schreiben aufgehört. Weil ihre Phantasien Wirklichkeit wurden.«

»Paßt doch.«

»Und wie gehört Vater Mallberg in dieses Spiel?« fragte ich. »Daß er sich mit mir im Botanischen Garten getroffen hat, kann doch nur bedeuten, daß auch er etwas zu verbergen hat. Aber was?«

Jutta stellte ihren Becher hin. Er war leer. »Reiche Leute haben immer was zu verbergen.«

»Du mußt es ja wissen.«

»Weiß ich auch. Aber ich glaube, daß Mallberg einfach keine Lust hat, in der Zeitung zu erscheinen.«

»Du meinst, all diese Steuerhinterziehungen und Schwarzgeldgeschichten, die er als typischer Reicher wahrscheinlich auf dem Gewissen hat, haben nichts mit Reginas Tod zu tun, sondern führen einfach nur zu einem gesunden Mißtrauen den Medien gegenüber?«

»Ja, warum nicht?«

»Hm. Wenn ich mit Satorius gesprochen habe, wissen wir mehr.«

Wir beobachteten eine Weile das Treiben auf dem Platz. Am besten gefielen mir die öffentlichen Toiletten, die in einem kleinen Fachwerkhäuschen untergebracht sind, das auch den Zeitungskiosk beherbergt. Besonders gut beschützt vom heiligen Laurentius, dem Schutzheiligen Wuppertals, der – so hatte man es mir als Kind erklärt – in der dahinterliegenden Kirche wohnt.

Jutta winkte dem Kellner. »Zahlen.«

Dann wandte sie sich mir zu. »Was macht eigentlich dein Fernseher?«

»Immer noch kaputt. Ich muß erst den Fall abschließen. Wenn Frau Mallberg mich weiter engagiert, könnte es für einen neuen reichen.«

»Hast du Lust auf einen Fernsehabend?«

»Klar. Aber ich hab noch viel vor heute. Ich melde mich unter Umständen. Nachher ist Regina Mallbergs Beerdigung. Ich denke, ich werde mich dort umsehen, bevor ich Satorius treffe.«

Ich sah auf die Uhr. Es war kurz nach elf.

»Was ist damit?« Sie deutete auf den Plastiktütenberg neben uns.

»Das bringe ich dir netterweise vorher zum Auto. Weil du mich eingeladen hast.«

Sie lächelte verschmitzt. »Danke. Ein perfekter Kavalier.«

Ich packte das Zeug zusammen und machte mich auf den Weg. Jutta folgte.

»Wo hast du geparkt?« fragte ich.

»Zu Hause«, sagte sie unschuldig. »In der Garage. Ich bin zu Fuß gekommen.«

Knurrend machte ich mich an die Bergbesteigung.

Es war schon nach halb eins, als ich die Ronsdorfer Straße hinauffuhr.

Jutta hatte mir aus Dankbarkeit für meine Gepäckträgerdienste ihr Luxusgefährt geliehen. Der BMW besaß Servolenkung, natürlich Airbags, Navigationssystem und Fernseher. Auch eine Klimaanlage, anwärmbare Sitze und eine exzellente Stereoanlage mit CD-Player. Auf der Autobahn lag die Reisegeschwindigkeit dieses Gefährts bei zweihundert Stundenkilometern. Wenn man jedoch durch Wuppertal wollte, hatte man dieselben Probleme wie jemand, der in einer uralten Ente sitzt: Sehr schnell wurde auch dieses Fahrzeug, das mehr kostete, als ich in meinem Detektivdasein je verdient hatte, im Stau zum Stehzeug.

Als ich auf der Schnellstraße den Wasserturm passierte und auf der linken Seite das Kasernengelände sichtbar wurde, war es bereits zwanzig vor. Ich trat ordentlich aufs Gaspedal, die Tachonadel überquerte entgegen der Vorschrift die Hundertermarke.

Ich bog rechts in die Erbschlöer Straße ein, dann ging es noch einmal links ab, und ich näherte mich dem Parkplatz vor dem städtischen Friedhof. Ein Auto stand neben dem anderen. Alles besetzt. Ich suchte mir weiter entfernt einen Platz und mußte an die dreihundert Meter zu Fuß zurückgehen.

Mittlerweile war es zehn vor. Die Zeit drängte. Auf dem Rückweg kam ich wieder an dem Parkplatz vorbei, der von den Blechkarossen der Trauergäste überquoll. In einem silbernen Mercedes bemerkte ich einen glatzköpfigen Mann in dunklem Anzug, der unbeweglich auf der Fahrerseite saß. Er trug eine Sonnenbrille mit verspiegelten Gläsern. Eigenartig, bei dem trüben Wetter, dachte ich.

Der Friedhof zieht sich in einem kleinen malerischen Tal dahin. Man geht von oben ein paar Stufen hinunter und kommt an einem kleinen Verwaltungsgebäude vorbei. Die Gräber sind links und rechts an den Steigungen wie in kleinen Terrassen angelegt; dazwischen stehen hohe Laubbäume, wahrscheinlich Buchen. Gleich am Eingang befindet sich die Totenkapelle. Hier war niemand mehr. Die Feier war offenbar vorbei.

Ich betrat einen der Wege, die hinunter in das Tal führen. Auf der linken Steigung befindet sich der Teil mit neueren Gräbern. Dazwischen

102

standen unbeweglich Schwarzgekleidete. Die Trauergemeinde. Es waren nicht viele Personen. Ich erkannte die Mallbergs. Dann noch drei, vier ältere Leute, die ich noch nie gesehen hatte. Die Sargträger. Den Geistlichen.

Ich blieb hinter einer Hecke stehen. Eine Stimme wehte herüber. Es war offensichtlich der Pastor, der da sprach. Nach ein paar Minuten war die Zeremonie zu Ende. Langsam ging Frau Mallberg an das Grab, neben dem in einem Sandhaufen eine kleine Schippe steckte. Sie schaufelte dreimal Sand in die Grube und wandte sich dann ab. Dann kam Mallberg. Seine Miene war wie versteinert. Auch er schippte dreimal Sand hinunter, ging dann ein paar Schritte weiter zu seiner Frau. Die anderen Besucher gingen einzeln an das Grab. Dann kondolierten sie den Mallbergs; schließlich gingen alle gemeinsam hinauf in Richtung Ausgang. Bald lag der Friedhof wieder still da – eine kleine Idylle in der Stadt.

Ich hatte gehofft, die Beerdigung würde mich irgendwie weiterbringen. Ich würde vielleicht andere beteiligte Personen zu sehen bekommen. Ich hatte nicht damit gerechnet, daß das Ganze in aller Stille stattfinden würde. Noch nicht einmal die Presse schien von der Beerdigung Wind bekommen zu haben, sonst wäre mindestens ein Fotograf hiergewesen. Wahrscheinlich hatte die Polizei so getan, als sei die Leiche noch nicht freigegeben worden.

Plötzlich bemerkte ich auf der gegenüberliegenden Seite eine Bewegung. Dort gab es offenbar noch einen Beobachter außer mir. Auch er hatte hinter einer Hecke gestanden. Er kam nun heraus und ging zu dem offenen Grab hinüber. Wahrscheinlich ein Paparazzo, dachte ich. Der Mann hatte jedoch keine Kamera dabei. Er hielt zwar etwas in der Hand, doch es war eine Blume. Eine langstielige Rose.

Er kam an dem Grab an und stellte sich eine Weile davor. Dann warf er die Rose hinein. Als er sich umdrehte, erkannte ich ihn. Ich hatte ihn bereits mehrmals auf Fotos gesehen, und einmal sogar leibhaftig auf der Bühne.

Es war Satorius.

12.

Ich aß eine Kleinigkeit und besorgte mir einen DIN-A-4-Spiralblock – unabdingbares Utensil für ein Interview. Ich war wirklich gespannt, Satorius, diesen Helden des Wuppertaler Kulturlebens, persönlich kennenzulernen. Aber zuerst stand mir eine andere Begegnung bevor: die mit der Bergischen Universität.

Ich war hier oben noch nie gewesen. Ich kam mir vor wie an einem Flughafen. Ich sah ineinander verschachtelte Betongebäude, zwischen denen kleine Gehwege verliefen. Ein paar Platanen sorgten für rationell angelegtes Grün. Zentrum war offenbar ein riesiger Betonturm. Ein paar junge Leute lungerten davor herum.

Da ein deutliches Schild »Information« versprach, begab ich mich hinein. Am Eingang passierte ich einen Mann mittleren Alters, der in einem kleinen Glaskasten saß und mürrisch beobachtete, wer rein- und rausging. Das erste, was ich sah, war ein Geldautomat, an dem die Studenten wahrscheinlich ihr Bafög abhoben. Rechts daneben befand sich eine gläserne Schautafel, in der Plastikbuchstaben die Fachbereiche aufzählten, die man in diesem Gebäude studieren konnte. Musik oder Musikgeschichte war nicht dabei.

Ich ging wieder hinaus und fand an einer der Betonsäulen einen kleinen, wohl eher zufällig aufgeklebten Übersichtsplan, der über die gesamte Anlage informierte. Ich erfuhr, daß sich der Geisteswissenschaftliche Bereich (Bereich 1) in der Gaußstraße befand, und machte mich auf den Weg. Unterwegs kam ich an beschrifteten Gebäuden vorbei: Riesige Schilder bezeichneten die Blöcke als »ZH«, »U«, »HI« oder »BZ«. Keine Ahnung, was das bedeuten sollte. Ein kleines, am Geländer eines Gehweges befestigtes Brett sprach da eine deutlichere Sprache: »Kneipe« stand darauf, und ein Pfeil wies nach links.

Ich passierte eine Reihe von Notrufsäulen, Parkdecks und wurde an allerlei anderen Betonburgen vorbeigeführt. Schließlich öffnete sich der Blick auf einen mehreckigen Betonklotz mit der Aufschrift »ME«, was offensichtlich »Mensa« hieß.

Ein weiteres Schild davor informierte mich darüber, was mich hinter der Eingangstür von »ME« erwartete:

Mensa	ME. 02–05
Bergisches Zimmer	ME. 02
Cafeteria	ME. 03
Clubräume	ME. 03
Bierschwemme	ME. 04
Wupperstübchen	ME. 04

Und so weiter.

Ich dachte an mein Studium in Köln und welche Verwirrung dort im ersten Semester geherrscht hatte, bis man die Räume der jeweiligen Veranstaltungen fand. Hier in Wuppertal war alles anders. Hier sagte man einfach: Wir treffen uns nachher in ME. 02, und jeder wußte Bescheid. Offenbar hatten sich die Mathematiker der Uni um die Gebäudedefinition gekümmert. Sicher senkte das die Studienzeiten immens und sicherte so die Wettbewerbsfähigkeit des Standortes Wuppertal.

Immerhin gab es hinter der Mensa einen schönen Blick über die Stadt zu bewundern. Mein Bürofenster konnte ich nicht sehen, dafür aber das Akzo-Nobel-Hochhaus am Kreisverkehr.

Als ich den Saal mit dem Satorius-Vortrag gefunden hatte, war es bereits halb vier. Ich schlich mich hinein und nahm in einer der hintersten Reihen Platz.

Die Anordnung in dem künstlich beleuchteten Raum war klassisch: unten das Podium des Dozenten mit Tafel und Rednerpult; die hölzernen Sitzreihen gingen nach oben, von wo aus man den Raum betrat. Sehr wenige Studenten saßen in den Reihen. Manche hingen über den kleinen Tischchen und schienen vor sich hinzudämmern.

Satorius stand am Rednerpult und sah nicht aus wie einer, der gerade von der Beerdigung kam, sondern wie jemand, der jeden Tag zwei Stunden Tennis spielt und sonst mit seiner Privatjacht unterwegs ist. Die angegrauten Haare kontrastierten mit einer gesunden braunen Gesichtsfarbe. Ich wußte, daß er Mitte fünfzig war, man hätte ihn jedoch durchaus als Vierziger einschätzen können. Er trug eine Brille, allerdings nicht auf der Nase, sondern in der rechten Hand, mit der er seinen Vortrag gestenreich unterstrich. Wahrscheinlich war sie nur ein modisches Accessoire, das aber gut zum grauen Versace-Anzug mit Weste paßte.

Er sprach über sein Lieblingsthema: Wuppertal und die Musik. Wuppertal und Lehár. Und dann ging es nur noch um Lehár, Lehár und

105

nochmals Lehár. Das hatte ich alles schon gelesen, und ich geriet in einen tranceähnlichen Zustand, der mich auch während meines Studiums in den Vorlesungen oft befallen hatte.

Ich schreckte auf, als die Studenten mit den Fäusten auf die Tischplatten hämmerten: die übliche akademische Art der Beifallsäußerung.

Satorius bedankte sich artig und ordnete seine Manuskripte. Ich ging die Treppe hinunter, um mich vorzustellen, doch der Professor war noch von einigen besonders Interessierten umringt – auffälligerweise von vielen jungen Damen.

Schließlich drängte ich mich dazwischen. Die Mädchen guckten wie Teenager, denen man die letzte Modern-Talking-Eintrittskarte vor der Nase weggeschnappt hatte.

»Rott«, sagte ich laut und deutlich. »Wir waren verabredet.«

Satorius gab mir die Hand. »Entschuldigen Sie«, sagte er zur versammelten Weiblichkeit, und man wartete förmlich darauf, daß der Pfau sein Rad schlug. »Aber ich habe einen Interviewtermin mit einer wichtigen Fachzeitschrift. Wenn Sie an weiteren Details interessiert sind, besuchen Sie bitte meine Sprechstunde oder fordern Sie im Sekretariat der Musikhochschule meine Literaturliste an. Ich danke Ihnen.«

Dann bedachte er mich mit seiner Aufmerksamkeit.

»Für welche Zeitung schreiben Sie noch mal?« fragte er, als wir die Treppe in Richtung Ausgang erklommen.

Für eine wichtige Fachzeitschrift, wollte ich antworten. »Verschiedene. Ich arbeite für mehrere Tageszeitungen, aber auch für Zeitschriften.« Ich machte eine Pause, weil mir die Namen der Musikzeitschriften, die ich in der Bibliothek durchgeblättert hatte, plötzlich nicht mehr einfielen.

Satorius dachte nach. »Rondo? Fonoforum? Ihr Name ist Rott? Ach ja, ich erinnere mich. Sie haben doch auch die Rezension meiner Mozart-CD mit der Wuppertaler Kammerphilharmonie in Rondo geschrieben, oder? Ein außergewöhnlich kompetenter Beitrag, das muß ich schon sagen. Es gibt wenige Autoren, die die Kunst der Kritik heute noch beherrschen. Sie gehören aber ganz eindeutig dazu. Es freut mich, daß wir uns einmal persönlich kennenlernen.«

Ich staunte. »Ganz meinerseits«, antwortete ich. »Es ist ja auch immer wieder schön, wenn man etwas Positives über neue CDs schreiben kann.«

Satorius lächelte selbstgefällig. Die blauen Augen blickten genauso kalt wie vorher. Offenbar war er es gewöhnt, daß man ihn mit Komplimenten überhäufte.

»Na ja, dafür haben Sie aber am langsamen Satz der ›Linzer‹ kaum ein gutes Haar gelassen. Wenn ich mich nicht irre, haben Sie da mein Tempo als viel zu langatmig empfunden.«

»Trotzdem«, phantasierte ich. »Der Gesamteindruck zählt. Und der war sehr positiv. So kam ich ja auch auf die Idee, einen Artikel über Sie zu schreiben.«

»Na, um so besser. Hier entlang bitte. Hier findet gleich die nächste Veranstaltung statt. Wir gehen in einen anderen Hörsaal, wo wir uns unterhalten können, ohne einen Kollegen zu stören.«

Wir folgten ein paar labyrinthartigen Gängen. Immer wieder wurden Glastüren geöffnet, dann ging es über Treppen, und schließlich betraten wir einen Saal, der genauso aussah wie der andere. Wir setzten uns in eine der Bänke.

»Schießen Sie los«, erklärte Satorius dann.

Ich mußte die Journalistenmasche durchziehen, das war klar. Auf Regina Mallberg konnte ich erst später kommen.

»In Deutschland sind die Musikzentren über viele Städte verteilt. Mir ist daran gelegen, ein wenig informativen Austausch unter den Regionen zu vermitteln.«

Das war eine der Weisheiten, die bei der oberflächlichen Lektüre der Zeitschriften hängengeblieben waren. Irgendwann wurde auch einem Uninteressierten wie mir klar, daß es in allerlei Regionen kleine und große Festivals gibt, daß allein rund um Wuppertal alle möglichen Konzertsäle und Opernhäuser existieren und natürlich auch Orchester, die regelmäßig Konzerte geben. Die Bergischen Symphoniker zum Beispiel. Republikauf, republikab gibt es kleinere Kultureinrichtungen: Kurpfälzisches Kammerorchester, Festivals wie die »Schloßfestspiele Zwingenberg« oder die »Wormbacher Sommerkonzerte«.

»Unser Land ist ein bunter Teppich von Kulturaktivitäten«, führte ich meinen Gedanken weiter, »und da es immer mehr Kulturtourismus gibt, die Wege kürzer werden, interessiert sich der Hamburger auch für kulturelle Aktivitäten im Bergischen Land und der Stuttgarter für Festspiele, die in den neuen Ländern aus dem Boden wachsen.«

Ich wartete auf eine Reaktion.

»Schön gesagt«, erklärte Satorius und räusperte sich. »Aber alles graue Theorie. Gemeinplatz, um es drastischer auszudrücken.«

»Ich sage nur«, versuchte ich scherzhaft einzuwenden, »was ich immer von den Redakteuren zu hören kriege. Unsereins muß sich denen eben beugen. Sie wissen ja, wie das mit der Kultur heutzutage ist. Alles verkommt zum Tourismus. Wahre Werte interessieren nur, wenn sie sich zum Millionengeschäft der ›Drei Tenöre‹ aufbauschen lassen. Und dann bleibt nur noch heiße Luft übrig. Die Leute, die sich in den mehr oder weniger großen Städten auf die wirkliche Kunst verstehen, geraten immer mehr ins Hintertreffen.«

Zum Glück sprang der Professor darauf an. »Wahre Werte« war offenbar ein Signalwort in der Kulturszene. Was waren eigentlich »unwahre Werte«?

»Da haben Sie ganz recht, Herr Rott. Tja, die sogenannte Provinz.« Er schwieg und dachte eine Weile nach. »Wissen Sie eigentlich«, sagte er dann, »daß Wuppertal die heimliche Hauptstadt der klassischen Musik ist?«

Ich hatte keine Ahnung und guckte fragend.

»Immerhin hat sich bereits 1862 in Wuppertal, das heißt im damaligen Elberfeld, ein städtisches Orchester formiert. Die Wuppertaler waren schon immer ein kunstliebendes Völkchen, vor allem die Elberfelder.«

»Ja, ja«, sagte ich, »das macht diese Stadt ja auch vom kulturellen Standpunkt aus so interessant … Wann haben Sie eigentlich die Wuppertaler Kammerphilharmonie gegründet?«

Der Professor war sichtlich erfreut, daß endlich seine Person ins Spiel kam. »Vor zwölf Jahren, als ich an die hiesige Musikhochschule als Dozent kam. Ich wollte ein Ensemble gründen, das aus begabten Hochschulabsolventen besteht. Warten Sie, da kann ich Ihnen etwas mitgeben.«

Er griff in seine Aktentasche. »Wo habe ich es denn? Wissen Sie, ich suche ein Programmheft, das Konzert zu unserem zehnjährigen Jubiläum im Jahre 1997. Da steht alles drin. Ah, hier habe ich es.« Er legte ein DIN-A-5-großes weißes Heft auf eines der Pulte, an dem die Studenten normalerweise die Vorlesungen mitschrieben. Auf der Titelseite war ein fast formatfüllend großes Satorius-Foto zu bewundern. »Außerdem gibt es«, erklärte er weiter, »in Wuppertal viele große Chöre. Und die Musikgeschichte dieser Stadt ist natürlich hochinteressant. Zum Beispiel die Sache mit Lehár …«

Ich konnte diese Dauerwerbesendung nicht mehr hören. Aber ich beherrschte mich. Um echter zu wirken, schlug ich meinen Notizblock auf und begann, mir Notizen zu machen. Satorius tat wirklich so, als habe der Vortrag eben überhaupt nicht stattgefunden. Als würde er mir Neuigkeiten erzählen, die kein Mensch sonst wußte.

»Es geht darum, daß Franz Lehár, der bedeutende Operettenkomponist, in seinen Anfängen in Wuppertal gewirkt hat. Er war im Jahre 1888, also in seinen Lehrjahren, Geiger im Elberfelder Theaterorchester gewesen. Natürlich war das alles vor seinen großen Erfolgen, da konnte er sich auch noch eine Liebschaft mit einer Opernsängerin leisten …«

»Natürlich«, warf ich ein und schrieb mit.

»Nun hat Lehár in dieser Zeit auch schon ein wenig komponiert, und er hat für Margarete Weyer einen Walzer geschrieben, als er in Wuppertal war. Er heißt ›Wupper-Wellen‹. Kennen Sie ihn?«

»Wer war Margarete Weyer?«

»Eine junge Industriellentochter. Die Familie hatte eine Harmoniumfabrik. Sie ist mittlerweile so gut wie ausgestorben, ich habe das untersucht. Das einzige Familienmitglied, das noch lebt, ist eine Enkelin.«

»Wie heißt sie?«

»Else Cronen. Sie wohnt übrigens in Wuppertal. In Barmen.«

»Wie alt ist die Dame?«

»Hm – so an die achtzig. Ein bißchen geistig verwirrt. Aber was ich eigentlich sagen wollte …«

Satorius war offenbar verärgert, daß ich ihn ein bißchen von seiner Entdeckungsstory abgebracht hatte. Aber er fand schnell wieder den Anschluß und erzählte mir aufs neue, daß der lange verschollene Walzer zum Vorschein gekommen war, als ein Privatmann – der im übrigen nicht genannt sein wollte – seinen Dachboden aufräumte und dabei ziemlich viele Noten fand, daß dieser Privatmann Satorius beauftragt habe, diese Noten fachkundig zu sichten und so weiter und so weiter.

»Und seitdem feiert man Sie als großen Wuppertaler Musikforscher«, fiel ich ihm irgendwann in die Rede und beschloß, die Herrlichkeit des Professors ein bißchen anzukratzen. »Hätte nicht jeder das Stück entdecken können?«

Satorius winkte lässig ab. Ich spürte, daß er diesem Argument schon oft begegnet war.

»Natürlich hätte es jeder entdecken können. Jeder kann die Theorie der Schwerkraft entdecken, denn jeder Mensch weiß, wie Schwerkraft wirkt.«

Regina Mallberg hat sie sogar am eigenen Leib zu spüren bekommen, fügte ich in Gedanken hinzu.

»Aber nur ein Newton«, schloß Satorius seinen Gedanken, »wußte aus den Dingen die richtigen Schlüsse zu ziehen.« Statt Schlüssen zog der Newton der Musik ein Heft aus seiner Aktentasche.

»Leider kann ich Ihnen nur die Fotokopie zeigen. Das Original ist natürlich nicht hier. Aber schauen Sie sich mal diese schöne Handschrift an.«

Er schlug ein zusammengeklebtes Heft auf. Ich sah schwungvoll gemalte Noten. Feine Striche wie hingetuscht. Akkurate Notenfähnchen. Darüber in großen runden Buchstaben der Titel »Wupper-Wellen«.

»Sehen Sie hier.« Satorius deutete auf den Namen, der am Schluß des Stückes stand. »Franz Lehár« war dort zu lesen. »Das ist eindeutig seine Unterschrift.«

»Warum ist sie den vorigen Besitzern dieser Noten nicht aufgefallen?« wollte ich wissen. »Lehár ist doch ein bekannter Komponist.«

»Ach, sehen Sie, die Leute haben Papierkram in irgendwelchen Kisten, aber sie sind zu faul, die Sachen durchzusehen. Es ist nicht jeder so an kulturellen Dingen interessiert.«

»Und das wollen wir ein wenig ändern«, sagte ich und hoffte damit, das Gespräch endlich auf ein informativeres Terrain zu bringen. »Ich habe erfahren, daß Sie auch in der historischen Stadthalle Konzerte geben. Ich denke, wir sollten einmal über diesen Konzertsaal sprechen. Arbeiten Sie gern dort, oder finden Sie die historische Dekoration überladen?«

Satorius hatte seine Hand an die Stirn gelegt. Er räusperte sich wieder. »Ein guter Konzertsaal, gewiß. Ich denke, die Wuppertaler und all die Menschen, die in unserer Stadt zu Gast sind, sollten froh sein, daß dieses Bauwerk restauriert worden ist.«

»Wann haben Sie zuletzt dort dirigiert?«

»Ich weiß nicht genau …« Satorius machte eine abwehrende Handbewegung. »Ich glaube, es war Anfang November.«

Ich bemühte mich, ein erstauntes Gesicht zu machen. Dann tat ich so, als sei mir plötzlich etwas eingefallen. »Richtig«, rief ich aus. »Der fünfte November. Der Tag, an dem das Unglück in der Halle passiert ist. Als jemand von der Empore stürzte.«

»Nicht von der Empore«, sagte Satorius ausdruckslos. »Durch den Scheinwerferschacht.«

»Ja, ja, natürlich«, warf ich ein. »Es stand in der Zeitung.«

»Tragisch. Ein Schock für alle Beteiligten.«

»Vor allem schlimm für die Frau, die dabei umkam. Wie hieß sie noch? Regina Mallberg, glaube ich.«

Satorius blieb regungslos. »Na, Sie wissen ja sehr gut Bescheid. Daß Sie erst die Empore mit der Decke verwechseln, sich dann aber an den Namen erinnern können.«

»Berufsgeheimnis«, sagte ich nur. »Stimmt es, daß sie Ihre Schülerin war?«

»Ganz richtig. Aber gehört das zu Ihrem Artikel?«

»Sie haben recht«, gab ich zu. »Sprechen wir weiter von Ihnen. Wie leben Sie privat? Sind Sie verheiratet?«

»Nein. Keine Ehe, keine Familie. Meine Geliebte ist gewissermaßen die Musik.«

Du Heuchler, dachte ich. »Und Ihre Tätigkeit ist sicher sehr aufreibend?«

»Das kann man sagen.«

»Wie hält man das eigentlich aus? Ich meine – wie bereitet man sich darauf vor, zwei Stunden vor einem Orchester zu stehen und zu dirigieren? Was macht man unmittelbar vor so einem Konzert?«

Satorius sagte eine Weile nichts, und ich merkte, wie er mißtrauisch wurde. »Ich verstehe Ihre Frage nicht.«

»Nun ja – ich habe einmal ein Interview mit einem Dirigenten gemacht«, fabulierte ich, »der sich vor jedem Konzert ins Publikum mischte. Niemand erkannte ihn, weil er seinen Frack noch nicht trug. Er wollte immer inkognito die Atmosphäre testen.«

Satorius sah mich streng an. »Welcher Dirigent soll das gewesen sein? Ich halte das für Unsinn.«

»Ich kann mich im Moment nicht erinnern – ich werde nachsehen. Aber egal. Wie ist das bei Ihnen?«

»Ich brauche eine Stunde absolute Ruhe. Wenn das Konzert um acht Uhr beginnt, spreche ich ab sieben Uhr mit niemandem mehr. Ich lege mich in meiner Garderobe hin, und alle Musiker und Bühnenmitarbeiter wissen, daß sie sich auf dem Gang vor der Tür still zu verhalten haben.«

»Aha«, sagte ich und notierte.

»Was wollen Sie jetzt noch wissen?«

»Kehren wir noch mal zum wichtigsten Thema zurück.«

»Und das wäre?«

»Lehár. Könnten Sie mir noch mal die Geschichte von der Entdeckung des Walzers erzählen? Ich finde sie wahnsinnig spannend.«

Satorius' Gesichtszüge glätteten sich. Ich zückte wieder meinen Notizblock.

Als ich in die Stadt zurückfuhr, ging ich das Gespräch in Gedanken noch einmal durch. Wenn es wirklich stimmte, daß sich Satorius grundsätzlich vor seinen Konzerten eine Stunde lang in der Garderobe aufhielt, war er nicht mit Regina Mallberg auf dem Dachboden zusammen gewesen. Aber vielleicht hatte er mich ja auch angelogen, genauso wie er seine Geliebte verleugnet hatte. Außerdem war mir nicht entgangen, daß der Professor eigenartig reagiert hatte, als ich ihn nach den Vorgängen unmittelbar vor einem Konzert befragte. Ich war sicher, daß er etwas zu verbergen hatte. Und zum ersten Mal überlegte ich, ob Regina das Opfer eines Verbrechens geworden war. Aber warum? Und wenn ja – gab es nicht einfachere Möglichkeiten, jemanden zu beseitigen?

Es ging auf siebzehn Uhr zu. Vielleicht war es noch nicht zu spät für eine ganz bestimmte Information. Ich fuhr hinunter auf die Friedrich-Engels-Allee, dann links hinauf. Der Stadtteil rechts von mir hieß zwar »Rott«, aber ich konnte mich nicht erinnern, jemals hiergewesen zu sein. Mein Ziel war das Klinikum Barmen.

Das Hauptgebäude sieht aus wie ein alter Bahnhof. Das Verkehrsaufkommen war entsprechend: Vor dem Haus stand eine lange Reihe Taxis, und im Umkreis von mehreren hundert Metern war jeder Parkplatz besetzt. Schließlich fand ich eine Lücke weiter unten am Berg, in der Paracelsusstraße.

Als ich den mächtigen Giebel der alten Schieferfront wieder zu Gesicht bekam, zeigte die Uhr, die wie ein riesiges Auge mitten im Dach prangt, genau siebzehn Uhr fünfzehn.

Ich erreichte die Informationsloge und rang nach Luft.

»Die Notaufnahme ist nebenan«, scherzte die Dame, die in dem Glaskasten saß.

»Keine Sorge, mir geht's prima«, keuchte ich. »Ich hätte nur gern eine Auskunft.«

»Aber bitte schön, junger Mann.«

»Bei Ihnen arbeitet ein Arzt mit einem schwedischen Namen, den ich gern privat sprechen würde.«

»Wissen Sie seinen Namen nicht?«

»Nein. Der Nachname endet mit ›son‹. Es ist auch schon ein paar Jahre her.«

»Hm. Das ist schwierig.«

»Das heißt, ein Arzt mit einem solchen Namen arbeitet im Moment nicht bei Ihnen?«

»Was glauben Sie, wie viele Ärzte es hier gibt?«

»Keine Ahnung.«

»Na, raten Sie mal.« Sie stemmte die Fäuste in die Seiten und sah mich herausfordernd an.

»Zwanzig? Fünfzig?« tippte ich. In den einschlägigen Fernsehserien gab es immer nur zwei oder drei.

»Vierhundert! Verstehen Sie?« Sie hielt mir vier Finger entgegen.

»Vierhundert! Und da wollen Sie einen einzigen sprechen und wissen noch nicht mal den Namen?«

»Tja, das tut mir leid«, sagte ich kleinlaut.

Sie sah auf ihre Armbanduhr. »Die Verwaltung hat jetzt eigentlich Feierabend. Die könnten Ihnen aber bestimmt weiterhelfen. Na ja, ich versuch's mal. Vielleicht ist ja noch jemand da.«

Sie hob den Telefonhörer ab und wählte. »Hallo? Ja, hier ist der Empfang. Hier ist jemand, der nach einem Mitarbeiter sucht. Ein etwas spezielles Problem. Könnten Sie? Ja, danke.«

Sie legte auf. »Also – Sie gehen jetzt hier die Treppe rauf, durch die Tür und dann in den dritten Stock. Da ist die Personalabteilung. Frau Corneli ist noch da. Zimmer dreihundertelf.«

Ich bedankte mich, schlug den angegebenen Weg ein und fand mich in einem altertümlichen Treppenhaus mit Kunststoffboden und abblätternden Wänden wieder. Obwohl dies der Verwaltungstrakt war, roch es schon hier nach den krankenhaustypischen Desinfektionsmitteln.

Frau Corneli saß eingeklemmt in einem langen, schlauchartigen Büro. Sie interessierte sich nicht für die Aussicht, die hinunter nach Wuppertal ging, sondern studierte Akten. Offenbar machte sie Überstunden. Als ich den Raum betrat, sah sie müde auf. Sie mochte um die dreißig sein, doch ihr Haar war bereits grau geworden.

»Guten Tag. Mein Name ist Rott«, sagte ich.

»Wen suchen Sie?«

Ich wiederholte mein Problem mit dem unbekannten Arzt. Sie stützte den Kopf in die linke Hand und schob die Akte weg.

»Wenn ich keinen Anfangsbuchstaben weiß, kann ich gar nichts finden. Ein solcher Name ist mir auch noch nie hier begegnet. Was wollen Sie überhaupt von ihm?«

»Es geht um etwas Privates. Ich arbeite im Auftrag von jemandem, der ihn sucht.«

Sie schaute skeptisch über die Ränder ihrer Brille hinweg. Ich hätte mir am liebsten auf die Zunge gebissen. Der zweite Satz war völlig überflüssig gewesen.

»Sind Sie sicher, daß Sie nicht ein paar Krimis zuviel gesehen haben?«

»Im Gegenteil«, erklärte ich. »Können Sie mir nun helfen oder nicht?«

»Ich nicht«, sagte sie. »Und eigentlich darf ich es auch gar nicht. Fragen Sie den Chef der Personalabteilung, Herrn Lambert. Der arbeitet seit dreißig Jahren hier und ist ein lebendes Lexikon. Vielleicht kennt der den Herrn.«

»Prima. Und wo finde ich Ihren Chef?«

»Wahrscheinlich zu Hause.«

Sie schrieb mir die Nummer auf und reichte mir das Blatt. »Die haben Sie aber nicht von mir. Und jetzt lassen Sie mich bitte weiterarbeiten.« Sie zog den Aktenordner zu sich und beachtete mich nicht mehr. Wahrscheinlich hatte Herr Lambert ihr Nachsitzen aufgebrummt.

Ich verzog mich so leise ich konnte. Vor der Klinik gibt es einen kleinen runden Park, dahinter fand ich eine Telefonzelle.

»Lambert.«

»Guten Abend, Herr Lambert. Mein Name ist Rott. Ich hätte eine Frage.«

»Ja?«

»Ich suche einen Arzt, der in der Klinik in Barmen arbeitet oder gearbeitet hat. Er hat einen schwedischen Namen. Mit ›son‹ am Ende. Leider weiß ich nicht genau, wie er heißt.«

»Dr. Gustavson«, sagte er spontan.

»Können Sie mir sagen, wo ich ihn finde?«

»Nein. Sagen Sie mal, wo haben Sie eigentlich meine Nummer her?«

»Von der Auskunft«, log ich.

»Die Auskunft hat Ihnen gesagt, daß ich im Krankenhaus arbeite?«

»Vielen Dank jedenfalls. Und schönen Feierabend.«

Ich hängte ein. Den Namen wußte ich nun, um die Adresse mußte ich mich später kümmern. Aber jetzt war es erstmal an der Zeit, eine alte Dame in Barmen anzurufen.

114

13.

»Ja bitte?«

Ich hielt meinen Mund möglichst nah an die Sprechanlage. »Guten Abend, Frau Cronen. Mein Name ist Rott.«

»Ja, ja. Ich öffne.« Ein Summton erklang, und ich drückte die Tür auf. Die Treppe war aus spiegelndem Marmor. Alle paar Stufen stand ein großer Blumentopf mit gummiartigen dunkelgrünen Pflanzen. Neben der Wohnungstür von Frau Cronen befand sich eine ganze Batterie solcher Gewächse.

Die Tür öffnete sich nur einen Spaltbreit. Sie war mit einer Kette gesichert. Frau Cronen musterte mich mit großen Augen. Dann zog sie klappernd den Metallstift zurück.

»Sie müssen entschuldigen, aber man kann heute nicht vorsichtig genug sein. Kommen Sie bitte herein.«

Frau Cronen ging gebückt. In der rechten Hand hielt sie einen schwarzen Stock mit Metallgriff. Ihre grauen Haare waren zu dichten Locken frisiert – zumindest sollte es so wirken, denn was ich sah, war mit Sicherheit eine Perücke. Sie trug eine bordeauxrote Bluse, einen blauen Rock und strahlte trotz ihrer Behinderung Würde aus.

»Das Rheuma«, erklärte sie. »Gehen Sie doch schon ins Wohnzimmer und nehmen Sie auf der Couch Platz. Ich komme langsam nach.«

Ich durchquerte gemächlich den Flur und gelangte in das Wohnzimmer. Es war winzig. Trotzdem waren riesige Möbel hineingezwängt: ein runder Tisch, ein Sofa, dazu passende gepolsterte Stühle, sogar ein Klavier drängte sich an der Wand.

Kein Zentimeter war frei. Überall, auch auf dem Klavier, Kristallfiguren und anderer Nippes. Ganze Sammlungen von Fotos in silbernen Stehrahmen. Ich erkannte alte Porträts – sauber angeordnet auf weißen Spitzendeckchen. Die Tapete war rosa geblümt. Von der Decke hing ein gigantischer Kronleuchter. Weil das Zimmer zu niedrig war, befand er sich in meiner Augenhöhe. Alles, was ich hier sah, waren die Überreste eines gehobenen Bürgerhaushalts. Eingepfercht in eine viel zu kleine Wohnung.

Ich ging durch das Zimmer und sah aus dem Fenster. Frau Cronen wohnte in der Germanenstraße. Ihre Wohnung ging nach hinten raus.

115

Ich sah in der Dunkelheit ein paar rote Lichter. Es waren Gräber. Dort unten befand sich der Friedhof.

Frau Cronen kam hereingehumpelt. »Aber bitte, setzen Sie sich doch. Zieren Sie sich nicht.« Ihre Stimme verriet unterdrückte Anstrengung.

Ich quetschte mich hinter den großen Tisch und zwängte mich auf das Sofa zwischen dicke Paradekissen. Ich versank geradezu in dem Möbel.

»Darf ich Ihnen etwas anbieten? Einen Sherry vielleicht?«

Ich lehnte ab. Frau Cronen hatte nicht in den Polstern, sondern auf einem Stuhl Platz genommen. Ich wollte ihr keine Umstände machen.

»Ich kann leider nur auf diesen hohen Stühlen sitzen, wissen Sie. Aus dem Sofa käme ich gar nicht mehr hoch. Also, was ist der Grund Ihres Besuches? Sie beschäftigen sich mit meiner Großmutter, soviel ich verstanden habe.«

Ich hatte mir vorgenommen, weiter die Journalistenrolle zu spielen. »Mich interessiert das Kulturleben in Wuppertal, und ich habe heute nachmittag Herrn Professor Satorius getroffen. Er nannte mir Ihren Namen und berichtete die Geschichte des Lehár-Walzers.«

Ich sah, wie Frau Cronen abwehrte. »Bleiben Sie mir bloß mit diesem Herrn Satorius vom Leib.«

»Ist er kein guter Musiker?« fragte ich.

»Das kann ich gar nicht beurteilen, junger Mann. Aber bei der Sache mit dem Walzer ging nicht alles mit rechten Dingen zu.«

»Was soll das heißen? Stimmt die Geschichte nicht?«

»Wissen Sie – wir sind eine alteingesessene Familie. Das heißt, von der Familie ist ja nicht mehr viel übrig, seit mein Mann vor …«, sie rechnete nach, »vor fünfzehn Jahren gestorben ist. Kinder haben wir leider keine, und auch ich war ein Einzelkind. Die Familie Weyer wird mit mir also aussterben.«

»Das heißt, Sie sind eine geborene Weyer?« Es sollte keine Frage sein, mehr eine Klarstellung.

Sie sah mich streng an. »Natürlich.« Sie legte die Hände auf die Spitzendecke, die den Tisch schmückte, und machte eine Bewegung, als wolle sie mir Geld vorzählen. Dabei sprach sie sehr langsam, wie eine Grundschullehrerin. »Meine Großmutter war Margarethe Weyer.« Sie tippte auf den Tisch. »Sie war die Tochter von August Weyer, dem Inhaber der Firma Weyer. Das war übrigens eine Harmoniumfabrik. So.«

Sie machte eine Pause. »Margarethe Weyer wurde im Jahre 1870 geboren. Als sie achtzehn Jahre alt war, kam ein junger Musiker aus Wien nach Wuppertal. Das heißt, damals hieß es ja noch Elberfeld. Es war der später sehr berühmte Franz Lehár. Damals war er noch gänzlich unbekannt. Aber er besuchte meine Urgroßeltern und meine Großmutter. Und meine Großmutter war ein junges Mädchen, das gern tanzte und gern Walzer am Klavier spielte.« Sie machte wieder eine Pause.

»Und so schrieb Lehár diesen Walzer für sie«, führte ich die Sache schnell zu Ende.

»So ist es.« Sie sah mich befriedigt an, als hätten wir gemeinsam eine schwierige Aufgabe gelöst. Ich hätte gern gewußt, wie alt Frau Cronen war, doch ich fand es taktlos, danach zu fragen.

»Und dann sind die Noten verlorengegangen.«

»Na ja. Zwei Weltkriege. Und die Umzüge. Wir haben in den vierziger Jahren unsere Habseligkeiten ins Bergische Land gebracht. Dabei ist so manches weggekommen.«

»Aber sind Sie Herrn Satorius denn nicht dankbar, daß er dieses wertvolle Stück wiederentdeckt hat?«

»Das hat er nicht.«

»Wie meinen Sie das?«

»Ich habe die Noten, die Lehár damals schrieb, noch nicht mit eigenen Augen gesehen. Was Herr Satorius hat, ist bestenfalls nachgemacht.«

»Nachgemacht?«

»Na ja, wie nennt man das denn … fotografiert, wissen Sie.«

»Sie meinen eine Fotokopie.«

»Genau.«

»Hm. Aber ist das nicht egal? Ich meine – zumindest ist doch die Musik wieder da.«

Sie wedelte mit dem Finger. »Das ist nicht egal, junger Mann. Die Noten gehören in meine Familie. Sie sind unser Eigentum. Es gibt keinen Hinweis darauf, daß sie verkauft wurden. Ich sage Ihnen, und das können Sie ruhig schreiben: Jemand hat sie gestohlen!«

»Was sagt denn Herr Satorius dazu? Er hat mir gegenüber behauptet, jemand habe die Partitur auf seinem Dachboden gehabt.«

»Ein Unbekannter soll sie besitzen. Jemand, der sie nicht hergeben will. Ein Unbekannter, der seinen Namen nicht nennen will.«

»Und Sie verlangen, daß man offenlegt, wer die Partitur hat?«

Sie nickte eifrig. »Ganz recht. Was sind denn das für Sitten, wenn jemand im Besitz eines solchen Dokuments ist und anonym bleiben will? Der hat doch etwas zu verbergen!«

»Wer könnte dieser Unbekannte sein?«

»Das weiß ich nicht. Wenn ich es wüßte – ich würde ihn verklagen. Die Noten gehören zur Geschichte unserer Familie. Das hat nichts mit Geld zu tun.«

»Kennen Sie eigentlich Regina Mallberg?« fragte ich dann.

»Das Mädchen, das so tragisch verunglückte? Jeder in Wuppertal kennt die Geschichte.«

»Ich meine, kannten Sie sie persönlich?«

»Auch. Sie war ein paarmal hier. Sie hat mir auf dem Klavier den Walzer vorgespielt. Das war sehr schön. Sie war ein armes Mädchen.« Frau Cronen schüttelte bedauernd den Kopf.

»Warum?«

»Sie war unglücklich. Vielleicht war sie unglücklich verliebt. Wie die jungen Dinger so sind. Es muß für die Eltern schrecklich sein, daß sie tot ist. Ich glaube, sie war ihr einziges Kind.«

»Haben Sie die Noten der ›Wupper-Wellen‹ eigentlich? Ich meine – die gedruckte Version, die der Professor veröffentlicht hat?«

Sie nickte. »Herr Satorius hat mir ein paar Exemplare geschickt. Er hat mich sogar zu der Feierstunde eingeladen, als die Entdeckung bekanntgemacht wurde.« Sie blickte mürrisch. »Natürlich bin ich nicht hingegangen.«

»Und wie haben Sie Regina Mallberg kennengelernt?«

»Sie hat mich eines Tages einfach besucht. Sie war sehr, sehr nett. Ich glaube, sie wollte mir einfach eine Freude machen und mir das Stück vorspielen. Ich hatte es ja noch nie gehört. Ein sehr sensibles Mädchen. Das gibt es selten heutzutage. Schauen Sie sich diese jungen Leute an, die Ihnen auf der Straße begegnen. Da muß man ja Angst bekommen.«

Ich sah zur Uhr. Es war kurz nach sieben. Ich dachte an Madämchen, und mir fiel siedendheiß ein, daß ich noch Futter kaufen mußte. Ich war zuletzt zu Hause gewesen, bevor ich mit Jutta zum Einkaufsbummel aufbrach. Das war etwa neun Stunden her. Außerdem spürte ich selbst ein deutliches Hungergefühl.

»Tja, Frau Cronen, dann bedanke ich mich.« Ich quetschte mich vom Sofa. Frau Cronen nahm ihren Stock und stemmte sich mühsam hoch.

»Bleiben Sie ruhig sitzen«, sagte ich. »Ich finde den Weg zur Tür.«

»Wirklich? Das ist nett, junger Mann.«

118

»Auf Wiedersehen«, sagte ich, als ich in der Wohnzimmertür stand. Sie nickte und lächelte. »Auf Wiedersehen. Und vergessen Sie nicht: Dieser Professor Satorius ist ein Schlawiner!«

Gegen halb neun öffnete ich meine Haustür. Ich hatte vor, Madämchen zu füttern und dann Juttas Einladung zum Fernsehabend anzunehmen. Es sollte nicht dazu kommen. Jemand rempelte mich an. Zwei Männer. Sie verließen im Laufschritt das Haus und liefen in Richtung Innenstadt davon. Es war dunkel im Flur, und ich war so erschrocken, daß ich nicht auf die Gesichter achtete. »Heh«, rief ich, und das Ganze verschmolz zu einem Déjà-vu-Erlebnis. Auf ähnliche Weise war ich Krause begegnet, als er versucht hatte, die Katze um die Ecke zu bringen.

Ich blickte den Männern nach, soweit die Straßenlaternen das zuließen. Im Flur hatte sich ein markanter Geruch nach Rasierwasser gehalten. Schnell ging ich zu meiner Wohnung hinauf. Als ich den Schlüssel in das Schloß stecken wollte, bemerkte ich, daß die Tür nur angelehnt war.

Sie war aufgebrochen worden.

Ich betrat den Flur und drückte auf den Lichtschalter. Er funktionierte nicht. Ich stolperte über irgend etwas. Es klirrte. Scherben lagen auf dem Boden. Außerdem Papier und anderer Kram. Ich stieß an die Kommode, die normalerweise direkt neben dem Eingang stand. Jetzt war sie offenbar umgekippt, der Inhalt mußte im Flur verstreut sein.

Das Licht vom Treppenhaus drang nicht weit genug, um diesen Bereich meiner Wohnung zu beleuchten. Ich tastete eine Weile herum, dann fand ich die Taschenlampe, die sich sonst in der Kommodenschublade befand. Die Batterie war schwach, aber die Lampe gab wenigstens ein bißchen funzeliges Licht.

Die Deckenlampe war in Scherben. Der Flur völlig überfüllt mit Gerümpel, das vorher meine Einrichtung gewesen war. Langsam bewegte ich mich weiter. Meine Hand zitterte, und der Kegel der Lampe fuhr wacklig über allerlei Trümmerberge. Ich öffnete zuerst die Bürotür.

Auch hier war alles zerstört. Der Schreibtisch war umgekippt; hinter der senkrecht stehenden Tischplatte türmten sich die Bücher aus meinem Regal. Der Bücherschrank selbst existierte nicht mehr. Die Einbrecher hatten ihn in seine Einzelteile zerlegt. Er war nur noch ein Haufen Spanplatten.

In den anderen Zimmern sah es ähnlich aus. Im Bad hatten sie nicht viel gefunden, was sie hätten zerstören können. Aber sie hatten sich zumindest die Mühe gemacht, die Zahnpastatube und die Plastikflaschen mit Haarshampoo und Duschgel sorgfältig auf dem Boden auszuleeren. Ich trat in eine glibberige, parfümiert riechende Masse.

Ich machte mich auf den Weg in die Küche. Hier war, soweit ich sehen konnte, kein Stück Geschirr heilgeblieben. Ich beließ es beim ersten Eindruck und sah ins Wohnzimmer.

Trümmer. Sperrmüll.

In diesem Moment gab die Taschenlampe den Geist auf. Ich schaltete sie ab und tastete mich im Dunkeln weiter. Vor der Tür zum Schlafzimmer blieb ich stehen. Ich hörte ein eigenartiges Geräusch. Es war eine Art Keuchen. Ein Hecheln. Gurgelnd. Heiser kratzend.

Ich öffnete die Tür und wartete ein paar Sekunden, bis sich die Batterie hatte erholen können. Dann schaltete ich die Lampe wieder ein. Der dämmrige Lichtkegel fiel auf etwas Unförmiges, Dunkles, das unmittelbar vor meinem Gesicht von der Decke hing. Weit aufgerissene Augen reflektierten das Licht. Das krächzende Geräusch war nun viel lauter. Wie ein unterdrückter Schrei. In diesem Moment überwand ich meine Lähmung. Ich ließ die Lampe fallen, griff von unten an das Bündel, das vor mir hing, um es abzustützen. Ich fühlte, wie es verzweifelt zuckte. Etwas kratzte an meiner Hand. Eine Pfote, mit der das Tier nach Halt suchte. Mit der anderen Hand zog ich oben so fest ich konnte an dem Kabel.

Es schien eine Ewigkeit zu dauern, doch dann gab es nach, riß ab, und ich konnte die Katze behutsam auf den Boden legen. Es kam mir wie eine Ewigkeit vor, bis ich die Taschenlampe wiedergefunden hatte. Als Madämchen im Lichtkegel erschien, glaubte ich noch ein leichtes Zittern wahrzunehmen. Dann war da nichts mehr.

Ich hatte das Gefühl, innerlich zu erstarren. Ich hockte da und glaubte, sie würde sich noch einmal regen. Doch ich konnte nichts mehr tun. Sie war tot.

Ich stand auf. Der Lampenkegel fiel auf die lange Wohnzimmerwand. Dort waren merkwürdige schwarze Striche auf der Rauhfasertapete. Die Batterie war endgültig leer. Ich suchte nach meinem Feuerzeug, fand es und versuchte, im flackernden Licht der Flamme zu erkennen, was dort auf der Wand war. Große Buchstaben. »ROTT DU SAU. LASS ES SEIN. ODER WIR KRIEGEN DICH«.

Als ich es entziffert hatte, raschelte es hinter mir. War da noch jemand? Die Flamme wurde heiß, ich mußte sie kurz löschen. Dann knipste ich das Feuerzeug wieder an. Ich bückte mich, weil ich dachte, die Katze wäre wieder zum Leben erwacht. Doch der Lichtschein streifte Hosenbeine und schwarze Stiefel.

Noch bevor ich mir einen Reim darauf machen konnte, passierten zwei Dinge. Erst roch es wieder nach Rasierwasser. Dann explodierte etwas in meinem Kopf.

14.

Der Weg führte in ein dunkles Haus.

Ich wußte nicht, was darin auf mich wartete. Meine Schritte knarrten auf altem Holz, und mir war kalt. Das lag an dem eisigen Windhauch, der mich traf.

Dann hörte ich die Musik. Sie kam von einem Ort, der irgendwo vor mir lag. Mir blieb nichts anderes übrig, als den Klängen zu folgen. So ging ich den Weg durch das Haus weiter, bis ich in weiter Ferne so etwas wie eine flackernde Kerze sah. Die Musik wurde lauter. Sie erinnerte mich an eine Kirchenorgel. Sie klang festlich, aber gleichzeitig sanft, wie gedämpft.

Das Bild wurde plötzlich klar. Ich befand mich in einem Salon der Gründerzeit. Ein Kronleuchter hing von der Decke, doch das Licht, das sich in seinem Kristall brach, kam von den Kerzen, die überall auf den schweren Möbeln standen. Kommoden, kleine Tischchen, Ottomanen. Die Möbelflächen mit Spitze bedeckt. Ledergebundene Bücher in den Regalen.

Die Musik kam von einem Harmonium, an dem eine alte Frau saß. Es war Frau Cronen. Sie hatte die Augen geschlossen. Ich hörte eine Weile zu.

»Warum spielen Sie nicht den Walzer, den Lehár für Ihre Großmutter geschrieben hat?« fragte ich und erschrak, wie laut meine Stimme war.

Frau Cronen hörte auf zu spielen und sah mich streng an. Komischerweise hatte sie sich plötzlich in Else Lasker-Schüler verwandelt. Sie sah genau so aus, wie ich sie aus meinen Schulbüchern kannte. Dunkle Haare. Ernster, fast stechender Blick. Sie sagte nichts, stand auf und schnippte mit dem Finger.

In diesem Moment trippelte Madämchen über das dunkle Holz des Harmoniums, setzte sich hin und putzte sich. Ihre Schnurrhaare glänzten golden im Kerzenlicht. Dann öffnete sie ihr Mäulchen. »Hast du mich weinen gehört?« fragte sie. »Weil deine Augen bang geöffnet stehn. Sterne streuen Nacht in mein vergossnes Blut.« Dann putzte sie sich weiter, als wenn nichts gewesen wäre.

Die alte Frau, die vielleicht Else Lasker-Schüler war, nahm den Faden auf und sagte: »Ich bin am Ziel meines Herzens angelangt. Weiter führt kein Strahl. Hinter mir laß ich die Welt, fliegen die Sterne auf: Goldene Vögel.«

Die Katze hatte aufgehört, sich zu putzen, und jetzt sahen mich beide auffordernd an. Mir wurde bange.

»Ich habe noch nie etwas von Else Lasker-Schüler gelesen«, wollte ich sagen.»Ich kann nichts von ihr zitieren. Alles, was ich weiß, ist eine Geschichte über einen vergessenen Lehár-Walzer.« Aber ich konnte nicht sprechen. Ich brachte keinen Laut heraus.

Wieder schnippte die alte Frau mit dem Finger, und jemand kam herein. Es war Regina Mallberg. Sie war genauso gekleidet wie an dem Tag, als sie in mein Büro gekommen war. Sie stellte sich in Positur wie eine Opernsängerin und deklamierte dramatisch:»René hielt nicht mit seinen Bewegungen inne, bis das seidige Nachthemd wie ein blauer Farbklecks zu ihren Füßen lag.«

»Das gehört nicht hierher«, sagte ich stumm.»Kultur gibt es nicht in Groschenheften, nur in der Stadthalle!«

Ich spürte, wie entrüstet ich war. Auch Else Lasker-Schüler und die Katze schienen meiner Meinung zu sein, denn beide blickten grimmig.

»Ich denke immer ans Sterben«, erklärte Regina Mallberg und machte ein flehendes Gesicht.»Mich hat niemand lieb. Ich wollt, ich wär ein still Heiligenbild und alles in mir ausgelöscht.«

Dann stellten sich die beiden Frauen nebeneinander, und auch die Katze stand auf ihren Hinterbeinen, allerdings immer noch auf dem Harmonium, wodurch sie riesig wirkte. Dann sprachen alle drei im Chor. »Auf einmal mußte ich singen«, sagten sie.»Und ich wußte nicht, warum.«

Sie wiederholten es.»Auf einmal mußte ich singen. Und ich wußte nicht, warum.«

Und sie wiederholten die Zeile wieder und wieder, immer rhythmischer:»Und ich *wußte nicht*, war*um*. Und ich *wußte nicht*, war*um*. Und ich *wußte nicht*, war*um*.«

In ihre Rezitation mischte sich von ferne Musik. Ein Tanz im Dreivierteltakt, der immer lauter wurde.»Und ich *wußte nicht*, war*um*. Und ich *wußte nicht*, war*um*. Und ich *wußte nicht*, war*um* …«

Alles wurde immer schneller. Es war wie ein Film, der nach und nach in einen Zeitraffer gerät. Das Harmonium begann von selbst zu spielen, der Walzer wurde lauter und lauter. Else Lasker-Schüler, Regina Mallberg und auch die plötzlich menschengroße Katze auf den Hinterbeinen

123

faßten sich an Händen und Pfoten und begannen mit verbissenen Gesichtern zu schunkeln. Die Musik übertönte alles, sogar mein Schreien. Ich hatte meine Stimme wiedergefunden, aber es nützte nichts.

Es wurde still. Die Musik verstummte plötzlich. Sie machte einem schrillen Geräusch Platz, das sich in mein Ohr bohrte. Der Film blieb stehen, und das Bild zerbrach in tausend Scherben. Regina Mallberg und die Katze verschwanden. Die alte Frau war wieder Frau Cronen und wurde dann plötzlich Frau Mallberg.

Auf dem Harmonium stand ein Telefon. Frau Mallberg griff zum Hörer und hielt ihn mir hin.

»Herr Rott, da ist ein Anruf für Sie!«

Ich hatte hämmernde Kopfschmerzen. Als ich mich bewegte, spürte ich, daß meine Kleider naß von Schweiß waren. Ich öffnete die Augen. Nach und nach stellte sich die Erinnerung ein. Erst in Fetzen, dann in größeren Stücken. Ich konnte mich kaum bewegen. Alles tat weh. Ich schloß die Augen wieder und gab dem Verlangen nach, noch eine Weile vor mich hin zu dösen. Keine Ahnung, wie spät es war.

Das Telefon klingelte. Zu diesem Zeitpunkt war ich schon ein bißchen wacher, wahrscheinlich war ziemlich viel Zeit vergangen. Ich stand sehr vorsichtig auf und ging dem Klingeln nach. Mein Kopf brummte wie ein Bienenschwarm. Ich fand den Apparat, konnte aber nicht sprechen und räusperte mich erst einmal. Sofort ging ich wieder in die Knie.

»Rott.«

»Mallberg hier. Guten Morgen. Habe ich Sie geweckt?«

»Äh, nicht direkt. Einen Moment bitte.«

Ich hielt den Hörer zu und räusperte mich noch einmal ausgiebig. Mein Mund war trocken wie Löschpapier. »So, Frau Mallberg, da bin ich wieder. Ich hatte gerade einen Hustenanfall. Erkältung, wissen Sie …«

»Herr Rott, wir hatten vereinbart, daß heute der Tag sein sollte, an dem ich entscheide, ob ich Sie weiterbeschäftige.«

Während sie sprach, ließ ich meinen langsam erwachenden Blick über das Trümmerfeld streifen. Ich spürte einen Stich, als ich das reglose Fellhäufchen in der Ecke bemerkte. »Das ist richtig, Frau Mallberg.« Sag es nicht, dachte ich.

»Ich habe mich nun dazu entschlossen, auf Ihre Dienste zu verzichten.«

Sie hatte es gesagt.

»Ich habe es mir gut überlegt. Und ich habe es ja auch gestern schon angedeutet. Ich habe auch mit meinem Mann darüber gesprochen.«
»Frau Mallberg, ich rate Ihnen dringend von dieser Entscheidung ab. Es haben sich gerade heute nacht Dinge ergeben, die –«
»Mein Entschluß steht fest.«
»Aber lassen Sie mich doch bitte ausreden.« Ich hatte etwas lauter gesprochen, mein Kopf begann sofort wieder zu brummen. Ich hatte einen ekelhaften Geschmack im Mund.
»Möchten Sie, daß ich es noch mal wiederhole?«
»Nur einen Moment …«
»Wir wissen nun, daß es doch Selbstmord war. Und wir möchten unsere unglückliche Tochter in Frieden ruhen lassen. Gott sei ihrer Seele gnädig.« Frau Mallbergs Stimme war weinerlich geworden. Als wäre es nicht sie selbst, die da sprach. Sie klang wie ein Entführungsopfer, dem man vorlegt, was es zu sagen hat.
»Frau Mallberg. Ich werde dieser Sache weiter nachgehen, ob Sie es wollen oder nicht. Mittlerweile bin ich selbst zum Opfer geworden und habe ein Interesse …« Plötzlich war es still in der Leitung.
»Frau Mallberg?« Sie hatte aufgelegt.

»Du meine Güte«, sagte Jutta nur, als sie die Bescherung sah.
Zum ersten Mal schien sie ihren Optimismus zu verlieren. Vorsichtig bahnte sie sich einen Weg durch die Trümmer, erreichte schließlich das Schlafzimmer und hob das Laken, das ich über die tote Katze gelegt hatte.
»Ach Gott, die Arme. Wie furchtbar.« Jutta schniefte. Sie zog ein Papiertaschentuch hervor und putzte sich die Nase.
Ich fand den Pappkarton, mit dem ich neulich noch Katzenfutter vom Supermarkt transportiert hatte. Dort legten wir Madämchen erst einmal hinein.
Nach einiger Zeit hatten wir eine Bestandsaufnahme gemacht. Die Einbrecher hatten nichts gestohlen, aber ansonsten ganze Arbeit geleistet. Die Aktion mußte ziemlichen Lärm gemacht haben. Als ich bei Krause klingelte, machte niemand auf. Ob er ausgerechnet heute seine Frau überreden konnte, das Haus zu verlassen? Der würde sich freuen, wenn er zurückkam.
Zum Glück war mein Revolver noch an seinem Geheimplatz. Ich zählte penibel die Munition. Alles war noch da. Genau zwanzig Schuß. Ich steckte die Waffe in das Schulterhalfter.

125

»Willst du nicht doch die Polizei verständigen?« fragte Jutta.

»Nein.«

»Warum nicht? Glaubst du nicht, daß es jetzt ein bißchen zu gefährlich wird?«

»Das ist mir egal. Frau Mallberg hat mich gefeuert. Ich werde also
jetzt ganz auf mich allein gestellt arbeiten. Und ich werde den Fall auf
meine Art lösen. Übrigens habe ich das Gefühl, daß die Polizei in der Sache mit drin hängt. Es kann ja sein, daß die Polizei manchmal Fehler
macht, aber sie läßt sich bestimmt nicht mit einem uralten Abschiedsbrief einen Selbstmord vormachen – jedenfalls nicht, wenn alles mit rechten Dingen zugeht.«

»Hm. Und was ist mit deinem Kopf? Laß mal sehen.« Jutta zerrte
mich ans Licht. »Eine ganz schöne Schramme.«

»Ist mir egal«, sagte ich und spürte, wie Wut in mir hochstieg. Ich
bekämpfte sie, indem ich mich verbissen ans Aufräumen machte. Die
Sperrmüllabfuhr würde viel zu tun haben.

Jutta machte wortlos mit und überließ mich meinen Gedanken.

Irgendwann fanden wir mein Radio. Jutta drückte den Einschalt-
knopf. Fröhliche Klänge erfüllten schlagartig die Wohnung: »Dat Hätz
von der Welt, dat schlägt in Kö-hö-lle, dat Hätz von der Welt, dat schlägt
am Ring, ta-ta-ta-ta-taaaa!«

Heute war der elfte November. Der rheinische Feiertag zum Karne-
valsbeginn.

Aber uns war nicht nach Feiern zumute.

15.

Nach einer Stunde war uns klar, daß das Aufräumen wenig Sinn machte. Ich hatte Besseres zu tun. Ich packte ein paar Sachen zum Anziehen
zusammen. Jutta bot mir an, bei ihr zu wohnen, bis meine Unterkunft
wieder in Ordnung sein würde. Sie nahm den Koffer, ich trug den Karton mit Madämchen zum Auto. Dann fuhren wir zum Brill hinauf. Im
Geräteschuppen in Juttas Garten fand ich einen Spaten.

»Unter dem Apfelbaum«, sagte Jutta. »Hier hätte es ihr vielleicht gefallen.«

Ich hob schweigend eine kleine Grube aus. Es strengte mich ziemlich
an, und mein Atem dampfte in der kalten Novemberluft. Dann legten
wir das Bündel mitsamt dem Laken hinein.

»Moment«, sagte ich. Ich ging noch mal in das Häuschen, holte eine
Zange und schnitt das Kabel ab, mit dem sie stranguliert worden war.
Dann schaufelte ich die Grube zu. Nach und nach verschwand das
weiße Laken unter der Erdschicht. Am Ende blieb ein kleiner brauner
Hügel übrig – fast in derselben Farbe wie die Einsprengsel auf dem Fell
der Katze.

»Und sie hatte keinen Namen?« fragte Jutta.

»Doch, ich habe sie zum Schluß Madämchen genannt.«

»Da müßte irgendwas drauf. Ein kleiner Strauch oder so.«

»Diese ganze Aktion kann nur auf Mallbergs Konto gehen«, sagte ich,
als wir wieder in der Wohnung waren. »Er war von Anfang an dagegen,
daß ich überhaupt an dem Fall arbeite. Er hat auch seine Frau bequatscht,
mich wieder zu entlassen. Der Mann hat was zu verbergen, da bin ich
ganz sicher.«

»Apropos«, sagte Jutta. »Ich hab was für dich.« Sie stand von ihrer
weißen Couch auf und holte etwas von dem Biedermeiersekretär, der
einsam an einer Wand des riesigen Wohnzimmers stand.

»Ich habe mich ein bißchen für dich umgehört.«

Da war sie wieder, die Detektivassistentin aus Leidenschaft. Sobald
es ihr jedoch langweilig wurde, ließ die Leidenschaft nach. Im Moment
war das allerdings nicht der Fall.

»Mein Bekanntenkreis ist doch noch für die ein oder andere Information gut. Mallberg hat eine Unternehmensberatungsfirma. Irgendwo in Düsseldorf.« Sie reichte mir ein paar Hochglanzprospekte. »Die hab ich mir zuschicken lassen.«

Ich betrachtete die Blätter. »Regio GmbH. Komischer Name.«

Jutta nickte. »Da steckt auch ein merkwürdiges Konzept dahinter.«

»Alle reden von Globalisierung«, las ich. »Wir helfen Ihnen, Ihr regionales Image zu bewahren. Stehen Sie zu Ihrer Region, zeigen Sie Tradition, denn nur aus Ihren Wurzeln kann Ihr Fortschritt wachsen. Ihre Firma, Ihre Heimat: zwei Pfeiler Ihrer Identität als Unternehmer.« Alles war in Grün und Braun gehalten. Von weitem sahen die Blätter wie eine Fachzeitschrift für Jäger aus. Das Logo erinnerte ein bißchen an ein Hirschgeweih.

»Klingt irgendwie rechts«, sagte ich. »Wie eine Blut-und-Boden-Kampagne für die Industrie.«

»Ich habe erfahren, daß Mallberg viele Freunde in Parteien hat, die eher rechtsaußen anzusiedeln sind.«

»Ist das nicht verrückt? Firmen so etwas anzubieten? Ich meine, gerade in der Industrie wird doch die Öffnung für den Weltmarkt immer wichtiger. Die Manager lernen, wie man sich auf Japanisch für eine Einladung bedankt und mit Stäbchen ißt, und er will Heimatkundeunterricht.«

Jutta steckte sich eine Zigarette an. »Es ist verrückt. Das heißt: Er ist verrückt. Und das Schlimme ist: Dieser Verrückte hat Geld.«

Ich holte mir ebenfalls eine Camel aus der Schachtel. Eine Weile sah ich den Rauchkringeln nach.

»Das sind die Übelsten«, sagte ich dann. »Und man muß ihnen auf den Zahn fühlen. Mal sehen, wie diese Firma mit potentiellen Kunden umgeht.«

Ich fand auf dem Prospekt Adresse und Telefonnummer. Gleich daneben standen die Firmeninterna. Geschäftsführer war Friedrich Mallberg, Gesellschafter ein gewisser Karl Steinbach. »Dann wollen wir mal«, sagte ich und holte Juttas schnurloses Telefon.

»Regio GmbH.«

»Ja, hier Schütz von der Waffenhandlung Schütz in Elberfeld. Ich hätte gern Herrn Mallberg gesprochen.«

»Oh, das tut mir leid, Herr Schütz. Herr Mallberg ist außer Haus.«

»Kommt er heute noch zurück? Ich meine, könnte ich einen Termin haben?«

»Lassen Sie mich sehen. Ja, da gibt es eine Möglichkeit. Geht es um eine Beratung? Da könnte auch einer unserer Mitarbeiter …«

»Ja, wissen Sie, ich habe vor einiger Zeit Herrn Mallberg persönlich kennengelernt und meinen Fall geschildert. Er bat mich, auf jeden Fall anzurufen und einen Termin mit ihm persönlich zu vereinbaren. Es ist eine sehr dringende Angelegenheit.«

»Herr Mallberg ist ab fünfzehn Uhr auf jeden Fall im Hause. Wenn Sie dann ein wenig Geduld haben, können wir ein Gespräch dazwischenschieben.«

»Das wäre wunderbar. Vielen Dank.«

»Auf Wiederhören.«

Jutta grinste. »Na, Herr Schütz von der Waffenhandlung Schütz – heute schon was geschossen oder vielleicht Schützenkönig geworden?«

»Mir ist nichts Besseres eingefallen«, sagte ich ungeduldig und sah auf die Uhr. Fast zwanzig nach zwei.

»Leih mir noch mal dein Auto.«

»Wie lange?«

»Weiß ich nicht. Das wird eine intensive Beschattung. Ende offen.«

Sie seufzte. »Das hatte ich befürchtet.« Dann ging sie in den Flur und gab mir den Autoschlüssel.

»Soll ich nicht besser mitkommen?«

»Nein. Das kann gefährlich werden.«

»Na gut, du Held.«

Als ich die Adresse in der Grafenberger Allee in Düsseldorf erreichte, war es bereits Viertel nach drei. Das machte nichts – ich hatte nicht vor, den Termin bei Mallberg einzuhalten. Auf der Suche nach einem guten Beobachtungsplatz war ich an einem McDrive vorbeigekommen. Ich stellte mich mit dem BMW in die Schlange des Straßenverkaufs, erstand ein paar Dinge von der Speisekarte und stellte die große braune Tüte mit dem charakteristischen »M« auf den ledernen Beifahrersitz.

Mallbergs Firma befand sich in einer kleinen Villa. Sie lag von der Straße aus etwas erhöht und besaß große Fenster. Ich ließ den BMW an dem Haus vorbeirollen, wendete und suchte mir einen Posten etwa fünfzig Meter entfernt.

Ich drehte den Schlüssel herum, der Motor erstarb, doch in meinem Kopf brummte es weiter. Ich versuchte zu verdrängen, daß ich eine Nacht in Bewußtlosigkeit hinter mir hatte und daß ich wahrscheinlich sogar in ärztliche Behandlung gehörte. Ich nahm die braune Tüte, sammelte ein paar Pommes zusammen und steckte sie in den Mund. Dann suchte ich nach Servietten, die sich ganz unten in der Tüte befanden. Eigentlich ist diese amerikanische Fast-food-Kette doch auch ein Unternehmen, das auf Traditionen setzt, dachte ich. Immerhin bringt sie einen zur jahrtausendealten, ursprünglichen Art des Essens zurück: das Essen mit den Fingern. Nach und nach verdrückte ich den Hamburger. Dann stellte ich fest, daß ich vergessen hatte, mir eine Cola zu bestellen. Jetzt war es zu spät, das nachzuholen.

Zwei Stunden dauerte es, bis sich vor der Villa etwas tat. Die Schnauze eines silbernen Wagens kam hervor, dann schob sich das Auto ganz aus dem Grundstück heraus und bog nach links ab – genau in meine Richtung. Es war ein Mercedes. Mallberg saß auf dem Beifahrersitz, am Steuer jemand, den ich vom Friedhof kannte: der Typ mit der verspiegelten Brille! Ich startete den Wagen, drehte und nahm die Verfolgung auf. Ich hatte eigentlich erwartet, daß Mallberg nach Flingern und dann auf die Autobahn fahren würde. Statt dessen ging es auf die Bergische Landstraße.

Ich versuchte, möglichst weit hinter ihm zu bleiben und ihn trotzdem nicht aus den Augen zu verlieren. Das war auf dieser Strecke nicht weiter schwierig. Zuerst ging es am Rheinischen Landeskrankenhaus vorbei, dann durch die Ortsteile Ludenberg und Hubbelrath. Eine ländliche Gegend: Äcker, leere Flächen, ab und zu ein paar Häuser an der Straße. Wir überquerten die A 3, dann verließen wir das Düsseldorfer Stadtgebiet und kamen nach Mettmann. Die Bergische Landstraße wurde zur Düsseldorfer Straße, dann zur Elberfelder Straße, und blieb doch immer die B 7, die uns schließlich über Land nach Wuppertal zurückbringen würde. Warum mied Mallberg die Autobahn?

Wir passierten eine Ausschilderung zum Neandertal, kamen durch den kleinen Ortsteil Hahnenfurth, wo ein Bach die Straße kreuzte: die Düssel. Danach änderte sich abrupt die Landschaft. Links und rechts der Straße gab es nur noch nackte, kahle Erde, dann tauchten Industrieanlagen auf. Ein Schild zeigte die Wülfrather Kalkwerke an. Der nächste Ortsteil, Dornap, gehörte schon zu Wuppertal. Er bestand – zumindest an der Hauptstraße – aus alten Häusern, die in der Dämmerung besonders trist aussahen. Sie waren anscheinend aus der Gründerzeit übriggeblieben, als man auf diesem Weg noch mit Pferdekutschen Ausflüge ins Neandertal und nach Düsseldorf unternahm.

Wir unterquerten eine Bahnlinie, dann drosselte der silberne Mercedes vor mir das Tempo und bog links in eine Straße ein. Ich fuhr an den Straßenrand und wartete, um ein paar Autos, die hinter mir gewesen waren, vorbeizulassen. Als die Strecke frei war, fuhr ich ganz langsam weiter und blickte nach links in die Seitenstraße, wohin der Mercedes verschwunden war. Der Wagen stand vor einem alten Haus, das sich kaum von den anderen Gebäuden unterschied. Bis auf eine Kleinigkeit: Eine verschlungene überdimensionale Neonröhre bildete in Schreibschrift das Wort »Chérie«. Sie leuchtete in grellem Rosa in die Dunkelheit.

Ich bezog wieder Position. Kurz vor der Seitenstraße war es zu schmal, dort konnte man nicht halten. So blieb mir nichts anderes übrig, als weiter vorne zu warten. Ich war gezwungen, die Einmündung über den Rückspiegel im Auge zu behalten. Zum Glück war die Stelle von einer Straßenlaterne beleuchtet.

Es dauerte nicht lange, da tauchte wieder die silberne Mercedesschnauze auf. Sie bogen links ab, überholten mich und setzten die Fahrt Richtung Wuppertal fort. Soweit ich erkennen konnte, saßen immer noch Mallberg und der Verspiegelte im Wagen. Es schienen jedoch ein paar Personen dazugekommen zu sein.

Wir fuhren auf die Varresbecker Straße, dann hinunter an die Wupper. Es ging parallel zur Schwebebahn, vorbei am Bayerwerk in Richtung Elberfeld. Wir befanden uns jetzt mitten in der Stadt. Der Verkehr wurde sehr dicht. Im Elberfelder Zentrum angekommen, änderte sich wieder die Richtung. Sie fuhren jetzt hinauf nach Ronsdorf.

Vor dem Wasserturm verlor ich den Mercedes plötzlich aus den Augen, weil sich ein Lkw vor mich klemmte. Mir blieb nicht anderes übrig, als zu improvisieren. Die Uhr neben dem Tacho zeigte Viertel vor sieben – wahrscheinlich wartete die ordentliche Frau Mallberg mit dem Abendessen auf ihren Mann. So bog ich von der Ronsdorfer Straße in die Staubenthaler Straße ein und kam kurz darauf zur Luhnsfelder Höhe. Als ich am Haus der Mallbergs vorbeikam, fuhr der silberne Mercedes gerade aus der Garageneinfahrt. Jetzt konnte ich deutlich sehen, daß mindestens drei Personen auf dem Rücksitz saßen.

Ich ließ den Wagen vorbei, wendete hektisch auf der engen Straße und folgte ihm weiter. Wir fuhren den Weg, den wir gekommen waren, zurück. Die Ronsdorfer Straße hinunter, dann in Richtung Bahnhof. Doch plötzlich kam es wieder anders. Der Mercedes bog in das enge Gassengewirr der Südstadt ein und hielt in der Chlodwigstraße. Ich ließ den BMW langsam vorbeirollen und sah, wie der Mann mit der Brille ausstieg. Auch jetzt in der Dunkelheit nahm er sie nicht ab. Ich beobachtete im Rückspiegel, wie er die Türen öffnete und drei Frauen ausstiegen. Eine davon war ziemlich klein, sie war Asiatin. Sie verschwanden in einem Hauseingang. Ich stellte den Wagen ab.

Das Haus wirkte genauso gesichtslos wie alle anderen in der Straße. Man hätte jahrelang täglich daran vorbeigehen können, ohne es zu bemerken. Zwei Reihen von Klingeln waren neben der geschlossenen Eingangstür angebracht. Hinter der Milchglasscheibe klebte ein Blatt Papier: »Bitte keine Reklame einwerfen«, stand da. »Keine« war doppelt unterstrichen. Ich warf einen Blick auf die Klingelreihen und überflog die Namen. Einen davon kannte ich. Er lautete Karl Steinbach.

»Das ist ja nun wirklich etwas völlig Alltägliches. Die beiden arbeiten in ihrer komischen Firma in Düsseldorf. Dann genehmigen sie sich eine kleine Lustbarkeit an der B 7. Der eine fährt den anderen brav nach Hause und nimmt sich ein paar der Mädels mit. Das soll das Ergebnis deiner riesigen Beschattung sein? Herzlichen Glückwunsch.«

Ich seufzte. Jutta hatte natürlich recht.

»Aber es hätte ja auch etwas anderes dabei herauskommen können«, wandte ich ein.

»Was denn?« fragte Jutta. »Vielleicht eine Kofferübergabe auf offener Straße? Schmiergeldzahlungen an diesen Krüger oder wie der heißt?«

»Vielleicht. Warum eigentlich nicht? Sag mal, kannst du mir was zu trinken geben? Ich habe ziemliches Kopfweh.«

Jutta ging an ihre Bar und machte uns was Trinkbares zurecht.

»Aber es stimmt schon«, sagte sie, als sie mit den Gläsern zurückkam. »Der Einbruch in deine Wohnung. Da kann nur Mallberg dahinterstecken. Niemand sonst.«

Ich nahm einen Schluck und spürte, wie es in der Kehle brannte. »Wer weiß eigentlich von meinen Ermittlungen?«

»Frau Mallberg. Herr Mallberg«, sagte Jutta.

»Außerdem Birgit Jungholz.«

»Satorius?«

Ich schüttelte den Kopf. »Der hat mich für einen Journalisten gehalten.«

»Bist du da wirklich sicher? Hat er dich auch nicht auf dem Friedhof gesehen?«

»Absolut sicher. Der war selbst so damit beschäftigt, nicht erkannt zu werden.«

»Bleibt Krüger. Dem hast du zwar nichts erzählt, aber er kann sich seinen Teil denken.«

Ich spürte, wie eine Schmerzwelle meinen Kopf durchzuckte.

»Du solltest vielleicht nicht dieses Zeug trinken, sondern lieber ein Aspirin nehmen. Ich meine, wenn du schon nicht zum Arzt gehen willst.«

»Arzt«, sagte ich.

»Was?«

»Der Arzt. Dieser Schwede. Überlegen wir mal, wie der ins Bild paßt.«

»Gar nicht, würde ich sagen.«

»Mal sehen. Vor zehn Jahren rettet er Regina gewissermaßen das Leben, das sie sich nehmen wollte. Er war ein Freund der Familie. Regina hatte Vertrauen zu ihm. Vielleicht war sie …«

»… in ihn verliebt? Das ist aber eine haarsträubende Hypothese.«

»Sicher ist doch, daß Regina unter Druck stand. Sie hatte vor irgend etwas Angst. Und sie erwartete ein Kind. Bei diesen Eltern ist sie damit leicht unter Druck zu setzen. Und sie war sicher nicht allein auf dem Dachboden. Gehen wir mal davon aus, es stimmt, was Satorius gesagt hat: Er verbringe die Stunde vor einem Konzert immer allein in der Garderobe. Ich werde das noch nachprüfen. Aber gehen wir einfach mal davon aus. Dann stellt sich die Frage, wer der große Unbekannte dort oben war.«

»Vater Mallberg.«

»Kann sein, ist aber unwahrscheinlich.«

»Warum?«

»Er hätte sich auch woanders mit seiner Tochter treffen können. Sogar wenn er sie hätte umbringen wollen: Dafür gibt es einfachere Gelegenheiten.«

»Gut. Und du meinst, der große Unbekannte könnte dieser Arzt sein, den Regina vielleicht zehn Jahre nicht gesehen hat?«

»Ich sollte zumindest mit ihm sprechen. Das wollte ich sowieso.«

Jutta stand auf und ging in die Diele. Als sie wiederkam, trug sie ein paar Telefonbücher. Sie legte sie auf den Couchtisch. »Dann wollen wir mal suchen. Wie hieß der Mensch noch mal?«

»Gustavson.«

133

Ich fing an zu blättern. »In Wuppertal gibt es keinen«, stellte ich fest. »Jedenfalls keinen, der als Arzt eingetragen ist. Ich glaube, wir lassen es. Der kann sonstwohin gezogen sein. Mist, mein Kopfweh wird auch nicht besser.«

Ich fühlte mich auf einmal hundemüde.

»Bingo«, sagte Jutta plötzlich. Sie hatte weitergeblättert und auch die anderen Städte rund um Wuppertal berücksichtigt. »In Schwelm«, stellte sie fest. »Dr. Sven Gustavson. Praktischer Arzt. Hier stehen die Öffnungszeiten. Morgen ist Freitag. Du kannst zwischen acht und vierzehn Uhr hin. Und frag ihn gleich mal, ob er dich auf Gehirnerschütterung untersucht.«

16.

Ich hatte einen elektronischen Reisewecker mit ins Gästezimmer genommen und ihn auf acht Uhr gestellt. Im Tiefschlaf hörte ich, wie er lospiepte, dann erinnerte ich mich an nichts mehr. Ich schlug die Augen auf, sah mir das Zifferblatt des Weckers an, und es war halb eins. Jutta war schon längst auf. »Warum hast du mich nicht geweckt?« fragte ich, während ich mir eilig die Schnürsenkel zuband.

»Ich glaube, der Schlaf tat dir ganz gut. Du solltest wenigstens einen Kaffee trinken.«

»Keine Zeit.«

Kurz darauf saß ich im Wagen und fuhr nach Schwelm.

Dr. Gustavson empfing seine Patienten nicht in einer umgebauten Wohnung, wie man es normalerweise kennt, sondern im Hinterhof. Dort gab es einen kleinen Flachdachpavillon. Vor einem Fenster hingen Blumenkästen, in denen undefinierbare dürre Ästchen steckten. Dahinter sah ich die Köpfe der Wartenden. Rechts daneben befand sich der Eingang.

Ich öffnete die Tür und stand sofort vor einer Theke. Dort, wo einen normalerweise weibliche Sprechstundenhilfen empfingen, saßen zwei junge Männer in weißen Kitteln. Während der eine am Computer arbeitete, füllte der andere eine gelbe Karteikarte aus.

Ich blieb abwartend stehen, aber man nahm mich erst einmal nicht zur Kenntnis. Das Telefon klingelte, der Jüngling mit der Karteikarte legte das Schreibzeug hin und meldete sich: »Praxis Dr. Gustavson?« Es folgte ein verwickeltes Gespräch über die Einnahme irgendeines Medikaments.

Schließlich drehte sich die Computerfachkraft zu mir. Ich dachte an die Menschenmassen, die das Wartezimmer bevölkerten, und begann schon mal, meine Lizenz herauszusuchen.

»Sie wünschen?«

»Ich hätte gern Dr. Gustavson gesprochen.«

»Haben Sie einen Termin? Wie ist Ihr Name bitte?« Er wandte sich dem Computer zu, aber ich hielt ihn zurück.

»Nein, nein, ich bin kein Patient. Ich brauche eine Information. Es wäre sehr nett, wenn ich Dr. Gustavson ein oder zwei Fragen stellen könnte.«

Ich legte ihm meinen Ausweis vor die Nase.

Der andere beendete sein Telefongespräch. »Was ist los?« fragte er und sah sich die Lizenz an. »Sind Sie von der Polizei?« wollte er wissen.

Die Tür ging auf, ein Mann kam herein. Sofort war ich Luft für die beiden.

»Guten Tag, Herr Müller«, sagte der, der das Telefonat geführt hatte. »Wir haben Ihre Sachen schon rausgelegt. Nehmen Sie bitte noch einen Moment im Wartezimmer Platz.«

»Ich bin nicht von der Polizei«, erklärte ich. »Aber ich brauche eine wichtige Information.«

»Also, das ist jetzt ganz schlecht«, erklärte der am Computer pikiert, ohne mich anzusehen. Statt dessen hämmerte er wieder auf die Tastatur ein.

»Es geht nur um fünf Minuten.«

»Sie sehen doch, was hier los ist«, maulte der andere und begann, seinen Schreibtischkram zu sortieren. »Wir können Ihnen bestenfalls einen Termin geben, oder Sie kommen Montag vormittag wieder. Montags ist bei uns allerdings auch immer Hochbetrieb.«

»Verdammt noch mal«, entfuhr es mir. »Würden Sie bitte Ihren Chef davon in Kenntnis setzen, daß ich ihn sprechen muß!«

Herr Müller stand immer noch neben uns. Er war damit beschäftigt, seinen Mantel auszuziehen und ihn an die Garderobe zu hängen, die sich gleich neben der Tür zum Wartezimmer befand. Keine einfache Aufgabe, denn dort hingen schon ganze Berge von Jacken und Mänteln übereinander. Wahrscheinlich ließ er sich aber auch deshalb Zeit, weil ihn unser Gespräch interessierte.

»Bitte nicht in diesem Ton, ja?« sagte der Computermensch – ganz strenge Gouvernante. »Was nicht geht, geht nicht.«

Ich beugte mich vor. Im selben Moment fiel mir ein, daß ich mir in der Eile heute morgen noch nicht die Zähne geputzt hatte. Ich hatte bestimmt höllischen Mundgeruch. Gleichzeitig stieg mir das Parfüm der beiden Knaben in die Nase.

Aus den Augenwinkeln sah ich, daß Herr Müller die Tür zum Wartezimmer öffnete.

»Ich kann auch mit der Staatsanwaltschaft wiederkommen«, sagte ich laut und deutlich. Im Wartezimmer reckten sich Köpfe.

Beide guckten angewidert. Der Junge mit den Karteikarten kam hinter der Theke hervor. »Ist ja gut«, sagte er leise, verdrehte die Augen und verschwand in einem langen Gang, der rechts in den Behandlungsbereich führte.

Nach einer Minute, in der der andere nichts tat, als stumm auf seinen Monitor zu stieren, ging irgendwo eine Tür auf. Ein Zwei-Meter-Mann stand im Gang. Goldblonde Haare, braungebrannt. Jung-Siegfried im Arztkittel. Oder vielmehr altgewordener Jung-Siegfried, auf jung getrimmt.

Er kam auf mich zu und streckte freundlich die Hand aus. Geradezu weltmännisch.

»Guten Tag, Herr …«

»Rott.«

»Herr Rott. Was verschafft mir das Vergnügen?«

Er öffnete eine Tür, und wir gelangten in ein winziges Büro mit dunkelbrauner Schrankwand und ebensolchem Schreibtisch. Davor stand ein Besucherstuhl.

Gustavson ließ sich hinter dem Schreibtisch nieder. »Aber ich habe wirklich nicht viel Zeit«, sagte er. »Bitte machen Sie es kurz.«

»Sind Sie Schwede?« fragte ich. »Sie sprechen akzentfrei deutsch.«

Er schüttelte den Kopf. »In Düsseldorf geboren. Meine Großeltern kamen von Stockholm ins Rheinland. Wollten Sie etwa nur das von mir wissen?«

Ich bemerkte ein goldenes Kettchen an seinem Hals. Seine Zähne waren zu perfekt, um echt zu sein. Die Haare waren bestimmt gefärbt. Gustavson war mindestens Anfang fünfzig und tat einiges für sein Aussehen. »Sagt Ihnen der Name Regina Mallberg etwas?« fragte ich.

»Sie ist tot.«

»Sie haben sie persönlich gekannt. Als Sie noch im Klinikum Barmen gearbeitet haben.«

»Ich war damals mit der Familie befreundet. Aber das ist lange her. Wieso interessiert Sie das? Sind Sie Detektiv oder so etwas?«

Ich nickte.

»Wer hat Sie beauftragt?«

»Das kann ich Ihnen nicht sagen. Ich versuche herauszufinden, wie Regina Mallberg wirklich umgekommen ist.«

Er winkte ab. »Das ist doch klar. Sie hat sich umgebracht.«

»Sind Sie sich da so sicher? Sie haben sie doch damals behandelt, als sie sich die Pulsader aufgeschnitten hatte.«

»Ja. Da sie tot ist, kann ich darüber sprechen. Ihre Eltern haben mich damals sofort angerufen. Sie kam in unser Krankenhaus, und ich behandelte sie. Die Verletzung war nicht so gefährlich, wie es anfangs schien.«

»Und Mallberg wollte nicht, daß das Ganze an die große Glocke gehängt wurde.«

»Natürlich nicht. Wer will das schon? Ein Selbstmordversuch in der Familie, vor allem in einer so konservativen Familie – das kann sehr peinlich sein, wissen Sie.«

»Noch einmal: Glauben Sie, daß sie sich in der Stadthalle umgebracht hat? Nehmen wir an, der Abschiedsbrief sei gefälscht.«

»Ich kann Ihnen als Arzt nur eines sagen: Selbstmordkandidaten versuchen es immer wieder. Es mußte einmal so weit kommen. Ich weiß, daß Regina große Probleme mit ihren Eltern hatte und auch in ihrem Studium wohl nicht glücklich gewesen ist. Ein Selbstmord ist also keinesfalls auszuschließen.«

»Wann haben Sie Regina Mallberg das letzte Mal gesehen?«

»Das weiß ich nicht genau. Es kann aber nicht lange nach dem Selbstmordversuch gewesen sein.«

»Wirklich? Haben Sie sie später nicht mehr gesehen?«

»Nein.«

»Und das Ehepaar Mallberg? Sie waren mit ihnen befreundet. Warum ist die Freundschaft in die Brüche gegangen?«

Gustavson schien mit den Worten zu ringen. »Das ist nicht so einfach zu sagen …«

»Versuchen Sie's.«

»Friedrich Mallberg hat ein – ich will mal sagen – Faible für die nordische Kultur. Ich habe schwedische Vorfahren, und das hat ihn interessiert.«

»Können Sie sich nicht etwas genauer ausdrücken?«

»Na ja – er dachte, ich könnte ihm etwas über die nordische Mythologie oder so erzählen. Ich weiß auch nicht genau, was er von mir wollte. Er hat nicht verstanden, daß die Schweden heute damit genausowenig am Hut haben wie die Deutschen.«

»Das klingt eigenartig.«

»Er ist auch ein sehr eigenartiger Mensch. Ich hielt es dann für besser, die Freundschaft zu beenden.«

Die Tür neben uns öffnete sich, und einer der beiden Knaben sah herein. Erst in diesem Moment fragte ich mich, warum Gustavson eigentlich keine weiblichen Sprechstundenhilfen hatte wie andere Ärzte.

Offenbar hatte der Schlag auf den Kopf von gestern abend mein Denkvermögen ziemlich eingeschränkt. Dann fiel der Groschen.

»Herr Müller wartet«, sagte der junge Mann.

Gustavson nickte ihm zu. »Ich komme sofort.« Und dann zu mir gewandt: »Ich hoffe, ich konnte Ihnen helfen, Herr Rott. Ich kann Ihnen wirklich nicht mehr sagen. Und ich denke, damit ist unser Gespräch beendet. Aber Ihre Wunde am Kopf, die sollten Sie behandeln lassen. Andy, kannst du den Kopf des Herrn mal versorgen?«

Mir fiel eine Fotografie auf, die hinter dem Arzt an der Wand hing. Es war die Seitenansicht eines nackten Knaben, der auf dem Rücken in einer Wiese lag. Künstlerisch gemacht, in Schwarzweiß. Ich verabschiedete mich von Gustavson.

Eine halbe Stunde später verließ ich die Praxis. Mit einer deprimierenden Erkenntnis: Ich mußte noch einmal ganz von vorne anfangen. Am Ort des Geschehens. Am Johannisberg.

Ich rief von unterwegs aus Wintershausen an. Am Nachmittag saß ich wieder vor dem überhäuften Schreibtisch im oberen Stock der Stadthalle. Es kam mir vor, als seien die Papierberge mittlerweile gewachsen. Wintershausen trug diesmal einen dunklen Anzug und eine Fliege. Wahrscheinlich Konzertkleidung.

»Das habe ich mir gleich gedacht, daß mit Ihrer Tagung was faul ist. Aber das macht ja nichts.« Er sah mich heiter an. »Detektiv sind Sie trotzdem? Und ganz schön in Schlägereien verwickelt – nach der Schramme an Ihrem Kopf zu urteilen.«

Ich nickte. »Und Sie können sich vorstellen, worum es geht.«

»Vorstellen tue ich mir mittlerweile gar nichts mehr. Aber ich liebe Detektivgeschichten. Habe ich, glaube ich, letztes Mal schon gesagt. Kennen Sie Raymond Chandler? Detektiv Marlowe? Klar kennen Sie den. So einer sind Sie?«

»Na ja«, wandte ich ein, »ganz so romantisch ist die Sache nun auch wieder nicht.«

»Ist mir klar, ist mir klar«, sagte er. »Also gut. Auf ein neues. Worum geht's?«

Ich hatte zu dem Mann irgendwie Vertrauen. Und so erklärte ich ihm, daß ich den Tod von Regina Mallberg aufklären wollte. Ich sagte nicht, daß ich von ihrer Mutter dazu beauftragt worden war. Ich verschwieg, daß man mich mittlerweile wieder gefeuert hatte, und ich erzählte auch nichts von dem nächtlichen Überfall auf meine Wohnung.»Ich möchte auch, daß das Ganze unter uns bleibt«, schloß ich.

Wintershausen schwieg eine Weile. Er lehnte sich in seinem Bürosessel zurück und faltete die Hände über dem Bauch.»Alles klar. Aber dann bleibt es auch unter uns, daß Sie mich in Ihre Untersuchungen einbezogen haben.«

Ich nickte wieder.»Sowieso. Informanten gebe ich nicht preis.«

»Wie kann ich Ihnen aber nun konkret helfen? Die Polizei war ja hier. Sie hat die Ermittlungen aufgenommen. Und man geht von einem Selbstmord aus. Mir ist nicht klar, warum Sie das anzweifeln, aber Sie werden Ihre Gründe haben.«

»Was wurde hier genau ermittelt?« fragte ich.»Ich meine, außer den Zeugenbefragungen.«

»Na ja. Man wollte natürlich wissen, welche Verbindungen zwischen dieser Regina Mallberg und der Halle bestehen. Man vermutete persönliche Kontakte der Toten mit Mitarbeitern. Die Polizei ließ sich eine Liste von allen Leuten geben, die hier arbeiten. Jeder einzelne wurde abgeklopft. Ich auch.«

»Und es gab kein Ergebnis?«

»Soviel ich weiß nicht.«

Ich seufzte.»Ich werde das alles noch mal tun müssen. Irgend etwas muß übersehen worden sein.«

»Sind Sie sicher, daß Sie nicht einer Phantasievorstellung nachhängen?«

»Nein. Aber selbst wenn es Selbstmord war: Irgendwie muß sie dort oben hingekommen sein.«

Wintershausen zuckte mit den Schultern.»Vielleicht war es ja Zufall. Die Bühnentechniker haben an diesem Abend mit den Scheinwerfern zu tun gehabt. Man kann durch eine offene Tür schlüpfen, wenn man es unbedingt darauf anlegt. Und wenn man sich gut auskennt.«

»Nur dann?«

»Nur dann. Zu neunundneunzig Prozent. Zufälle gibt es überall.«

»So etwas kann man aber nicht planen«, wandte ich ein.

»Vielleicht hat sie es auch nicht geplant. Vielleicht hat sie zufällig mitbekommen, daß eine Tür offenstand, und ist hinaufgegangen.«

»Wir drehen uns im Kreis. Darüber haben wir schon gesprochen. Einen Selbstmord begeht man nicht aus heiterem Himmel. Eine Frau, die ein Konzert besucht, will sich plötzlich umbringen, sucht nach einer

Möglichkeit, findet eine offene Tür, um dann schließlich völlig unvorhergesehen auf den Dachboden zu gelangen … Das paßt nicht. Sie hätte sich von jeder x-beliebigen Brücke stürzen können. Oder hier aus dem Fenster. Oder von der Empore.«

»Sicher. Obwohl – die Empore ist für eine eindeutige Selbsttötungsabsicht vielleicht nicht hoch genug.«

»Was halten Sie von der Möglichkeit, daß sie nicht allein auf dem Dachboden war?«

Wintershausen überlegte. »Das wäre möglich gewesen. Aber wieso? Selbstmord zu zweit? Oder meinen Sie etwa, jemand hat sie umgebracht? Das wäre genauso unlogisch wie ein Selbstmord. Wenn ich jemanden umbringen will, locke ich ihn nicht dort hinauf. Viel zu umständlich.«

»Vielleicht hat sie sich mit jemandem getroffen. Jemand, mit dem sie nicht gesehen werden wollte?«

»Hm. Es gibt viele Möglichkeiten, sich in dieser Stadt heimlich zu treffen. Warum mußte es ausgerechnet auf unserem Dachboden sein?«

»Regina Mallberg wurde stark von ihren Eltern gegängelt. Sie hatte nur wenige Möglichkeiten, Verabredungen einzugehen. Sie mußte oft zu Notlügen greifen. Manchmal entstehen durch so etwas die abenteuerlichsten Sachen.«

Wintershausen lehnte sich in seinem Bürostuhl zurück und verschränkte die Arme hinter dem Kopf. »Aber dann hätte die Polizei doch irgendeine Verbindung finden müssen. Jemand aus dem Haus hätte Regina Mallberg persönlich kennen müssen.«

»Wußten Sie, daß Regina Mallberg mit Arthur Satorius ein Verhältnis hatte?«

Er sah mich überrascht an. »Sind Sie sicher?«

»Ganz sicher.«

»Sieh mal an«, sagte Wintershausen. »Aber so was ist ja nichts Neues. Professoren und ihre Studentinnen …«

»Wie gut kennt sich denn Satorius hier im Haus aus? Könnte er nicht bei Regina Mallberg gewesen sein?«

»Wenn er nicht gerade dirigiert hätte. Ist das Ganze nicht bald nach dem Beginn des Konzerts passiert?«

»Schon – aber vielleicht haben sie sich vorher dort oben getroffen. Satorius ist runtergekommen. Regina ist allein dort oben geblieben und hat sich verlaufen. Vielleicht ist das Licht ausgegangen. Ein Fehltritt …«

»Kein Dirigent leistet sich unmittelbar vor einem Konzert solche

Mätzchen«, bremste mich Wintershausen. »Kennen Sie sich mit klassischer Musik aus?«

»Eigentlich nicht«, gab ich zu.

»Entschuldigen Sie, aber das merkt man. Ihnen mag es vielleicht so vorkommen, als tue ein Dirigent nichts anderes, als zur Musik herumzufuchteln. Aber glauben Sie mir – Dirigieren erfordert höchste Konzentration.«

»Ich glaube es Ihnen ja. Stimmt es, daß sich Satorius vor seinen Konzerten immer eine geschlagene Stunde in seiner Garderobe aufhält? Allein? Er hat es mir jedenfalls gesagt.«

»Sehen Sie – Sie kennen ja bereits die Antwort.« Wintershausen hatte offenbar übersehen, daß wir hier an einem Fall arbeiteten, bei dem jeder etwas zu verbergen haben könnte. Satorius' Aussage konnte ebensogut falsch sein. Auch wenn er der Newton der Wuppertaler Musik war. Ein Zeichen dafür, daß man den Mann hier tatsächlich zu etwas Heiligem hochstilisierte.

»Entschuldigen Sie, Herr Wintershausen – aber könnte man das nachprüfen?«

»Sie meinen, Sie suchen einen Zeugen dafür? Daß sich Satorius eingeschlossen hat?«

»Genau.«

»Einen Moment.« Wintershausen nahm den Telefonhörer und wählte. »Ja – Frau Meier? Wintershausen hier. Hallöchen. Frau Meier – ich habe hier einen … Journalisten, der mich mal wieder mit der Sturzgeschichte löchert, Sie wissen schon. Ja, das hört immer noch nicht auf. Hier werden die verrücktesten Theorien aufgestellt, kann ich Ihnen sagen … Ja, ja … Eine Frage, Frau Meier. Professor Satorius – was hat der unmittelbar vor dem Konzert gemacht? Ja, ich meine, vor seinem Auftritt. Direkt davor … Wieso ich das wissen will? Keine Ahnung. Ich will es ja gar nicht wissen, sondern der junge Mann hier. Ich sagte doch – die verrücktesten Theorien … Ach, wissen Sie was, ich schicke ihn Ihnen kurz vorbei, dann können Sie selbst … Was? Ah, ja …«

Wintershausen hörte eine Weile zu. Dann bedankte er sich und legte auf.

»Das war die Orchestermanagerin. Als sie hörte, daß ich ihr die Presse auf den Hals hetzen will, wurde sie ganz plötzlich sehr redselig.« Er grinste wie ein Lausbub. »Auch sie kennt Satorius' Marotte, sich kurz vor einem Konzert einzuschließen. Er war definitiv nicht dort oben. Sie wollte ihn am Freitagabend selbst noch wegen irgendeiner Vertragsge-schichte dringend sprechen, aber er wollte ihr nicht die Tür zu seiner Garderobe öffnen.«

»Gibt es vielleicht eine Verbindung von der Dirigentengarderobe zum Dachboden?«

Wintershausen lachte. »Womöglich ein Geheimgang?« Er kriegte sich kaum wieder ein. »Ein Gang, durch den sich das ›Phantom der Oper‹ – oder besser ›Das Phantom der Stadthalle‹ – unerkannt bewegen kann ... Jetzt hören Sie auf, das meinen Sie nicht ernst.«

Ich versuchte, gelassen zu bleiben.

»Vielleicht war es ja jemand aus dem Publikum?«

Wintershausen rutschte wieder nach vorne und stützte sich mit den Ellbogen auf die schwankenden Papierberge. »Da haben Sie ja viel vor sich«, sagte er. »Wollen Sie vielleicht alle eintausendfünfhundert Besu-cher dieses Konzerts überprüfen?«

»Eintausenddreihundertzweiundfünfzig«, korrigierte ich grinsend. »Und genau genommen einer weniger. Einen kann ich weglassen.«

»Wen? Mich? Ich war auch in dem Konzert.« Der Geschäftsführer setzte eine geheimnisvolle Miene auf und beugte sich vor. »Vielleicht ha-be ich mich mit dem Opfer getroffen? Und es sogar hinuntergestoßen!« Ihm machte das Detektivspiel sichtlich Spaß.

»Oh«, wandte ich ein. »Daran habe ich gar nicht gedacht. Ich mein-te eigentlich nicht Sie, sondern mich. Ich war nämlich auch an dem denk-würdigen Abend zugegen.«

»Was für ein Zufall.«

»Überhaupt kein Zufall«, sagte ich und erzählte, wie Regina Mallberg mich am Tag vor ihrem Tod besucht hatte.

»Können Sie das beweisen?« wollte Wintershausen wissen.

»Moment, Euer Ehren«, sagte ich. »Sie werden doch wohl auf das Wort eines stadtbekannten Detektivs vertrauen?«

»Ich merke schon, jetzt wird es ernst. Zeigen Sie mir mal Ihre Li-zenz.«

Darauf hatte ich gewartet. Ich zog sie hervor und zeigte sie ihm. Da-bei klappte meine Jacke zurück, und das Revolverfutteral wurde sichtbar.

»Bewaffnet sind Sie auch noch. Haben Sie eigentlich einen Waffen-schein?«

»Aber ja. Wollen Sie den etwa auch sehen?«

Wintershausen sah mich eine Weile an. »Nein. Spaß beiseite«, sagte er. »Wenn Sie so viel Energie für den Fall aufbringen, scheint da doch eine große Sache dahinterzustecken.«

»Machen wir uns an die Arbeit«, sagte ich. »Ich muß all Ihre Mitarbeiter überprüfen.«

Wintershausen zog eine Taschenuhr hervor. »Meinen Sie, wir schaffen in einer Stunde, was die Polizei in fast einer Woche nicht hinbekommen hat?«

Ich winkte ab. »Es muß eine Lücke geben. Etwas, worauf die Polizei nicht gekommen ist. Irgend etwas. Aber fangen wir mal ganz konservativ an. Haben Sie die Liste Ihrer Mitarbeiter noch?«

»Klar. Einen Moment.« Er machte sich daran, den Papierberg abzutragen. »Ich arbeite nach der Schichtentheorie«, erklärte er. »Jeden Tag kommt eine neue Schicht auf meinem Schreibtisch hinzu. Und wenn man in die Tiefe gräbt, dann ist das so ähnlich wie bei geologischen Bohrungen. Man erhält so eine Art Kalender. Wie viele Tage ist das mit der Polizei her?« Er überlegte. »Das müßten so an die acht Zentimeter sein.« In der Mitte des Papierhaufens entstand ein Krater, dann zog er eine DIN-A-4-Blatt hervor. Eng bedruckt. Ich erkannte Namen.

»Das sind sie. Bitte schön. Und was jetzt?«

»Jetzt werde ich diese Namen mit den Erkenntnissen zusammenbringen, die ich bereits gewonnen habe.«

»Dann mal los.«

»Ich müßte mal in Ruhe telefonieren.«

»Nichts einfacher als das.« Er stand auf und führte mich in ein Nachbarbüro. Dort standen zwei verwaiste Schreibtische. »Suchen Sie sich einen aus. Ich bin solange nebenan.«

»Danke«, sagte ich, setzte mich und wählte die Nummer von Birgit Jungholz.

Es klingelte ziemlich lange.

»Hallo!« Eine Mädchenstimme kam aus dem Hörer.

»Ja, hier Rott. Bin ich verbunden mit Jungholz?«

»Ja, hier ist Yvonne.« Im Hintergrund hörte man den kleinen Daniel schreien.

»Könnte ich mal deine Mutter sprechen, Yvonne? Es ist wichtig.«

»Sie ist noch auf der Arbeit. Soll ich Ihnen die Nummer geben?«

»Das wäre gut.«

Kurz darauf wählte ich wieder.

»Sparmarkt Barmen, Rodendahl.« Eine Männerstimme.

»Guten Tag, hier ist Rott. Ich hätte gern Frau Jungholz gesprochen.«

»Das tut mir leid. Frau Jungholz kann jetzt nicht. Sie ist gerade an der Kasse eingesetzt, und wir haben Hochbetrieb.«

»Das tut mir ebenfalls leid, Herr Rodendahl. Aber es handelt sich um eine sehr wichtige private Angelegenheit. Würden Sie bitte trotzdem Frau Jungholz holen?«

Schließlich kam sie an den Hörer.

»Hallo, Frau Jungholz«, sagte ich. »Ich muß Sie um einen Gefallen bitten.«

»Ja, ja. Aber machen Sie schnell. Ich kriege hier sonst Ärger. Worum geht's?«

»Ich lese Ihnen Namen vor, und Sie sagen mir einfach, ob Ihnen diese Namen bekannt vorkommen. Ich meine natürlich im Zusammenhang mit Regina.«

Birgit Jungholz seufzte. »Also schön. Legen Sie los.«

Ich las den ersten Namen vor.

»Nein«, kam es vom anderen Ende der Leitung.

Ich las den zweiten Namen vor.

»Nein«, hieß es wieder.

»Ich glaube, es ist besser, Sie sagen einfach stop, wenn Sie einen Namen kennen. Das geht schneller.«

»Gut.«

Ich las langsam und deutlich die ganze Liste vor. Ohne Reaktion.

»Das war's«, sagte ich. »Keine Idee?«

»Nein, tut mir leid.«

»Na ja. Danke für Ihre Hilfe.«

Ich hängte ein und ging in Wintershausens Büro zurück.

»Haben Sie auch wirklich keinen vergessen?« fragte ich.

»Ausgeschlossen. Die Liste haben wir gar nicht selbst ausgedruckt. Die Polizei ist in die Personalabteilung gegangen und hat das alles in die Hand genommen.«

Ich nahm wieder vor seinem Schreibtisch Platz. Auf einer Ecke lag das rote Buch, das Verzeichnis der Veranstaltungen. Ich nahm es in die Hand und blätterte ein bißchen darin herum.

»Was ist mit Zulieferern?«

»Was meinen Sie?«

Ich deutete auf die Fotos in der Jahresvorschau. »Diese Bilder hier zum Beispiel. Die werden doch nicht von festangestellten Leuten gemacht.«

»Nein. Wir arbeiten mit einer Werbeagentur zusammen. Die stellt auch das Buch her. Genauso wie unsere Plakate und die anderen Werbemittel.«

»Und der Fotograf, der die Bilder macht, der muß sich auch hier im Haus bewegen.«

»Natürlich. Und er ist nicht der einzige. Denken Sie mal an die Gastronomie unten im Keller. Das Restaurant Rossini. Da gibt's auch Köche, Kellner und so weiter.«

»Genau das meine ich. Allein von den Lieferanten kommen jeden Tag fremde Leute ins Haus.«

»Auch die Mitarbeiter der Firmen, die bei uns Kongresse und Tagungen vorbereiten. Da gibt es Zulieferer, die Stellwände installieren und so weiter. Wenn Sie die alle überprüfen wollen, haben Sie viel zu tun.«

»Aber diese Jahresvorschau hier«, sagte ich. »Derjenige, der die schreibt. Der muß sich doch ziemlich gut in Ihrem Betrieb auskennen.« Ich deutete auf die Werbetexte zu den einzelnen Veranstaltungen. »Werden diese Sachen auch von der Werbeagentur geschrieben?«

Wintershausen schüttelte den Kopf. »Wir haben freie Mitarbeiter. Meist junge Leute, die Musikwissenschaft studieren und sich mit den Inhalten der Konzerte auskennen. Es ist übrigens gar nicht so einfach, Schreiber zu finden, die das können. Meistens muß ich selbst einspringen. Vor einiger Zeit hatten wir mal einen, mit dem hatten wir nur Ärger.«

»Ach ja?«

Er grinste. »Der war völlig abgedreht, um es mal etwas salopp auszudrücken. Er sollte Texte schreiben. Genau für die Ausgabe, die Sie gerade in der Hand halten. Und er fing an, in den Werbetexten wissenschaftliche Aufsätze zu zitieren und Fußnoten einzubauen. Ein verschrobener Wissenschaftler eben. Für Marketingtexte überhaupt nicht zu gebrauchen. Er hat genau einen einzigen Beitrag verfaßt, dann haben wir ihn dieser Aufgabe enthoben. Dabei ging es diesem Menschen finanziell ziemlich schlecht. Er brauchte unbedingt einen Job und hat sich auch ein paarmal bei uns beworben. Aber so jemanden einzustellen – daran ist überhaupt nicht zu denken.«

»Wie hieß er?«

»Äh, warten Sie mal. Wolf, glaube ich. Genau: Frank Wolf.« Dann

146

guckte er ernst. »Moment ... glauben Sie etwa, der hätte etwas mit der Geschichte zu tun?«

»Kommt auf einen Versuch an«, sagte ich und ging in den Nachbarraum.

Birgit Jungholz war immer noch an der Kasse. Herr Rodendahl ließ sich zum Glück ein zweites Mal erweichen, seine Mitarbeiterin an den Apparat zu holen.

Eine Minute später betrat ich wieder Wintershausens Büro. »Bingo!« Der Geschäftsführer schaute fragend auf.

»Frank Wolf war Regina Mallbergs Studienkollege. Ihre Freundin hat sich an ihn erinnert.«

17.

Als ich die Stadthalle verließ, lag ein leichtes Nieseln in der Luft. Wuppertal machte seinem schlechten Ruf als Regenstadt alle Ehre. Ungebrochen rauschte die Autolawine die Bahnhofstraße entlang. Den ganzen Tag war es nicht richtig hell geworden. Jetzt begann es bereits wieder zu dämmern. Der Feierabendverkehr begann. Die meisten Wagen fuhren schon mit eingeschalteten Scheinwerfern, in deren Strahlen die winzigen Regentröpfchen wie Staub aussahen.

Ich fröstelte in meiner dünnen Jacke. Der Italiener und das Balkanrestaurant neben der »Schwimmoper« waren hell erleuchtet. Ich konnte auf meinem Weg zum Auto durch die Fenster in das gemütliche Innere schauen. Ich fragte mich, wie sich die Südländer, die in Deutschland arbeiteten, fühlen mochten. Wahrscheinlich wie unsereins in Sibirien.

Wintershausen hatte mir nur eine Adresse von diesem Wolf geben können. Telefon besaß er anscheinend nicht. Ich überlegte, ob dieser Hinweis nicht auf einen Holzweg führte. Letztlich bewies die Tatsache, daß er mit Regina Mallberg die Hochschule besucht hatte, gar nichts. So groß war Wuppertal nun auch wieder nicht, und warum sollte einer, der etwas Ähnliches wie Regina studiert hatte, nicht vorübergehend in der Stadthalle arbeiten? Leute aus der Musikbranche liefen sich bestimmt andauernd über den Weg. Aber mir blieb nichts anderes übrig. Wie ich es auch drehte und wendete: Dieser Wolf war meine einzige Chance, weiterzukommen.

Vorher lenkte ich den BMW noch zum Islandufer. Anja stand einsam an der Straße, beschützt von einem pinkfarbenen Schirm, der jedoch die Tristesse, die sie umgab, noch verstärkte. Als ich die Scheibe runterkurbelte, schenkte sie mir ihr professionelles Lächeln.

»Ich bin's nur«, sagte ich. Das Lächeln blieb. »Ich möchte dir dein Geld zurückgeben.«

»Ach – das hätte doch Zeit gehabt.«

»Quatsch. Hier ist es.« Ich gab ihr die Scheine; sie steckte sie ohne nachzuzählen in die Handtasche.

»Wie läuft's?« fragte ich.

Das Lächeln verschwand. Ihr Gesicht wurde hart.

»Mies. Alles Mist.« Sie senkte die Augen. »Der Winter kommt. Da ist es immer besonders schlimm.«

»Wo sind eigentlich deine Kolleginnen? Die scheinen doch Kundschaft zu haben, wenn sie hier nicht stehen.«

»Es gibt keine Kolleginnen mehr. Susanne läßt sich immer seltener blicken. Ich frage mich, wo die ihre Kohle herbekommt.«

»Hast du nicht was zurückgelegt? Ich meine, damit du eine Pause machen kannst?«

Sie zuckte die Achseln. »Geht nicht«, sagte sie. »Muß weitermachen. Ach Rott, hast du nicht einen Job für mich? Als Sekretärin oder so?«

»Wenn meine Detektei mal endlich aus den roten Zahlen kommt – ganz bestimmt.«

»Na ja, alles ein schöner Traum, oder?« Jetzt lächelte sie wieder, allerdings etwas gequält.

Ich verabschiedete mich und fuhr weiter. Auf der Kaiserstraße in Vohwinkel fand ich einen Parkplatz. Die Straße ist eine der faszinierendsten dieser Stadt. Hier verläuft der Verkehr zweistöckig. Oben fährt die Schwebebahn, unten der Rest.

Wolf wohnte in der Nähe des Lienhardtplatzes – dort, wo die Emmichstraße auf die Kaiserstraße trifft. Hier herrscht immer ein buntes Treiben. An der Straße gibt es ein Gemisch aus Mietshäusern, Videotheken, Kneipen, Imbißbuden, Apotheken und Supermärkten. Als ich ankam, bewegte sich auf den Gehwegen ein breiter Menschenstrom, der sich an den dunklen Stahlträgern vorbeidrückte.

Schließlich fand ich Frank Wolfs Adresse. Die Fassade des Gebäudes hatte schon bessere Zeiten gesehen. Der Eingang mit den kaum lesbaren Klingelschildern war dunkel. Ich mußte mein Feuerzeug hervorkramen und damit Licht machen, um das richtige zu finden. Ich klingelte mehrmals. Niemand öffnete. Dann merkte ich, daß die Haustür nur angelehnt war. Ich drückte auf einen rötlich glimmenden Lichtschalter, und eine nackte Glühbirne ging an. Wolf wohnte im ersten Stock. Zwei dunkelbraune Wohnungstüren empfingen mich. Auf der einen verkündete ein handschriftlich beschriebenes, vergilbtes Pappschild, daß hier »Müller« zu Hause war. Auf der anderen stand nichts. Sie mußte zu Wolfs Wohnung gehören. Ich klingelte wieder. Nichts geschah.

Im unteren Treppenhausbereich ertönten plötzlich Schritte. Eine unglaublich dicke Frau kam die Treppe herauf. Sie war mit einer Art Jogginanzug bekleidet. In jeder Hand trug sie zwei voll bepackte Aldi-Tüten. Sie schnaufte vor Anstrengung.

Ich nickte ihr kurz zu und klingelte erneut.

Die Frau setzte die Tüten ab und suchte nach ihrem Schlüssel. Dann öffnete sie umständlich und geräuschvoll, immer wieder laut schnaufend, die gegenüberliegende Tür.

»Klingeln Sie ruhig noch ein bißchen«, sagte sie. »Der ist garantiert da.«

»Woher wissen Sie das?« fragte ich.

Die Frau stemmte ihren Einkauf und schleppte ihn über die Türschwelle.

»Der ist immer da«, sagte sie nur. »Der geht nie weg.« Dann schloß sich Frau Müllers Tür. Von innen wurde zweimal der Schlüssel herumgedreht.

Genau in dem Moment, als ich ein weiteres Mal auf die Klingel drücken wollte, ging Wolfs Wohnungstür auf. Noch bevor ich den Mann sehen konnte, nahm meine Nase einen intensiven Geruch wahr. Alkoholdunst. So stark, daß man schon vom Riechen besoffen werden konnte.

»Verdammt, was wollen Sie?« lallte es von innen. »Hauen Sie ab.«

»Herr Wolf?«

Keine Reaktion.

»Mein Name ist Rott.«

»Scheißegal, wie Sie heißen.« Er versuchte, die Tür zu schließen, doch mein Fuß war blitzschnell dazwischen. »He, was soll das?« fuhr er auf.

»Ich habe ein paar Fragen an Sie.«

Ich stieß ihn in die Wohnung zurück und schloß die Tür hinter mir. Das Licht war dämmrig, aber ausreichend, um Wolf in seiner ganzen Schönheit zu zeigen. Was mir zuerst auffiel, waren die langen Haare, die glatt und fettig bis auf die Schultern hingen. Er blickte mich durch eine Brille mit Chromgestell müde an. Die Gläser mußten so dick wie Flaschenböden sein. Sein Gesicht war pickelig, die Haut teigig. Sein Atem stank nach Schnaps und Mundgeruch. Außerdem ging von ihm eine strenge Schweißnote aus.

»Hauen Sie ab, oder ich hol die Polizei«, sagte Wolf und nahm einen Schluck aus einer Flasche. Ich erkannte auf dem Etikett eine Weinbrandmarke.

»Das ist eine gute Idee«, erklärte ich. »Dann können wir der gleich erzählen, was Sie mit Regina Mallberg zu tun hatten.«

150

Wolf wandte sich um und ging ein paar Schritte den sehr schmalen Flur entlang. Ich folgte ihm.

Die Wohnung erinnerte an eine Höhle. Die Wände waren nicht zu sehen, weil jeder Quadratzentimeter mit Regalen bedeckt war. Die wenigen übrigen Möbel, die in dem größeren Raum herumstanden, schienen vom Sperrmüll zu kommen. Auf einem ramponierten Holzschreibtisch, dessen Lackierung zum größten Teil abgesplittert war, befand sich ein PC-Monitor. Der Teppichboden war an einigen Stellen so sehr durchgelaufen, daß die Klebschicht darunter offen lag und in kleinen Bröseln den Boden bedeckte. Neben den vielen Packen von Zeitschriften, Büchern und anderen undefinierbaren Papierbündeln waren es vor allem die Batterien von leeren Flaschen, die Wolfs Wohnung endgültig zu einer Müllhalde werden ließen. Viele davon waren umgefallen und lagen in den Ecken. Als wir den Raum betraten, trat ich in etwas Weiches. Ich erkannte eine halbaufgegessene Pizza, die auf dem Boden lag. Ein plötzliches Ekelgefühl drohte mich zu überwältigen. Mein nüchterner Magen rebellierte.

Wolf ließ sich auf ein durchgesessenes Sofa fallen und grunzte. Er lachte. Fast lautlos, kehlig.

»Die Polizei«, brachte er mühsam hervor, setzte die Brille ab, zog etwas Fleckiges aus der Tasche und wischte sich damit die Augen ab. »Die Polizei war doch schon längst hier, du Doofkopp.« Er kicherte weiter in sich hinein und konnte gar nicht mehr aufhören. Plötzlich schoß in mir wie eine Stichflamme eine furchtbare Wut hoch.

»Wo ist bei Ihnen das Bad?« fragte ich ruhig. »Ich habe dort etwas Dringendes zu erledigen.«

Wolf kicherte immer noch. »Auf dem Flur links«, sagte er belustigt und nahm einen weiteren Schluck. »Gute Verrichtung.« Er glotzte mich dämlich an.

»Die werde ich haben«, zischte ich und packte Wolf erst bei seinen langen Haaren, dann an seinem schmutzigen Hals. Er schrie vor Schmerz kurz auf, folgte mir dann aber notgedrungen. Die Flasche kollerte auf den verschlissenen Teppichboden.

»Mann, was soll das«, schrie Wolf zornig, doch da hatte ich ihn schon in das enge Bad befördert und die kalte Dusche aufgedreht. Er jaulte auf und fing an zu glucksen. Sein gesamter Oberkörper bekam eine schöne Erfrischung. Wahrscheinlich tat es auch seinen Kleidern gut, mal wieder mit Wasser in Berührung zu kommen.

»Sag niemals Doofkopp zu mir, kapiert! Und wer hat dir erlaubt, mich zu duzen«, schrie ich. In diesem Moment entlud sich mein ganzer Frust über die Ereignisse der letzten vierundzwanzig Stunden: die Zertrümmerung meiner Wohnung, meine finanzielle Misere, der Tod der Katze, einfach alles. Am liebsten hätte ich Wolf krankenhausreif geschlagen.

»Ist ja gut«, rief er kläglich.

Ich fand neben dem Waschbecken, das von gelblich-braunen Flecken übersät war, ein Handtuch und warf es ihm zu. Unbeholfen begann er sich den Kopf abzurubbeln.

»Also. Was ist mit Regina Mallberg?«

Wir gingen wieder in das sogenannte Wohnzimmer. Wolf bückte sich und suchte die Flasche, deren Inhalt zum größten Teil auf den Teppich oder sonstwohin gelaufen sein durfte. Er fand sie unter dem Tisch und hielt sie hoch.

»Ein Schluck ist noch drin«, verkündete er zufrieden und trank.

Plötzlich näherte sich mit unglaublicher Geschwindigkeit ein donnerndes Geräusch. Gleichzeitig bewegte sich ein heller Lichtschein unmittelbar vor dem Fenster. Es sah gruselig aus. Das Haus erzitterte wie bei einem Erdbeben.

»Schwebebahn«, sagte Wolf nur und ließ sich wieder in das Sofa fallen. Ich verzichtete darauf, mich zu setzen.

»Stimmt es, daß Sie in der Stadthalle gejobbt haben?«

Wolf kümmerte sich nicht um mich. Er suchte etwas auf dem Boden zwischen einigen Papierstapeln.

Andere Frage:»Können Sie sich vorstellen, welche Umstände zu Reginas Tod geführt haben?«

Wolf wühlte weiter und hob schließlich etwas in die Höhe. Eine Bierflasche. Er holte einen Öffner aus der Tasche, ließ den Kronkorken ins Zimmer fallen, trank einen Schluck und sagte:»Du hast ein dunkles Lied mit meinem Blut geschrieben.«

»Könnten Sie meine Frage bitte beantworten?«

Wolf schnitt eine Grimasse und sagte ärgerlich:»Wilde Fratzen schneidet der Mond in den Sumpf und dumpf kreist die Welt. Hätt ich nur die Welt überstanden!«

»Was soll das?«

»Damals, als wir uns beide fanden, blickte auch die Natur so gemein, aber dann kam der Sonnenschein …«

152

Wolf stellte die Flasche ab, nahm einen Zettel vom Tisch und schrieb etwas auf. »Nun nagt der Maulwurf an deinem Gebein, in der Truhe heult die rote Katze …«

Jetzt war Schluß. Meine Geduld war zu Ende. Ich tat etwas, was ich bis dahin in meinem ganzen Leben noch nie getan hatte. Ich zog meine Neunmillimeter. »Also, was ist nun?«

Wolf starrte auf die Waffe.

»Mögen Sie Else Lasker-Schüler nicht?« fragte er.

»Ich glaube, das steht hier nicht zur Debatte.« Ich stieß ihm den Lauf ins Gesicht. Er blieb unbeeindruckt.

»Für Sie vielleicht nicht. Für mich schon. Ich schreibe gerade einen Artikel über sie. Falls Sie's nicht wissen, sie war eine der bedeutendsten Dichterinnen unseres Jahrhunderts. Und Wuppertalerin.«

»Was du nicht sagst, Schlaukopf.«

»Ob Sie es glauben oder nicht. Es gibt noch andere Rätsel zu erforschen als die, wie jemand zu Tode gekommen ist.«

»Gut, daß du's sagst«, zischte ich und entsicherte mit einem Griff den Revolver. »Mal sehen, wann die nächste Schwebebahn kommt. Bei dem Gerumpel hört man den Schuß nicht so. Vielleicht schieße ich auch erst mal ins Knie, wer weiß.« Ich zielte.

»Ist ja gut«, rief Wolf. »Ich sage Ihnen alles. Das heißt, ich sage Ihnen nichts. Weil, weil … es gibt nichts zu sagen. Ja, ich habe in der Stadthalle gejobbt. Aber ich habe dieses Haus, wie Sie richtig sagen, auch schnell wieder verlassen!«

Er redete plötzlich wie ein Wasserfall. Seine Stimme ging langsam in ein hysterisches Schreien über.

»Denn ich habe erleben müssen, wie die Kunst in diesem Götzentempel dem Kommerz des kleinen Bürgertums geopfert wird. Danke, habe ich da gesagt. Danke, und das war's. Behaltet eure Kohle. Ich bin euer nicht wert. Und, und … da sitze ich nun und darf mich mit wahrer Lyrik auseinandersetzen. Wer auch immer Sie sein mögen: Ja, ich kannte Regina. Aus dem Studium. Aber das wissen Sie ja sicher schon.«

Er schwieg, schien den Faden verloren zu haben. Dann ging es weiter.

»Ansonsten«, fügte er etwas ruhiger hinzu, »halte ich es lieber damit: ›Ich, der brennende Wüstenwind, erkaltete und nahm Gestalt an. Wo ist die Sonne, die mich auflösen kann, oder der Blitz der mich zerschmettern kann! Blick nun: ein steinernes Sphinxhaupt, zürnend zu allen Himmeln auf. Hab an meine Glutkraft geglaubt.‹«

Ich steckte die Pistole ein. Dem war nicht zu helfen.

»Ich denke, Sie können sich darauf einen Reim machen«, erklärte Wolf großspurig. »Und wenn nicht, ist es mir auch egal. Leben Sie wohl.« Er führte sich auf wie ein Barockfürst, der gnädig einen Vasallen entläßt. Damit nahm er sich wieder sein Papier und begann zu schreiben.

»Sind Sie auch Schüler von Satorius?« fragte ich.

»O ja. Gewesen.« Er sah mich nicht an und schrieb weiter. »Der Lehár von Wuppertal. Der Entdecker des ›Wupper-Wellen‹-Walzers. Haben Sie mit ihm gesprochen? Hat er Ihnen diese Walzer-Geschichte auch so oft erzählt, bis Sie sie nicht mehr hören konnten?« Jetzt sprach Wolf wieder ganz normal. Vielleicht war doch noch etwas aus ihm herauszuholen.

»Bis zum Abwinken«, sagte ich und schlug in dieselbe Kerbe. »Dabei interessiert mich das mit dem Walzer einen Dreck. Ich will wissen, was mit Regina passiert ist. Was ist schon dabei, ein paar Noten zu finden?«

Wolf sah auf. Ich hatte gehofft, ihn ein bißchen auf meine Seite zu ziehen. Offenbar hatte ich aber nicht das Richtige gesagt. »Glauben Sie!« schrie er auf. »Wenn Sie wirklich was rauskriegen wollen, übersehen Sie die überdeutlichen Zeichen nicht!«

Er stand plötzlich auf und quetschte sich an mir vorbei in den kleinen Flur. Er ging wieder ins Bad. Ich sah durch die Tür, daß er sich bückte und irgend etwas zur Seite schob. Dann erhob er sich wieder, drehte sich um und hielt mir ein Blatt Papier entgegen.

»Die überdeutlichen Zeichen«, sagte er, als habe er in einer Laienspielgruppe die Rolle des Propheten übernommen. Ich erkannte in dem Dämmerlicht dieselben schwungvollen Noten, die mir auch Satorius schon gezeigt hatte. Offenbar hatte der Professor jeden seiner Schüler mit Fotokopien seiner Entdeckung versorgt.

»Ja, ja, ist ja gut«, beschwichtigte ich, doch Wolf ließ sich nicht beirren. Er war stark betrunken.

»Wer die überdeutlichen Zeichen nicht zu sehen versteht, ist blind im Geiste und verdient es nicht, die Wahrheit zu erfahren!«

Damit schlurfte er zurück ins Wohnzimmer. Anscheinend drohte eine Absenkung seines Alkoholspiegels. Warum Wolf die Partitur im Bad aufbewahrte, wußte der Himmel. Andererseits litten die Regale im Wohnzimmer unübersehbar an Überfüllung, und Wolf mußte eben ausweichen.

Ein merkwürdiges Geräusch erklang.

»Moment«, sagte Wolf und bückte sich. Dann hielt er sich etwas an sein Ohr. »Hallo?« fragte er, und erst jetzt begriff ich, daß da ein Telefon geklingelt hatte. Rott sah mich mißtrauisch an. Anscheinend hinderte ihn meine Anwesenheit daran, offen zu sprechen. »Ist gut«, beendete er das Gespräch. »Hauen Sie ab«, sagte er zu mir und wies zur Tür. »Ich habe heute noch was vor.« Das Haus erzitterte wieder, eine Schwebebahn fuhr vorbei. Es war, als würde sich für einen Moment wie in einem Hologramm eine tiefere Dimension des Sehens öffnen. Alles, was sich im Wohnzimmer befand, wurde zu einem Schattenriß. Im Fenster zog wie in einem großen Aquarium die innen beleuchtete Bahn vorbei, gefüllt mit Menschen, die uns ausdruckslos entgegenblickten. Das Licht aus dem Wagen ließ im Raum sich langsam drehende Schatten entstehen.

Schnell verließ ich die Wohnung. Als ich hinunter auf die Kaiserstraße kam, regnete es in Strömen.

Dieser Besoffene war erst einmal meine einzige Chance, weiterzukommen. Und wenn es die ganze Nacht dauerte. Ich bezog gegenüber in einem Hauseingang Posten. Von hier aus konnte ich Wolfs schwach erleuchtetes Fenster im ersten Stock sehen und war gegen die Nässe geschützt. Kaum jemand war mehr auf den Gehsteigen. Dafür ließ der Verkehr nicht nach. Laster ratterten durch die enge Straße. Pfützen spritzten auf. Ich drückte mich noch weiter in den Hauseingang hinein.

Endlich ging in Wolfs Wohnung das Licht aus. Etwas später kam er auf die Straße. Er blickte sich verstohlen um, entdeckte mich nicht und ging die Straße hinunter. Er blieb zunächst auf seiner Seite, und so war es nicht besonders schwer für mich, ihn zu verfolgen.

Nach einem kurzen Fußmarsch bremste Wolf seinen Schritt und schickte sich an, herüberzukommen. Der Verkehr war noch immer dicht, und so dauerte es eine Weile, bis er eine Lücke fand. Ich blieb stehen. Sein Ziel war offenbar eine Kneipe, die stadteinwärts auf der linken Straßenseite lag, direkt an der Ecke Nietzschestraße. Erst als Wolf darin verschwunden war, kam ich näher.

Die Gaststätte hieß »Pfeiler 37«. Ihren Namen verdankte sie der Tatsache, daß die Stützpfeiler der Schwebebahn von Vohwinkel aus numeriert sind. Und die Kneipe, die Wolf besuchte, befand sich eben am siebenunddreißigsten.

»Hier kocht der Chef – besuchen Sie uns trotzdem«, stand am Eingang zu lesen. Ich hätte es gern getan, weil ich jetzt wirklich hungrig war. Ich verkniff mir jedoch den Besuch und blieb draußen, die Tür immer fest im Blick.

Wolf schlug sich innen offenbar den Bauch voll – ob mit fester oder flüssiger Nahrung, wußte ich nicht. Ich überlegte, ob es sich hier vielleicht um einen ganz alltäglichen Kneipenbesuch handelte. Nichts Ungewöhnliches, vor allem für einen Alkoholiker.

Mein Verdacht bestätigte sich, als er nach einer Dreiviertelstunde wieder herauskam und diesmal auf der anderen Straßenseite den Weg zurück nach Hause antrat. Seine Tour war wohl beendet. Vielleicht hatte das ominöse Treffen in der Kneipe stattgefunden. Ich folgte ihm weiter und war nahe daran, aufzugeben. Der Regen hatte mich mittlerweile völlig durchnäßt.

Doch Wolf ging nicht zurück in seine Wohnung. Er bog in einen kleinen Weg ein, der rechts von der Kaiserstraße abzweigte. Von hier aus kam man, wie ein Schild anzeigte, zu Fuß zum Bahnhof Vohwinkel. Zuerst ging es hinter einem Supermarkt vorbei, dann mußten wir ein paar Treppen erklimmen und gelangten auf ein kleines Stück Brachland. Es war alles mit Straßenlampen ausgeleuchtet – ein schwacher Trost für etwaige weibliche Zugreisende, die nachts auf diesem Weg zur Bahn wollten. Ein Paradies für potentielle Vergewaltiger.

Uns begegnete keine Menschenseele. Der schmale Pfad endete auf einem Parkplatz, der sich direkt hinter dem eigentlichen Bahnhof befand. Man konnte die in Neon getauchten Bahnsteige mit den Anzeigetafeln und den weiß beleuchteten Uhren sehen. Es war kurz nach zehn.

Wolf ging zielstrebig eine schmale Treppe hinunter, die auf die Bahnsteige, aber auch in den vorderen Bereich des Bahnhofs führte. Wollte er etwa noch einen Zug nehmen? Doch sein Ziel war die Eingangshalle. Kaum hatte er das hohe Gebäude erreicht, zog er eine Flasche hervor und nahm einen Schluck. Dann sah er sich genau an, ob noch etwas darin war, und warf sie kurzerhand auf den Steinboden. Sie zersplitterte, und das scheppernde Geräusch brach sich an den gekachelten Wänden. Es klang wie in einem Hallenbad.

Auch hier war sonst niemand zu sehen. Es gab ein paar kleine Geschäfte, die um diese Zeit natürlich geschlossen waren: In einem der beiden wurden Second-hand-Klamotten verkauft, in dem anderen antiquarische Bücher.

Wolf strich die Wände entlang und rüttelte an der dunklen Tür unter einem Gaststättenschild. Geschlossen. Er stieß einen Fluch aus und ging torkelnd zurück in den Tunnel, der wieder zu dem Parkplatz führte. Es war nicht schwer, ihn zu verfolgen. Er mußte mittlerweile so betrunken sein, daß er kaum etwas um sich herum wahrnahm.

Ich ließ ihm trotzdem einen Vorsprung, bis er das Ende des Tunnels erreicht hatte, hastete dann an Graffitis vorbei und erreichte ebenfalls den Parkplatz.

Ich sah Wolf unter einer Straßenlaterne im Regen stehen und drückte mich an ein paar Büschen entlang. Mir blieb nichts anderes übrig, als mich mit der Aussicht auf nassen Asphalt von meinem knurrenden Magen abzulenken.

Wieder zog Wolf eine Flasche heraus. Sie war so groß wie ein Flachmann und glitzerte bernsteinfarben. Ich sah zur Uhr. Wolf brauchte zwanzig Minuten, um sie nach und nach zu leeren. Dann warf er sie in eine Ecke des Parkplatzes – zur Freude der Pendler, die morgen früh ihre Autos dort abstellen würden.

Lange passierte überhaupt nichts. Wolf mußte sich an der Laterne festhalten, um nicht umzufallen. Vom Bahnhof wehten Lautsprecheransagen herüber. Manchmal kam ein Zug. Doch wenn noch Leute ausstiegen, dann verließen sie den Bahnhof alle nach vorne raus. Niemand kam nach hinten auf den Parkplatz.

Um halb zwölf stachen Scheinwerfer in die dicken Regenfäden. Der Wagen blieb genau vor Wolf stehen. Ich hechtete vor, um die Marke und die Nummer zu erkennen. Doch ich sah nur blendendes Weiß.

Wolf stieg ein. Im selben Moment gab es einen ohrenbetäubenden Knall.

Ich war zu überrascht, um zu reagieren. Erst als der zweite Schuß fiel, warf ich mich in die Pfützen. Unmittelbar neben mir war ein Querschläger eingeschlagen und jaulend weitergeschossen – zum Glück erneut an mir vorbei. Plötzlich kam das Motorengeräusch näher. Als ich den Kopf hob, sah ich das grelle Licht unmittelbar vor mir. Es wurde rasend schnell größer. Ich rollte mich zur Seite – gerade rechtzeitig. Ein nasser Reifen schrammte an meinem Rücken vorbei. So schnell ich konnte, stand ich auf und sprang in die Büsche. Ich sah, wie der Wagen wendete, doch ich war schon aus der Schußlinie. Der kleine Fußweg, der den Parkplatz mit der Kaiserstraße verband, war durch Pfähle für Autos unpassierbar gemacht worden. Hier herunter konnten sie mir nicht folgen. Wenn ich allerdings Pech hatte, fingen sie mich unten auf der Straße ab.

157

Ich fühlte mich, als hätte ich in voller Montur die Wupper durchschwommen. Das Wasser quatschte in den Schuhen. Jutta würde Verständnis dafür haben müssen, wenn die Sitze ihres BMW etwas feucht wurden. Triefend und völlig außer Atem erreichte ich den Wagen. Ich stieg ein, ließ den Motor an, stellte die Heizung auf superwarm und fuhr los.

Ich sah den Typen schon von weitem.

Er stand an der Straße, die zu Juttas Wohnung führte, deutlich sichtbar im Licht einer Straßenlaterne. Er trug eine schwarze Bomberjacke, blaue Jeans und Springerstiefel. Hätte er einen geschorenen Kopf gehabt, wäre er als Skinhead durchgegangen. Ich fuhr vorbei bis zum Ende der Briller Höhe, wendete und lenkte den Wegen hinunter in die Stadt. Dann versuchte ich es an der Ecke Kasinostraße, wo mein Büro lag. Hier war zunächst nichts zu sehen. Doch als ich den Eingang zu meiner Detektei überprüfte, entdeckte ich dort einen Zwillingsbruder des Typen von oben. Das konnte kein Zufall sein.

Langsam rollte ich vorbei. Der Mann beachtete mich nicht. Offenbar rechnete er nicht damit, daß ich mit dem Wagen kommen würde.

Ich suchte eine Telefonzelle und rief Jutta an. »Ist alles okay?« fragte ich.

»Ja, wieso?«

»Weil wir überwacht werden. Vor deiner und meiner Wohnung stehen Posten.«

»Was? Warum das denn?«

»Ich vermute, man will mich abfangen.«

»Wer will dich abfangen? Und warum?«

»Offenbar die kleine Privatarmee, die meine Wohnung zerlegt hat. Sie haben mitgekriegt, daß ich die deutliche Warnung an meiner Wohnzimmerwand mißachtet habe. Wahrscheinlich suchen sie mich. Eben hätten sie mich fast gekriegt.«

»Was?«

»Erzähle ich dir nachher.«

»Aber was machen wir jetzt?«

»Schließ gut ab, laß keinen rein und mach das Licht im Gästebad an. Ich komme gleich und klopfe dreimal ans Fenster. Dann machst du mir auf.«

»Na gut. Aber sei vorsichtig.«

Der Regen hatte sich jetzt zu einem wahren Wolkenbruch entwickelt.

Der Aufpasser vor Juttas Wohnung war nicht zu beneiden. Aber auch mir stand noch ein bißchen Duschzeit bevor.

Ich fuhr zurück zum Brill hinauf, lenkte den Wagen aber nicht zu Juttas Wohnung, sondern bog in die Herwarthstraße ein. Dort stellte ich das Auto ab und rannte so schnell ich konnte zum Platzhoff-Denkmal. Ich betrat den Weg, der direkt daneben in den Wald führt.

Schon nach ein paar Metern hatte ich die Orientierung verloren. Juttas Haus lag irgendwo links. Ich mußte durch matschigen Waldboden waten und mich durch nasse Büsche arbeiten. Der Regen war hier nicht so stark, dafür platschten dicke Tropfen von den Bäumen. Schließlich kam ich an einen der Zäune, die die Privatgrundstücke nach hinten vom Wald abtrennen. Und ich sah das Licht.

Juttas Wohnung lag zu dieser Seite hin ebenerdig. Ich kletterte über den Jägerzaun und fand das richtige Fenster. Ich klopfte, Jutta öffnete, und ich konnte mich ins Badezimmer hangeln.

Jutta stand im orangefarbenen Jogginganzug neben der Badewanne. Sie wirkte verängstigt.

»Na, du siehst ja gut aus«, sagte sie und schloß das Fenster hinter mir.

Zur Antwort nieste ich. Zum Glück hatte sie das Bad schon geheizt.

»Los, raus aus den Klamotten. Ich mach uns was zu essen.« Sie warf mir einen Bademantel zu.

»Was ist das nun? Eine Belagerung oder eine Suche?« fragte sie, als ich später ins Wohnzimmer kam.

»Jedenfalls wollen sie mich aus dem Verkehr ziehen. Hast du auch überall zugemacht?«

Sie nickte. »Alles verriegelt und verrammelt. Und die Alarmanlage ist auch eingeschaltet.« Auf dem Couchtisch im Wohnzimmer lag ein großer Teller voller belegter Brote. Ich nahm mir eins.

»Wessen Leute sind das?« fragte Jutta. »Und warum wollen sie dich von deinen Ermittlungen abhalten? Weil Regina vielleicht ermordet wurde?«

»Regina kam um, weil sie in etwas anderes verwickelt war.« Ich erzählte von meiner Begegnung mit Frank Wolf und wie er auf dem Parkplatz abgeholt worden war.

»Das wird langsam ziemlich verwirrend«, sagte Jutta. »Ich fände es jetzt wirklich besser, die Polizei anzurufen.«

159

»Das tun wir nicht – noch nicht jedenfalls.«

»Aber warum? Sollen sie meine Wohnung auch noch in eine Müllhalde verwandeln? Oder soll noch Schlimmeres passieren? Das mit der Katze war ein deutliches Zeichen, finde ich.«

»Die überdeutlichen Zeichen«, sagte ich.

»Was?«

»Den Spruch hat Wolf losgelassen. Man soll die überdeutlichen Zeichen nicht übersehen. Wenn es nur mal welche gäbe.« Ich lehnte mich auf dem Sofa zurück. »Ich weiß ja, daß du Angst hast. Hier sind wir aber sicher. Wir sollten eine Bestandsaufnahme machen. Was wir wissen und was nicht. Dann können wir das mit der Polizei ja noch mal in Erwägung ziehen.«

»Einverstanden«, sagte Jutta. »Wo fangen wir an?«

»Bei Regina.«

»Regina Mallberg alias Regina Berg.«

»Genau. Ein sensibles, musikalisch begabtes Mädchen, das in eine sehr kunstfeindliche und konservative Familie hineingeboren wird. So konservativ, daß man dort sogar klassische Musik verteufelt. Der Vater ist ein schrecklicher Spießer mit rechtsradikalen Neigungen; die Mutter dazu genau passend: ergeben und dem Manne untertan.«

»Aber das Mädchen setzt durch, daß es Klavier studieren darf.«

»Genau. Und es verliebt sich in seinen Professor. Eigentlich kein Wunder, denn er ist ja der einzige, der sie wirklich versteht.«

»Vorher versucht sie, sich umzubringen.«

»Das«, erläuterte ich, »ist auch kein Wunder. Der Selbstmordversuch fand vor der Beziehung mit Satorius statt. Sicher war das eine sehr, sehr unglückliche Phase für sie. Sie kommt an die Hochschule und hat dann Schwierigkeiten mit den anderen Studenten. Irgendwann flüchtet sie sich in Romantraumwelten. Als die Liebe mit Satorius beginnt, hört aber auch das auf. Wahrscheinlich hat sie mit ihm so etwas wie Glück gefunden.«

»Das klingt jetzt so, als würdest du auch gerade einen Liebesroman schreiben. Meinst du nicht, daß Satorius Regina einfach nur ausgenutzt hat? Sie einfach als junges Liebchen hatte?«

»Das gibt es zwar oft«, wandte ich ein, »aber es scheint hier nicht der Fall gewesen zu sein.«

»Warum?«

Ich erzählte Jutta, daß Satorius eine Rose in Reginas Grab geworfen hatte.»Er hat es ohne Zeugen getan. Er mußte niemandem etwas beweisen. Also hat er es auch ernst gemeint.«

Jutta nickte.»Das stimmt. Aber warum wußte niemand von der Geschichte? Warum haben sie sie geheimgehalten?«

»Vielleicht weil Satorius eine Lokalgröße war. Vielleicht war er durch so etwas angreifbar. Ich glaube, das könnte sogar der entscheidende Punkt sein: Als Regina bei mir im Büro auftauchte, da war ihr Glück mit Satorius bedroht. Irgend etwas Schlimmes war passiert oder stand bevor.«

»Erpressung.«

»Genau. Die Frage ist nur: Wer erpreßte wen? Regina war offensichtlich ein Erpressungsopfer.«

»Und da hast du auch den Grund, warum Regina auf dem Dachboden war. Bei Erpressungen trifft man sich an ungewöhnlichen Orten, um Geld zu übergeben.«

»Das ist kein Grund«, wandte ich ein.»Nehmen wir an, Regina wurde erpreßt und sollte jemandem Geld in das Konzert mitbringen. Warum steckt sie es ihm nicht einfach im Foyergewühl zu?«

»Vielleicht war es kein Geld? Vielleicht war es etwas, das auf dem Dachboden versteckt war? Rauschgift vielleicht? Oder ein wertvolles Dokument?«

»Eine Partitur. Regina ist die Geliebte von Satorius. Satorius hat Zugang zu der Lehár-Partitur. Kann so etwas für bestimmte Leute wertvoll sein?«

»Und wie. Handschriften großer Komponisten – natürlich ist das was Wertvolles.«

»Vielleicht hat Satorius dem Besitzer die Originalpartitur abgeluchst. Und sie verkauft. Und sie sollte vor dem Konzert übergeben werden. Vielleicht hat Regina für ihn den Deal abgewickelt. Weil er ja beschäftigt war.«

»Hm. Dann hat jemand anders den Zeitpunkt festgelegt. Denn so etwas vor einem Konzert zu machen, ist sehr ungünstig. Aber das paßt auch nicht. Man muß eine Partitur nicht an so einem Ort übergeben. Auch das kann man im Foyer vor einem Konzert tun. Aber Moment«, sagte Jutta.»Die Erpressung ist nur eine Hypothese. Bleiben wir erst mal bei den Fakten.«

»Richtig. Zum Beispiel die Fakten über Mallberg. Er hat es offenbar auf plumpe Weise verstanden, die Polizei von der Selbstmordtheorie zu überzeugen und damit Ermittlungen in eine andere Richtung zu stoppen oder zumindest zu verlangsamen. Seine Frau macht einmal im Leben etwas auf eigene Faust und engagiert mich, weil sie spürt, daß das mit dem Selbstmord nicht stimmt. Die Folge sind Ablehnung durch Mallberg, dann Bedrohungen, Körperverletzung und heute sogar ein Mordversuch. Fazit: Mallberg steckt ganz dick drin.«

»Aber er hat doch nicht seine eigene Tochter erpreßt? Warum hätte er das tun sollen?«

»Er war mit Sicherheit gegen die Verbindung mit Satorius.«

»Weshalb die beiden das auch geheimgehalten haben. Da haben wir den Grund.«

»Genau. Satorius und Regina wußten, daß Mallberg zu ziemlich drastischen Mitteln greifen würde, um die Beziehung der beiden zu verhindern. Mallberg hatte es herausgefunden und wollte seiner Tochter einen Denkzettel verpassen.«

»Und wie kommt Wolf ins Spiel? Und die starken Burschen, die uns hier umgeben?«

»Vielleicht war Mallberg in dieser Chérie-Bar an der B 7 gar kein Kunde.«

»Du meinst, ihm gehört der Laden?«

»Warum nicht? Das wäre ein Ansatzpunkt.«

Wir wußten beide nichts mehr zu sagen, und wie auf Kommando ertönte in diese Pause hinein die Türklingel.

»Verdammt, was ist das jetzt?« sagte ich leise. Ich sah zur Uhr. Es war kurz vor eins.

»Was soll ich machen?« fragte Jutta.

»Kannst du sehen, wer da ist? Ich meine, ohne daß er es merkt?«

»Ich kann den Vorhang vor der Glastür zurückziehen. Aber dann sieht er mich auch.«

Es klingelte wieder.

»Wenn ich die Lichter ausmache«, sagte Jutta, »können wir rausgucken, und der von draußen sieht uns nicht.«

»Nein. Wenn die Lichter ausgehen, merkt er das. Gibt es kein Fenster von oben, von dem man die Treppen sehen kann?«

»Doch. Komm mit.«

Wir gingen hinauf in die obere Etage, wo es dunkel war. Jutta zog vor einem Flurfenster den Vorhang zurück. Unten beleuchtete eine Laterne die Treppe. Der Bereich vor der Eingangstür war durch ein kleines Vordach verdeckt. Es klingelte zum dritten Mal. Wir warteten. Die Zeit kam mir endlos vor. Schließlich sah man jemanden weggehen.

»Ach – den hätten wir ruhig reinlassen können«, sagte Jutta. Es war Tom.

»Finde ich nicht«, widersprach ich. Tom trug Bomberjacke, blaue Jeans und Springerstiefel. Er sah den Jungs, die uns bewachten, zum Verwechseln ähnlich.

»Das ist mir jetzt zuviel«, sagte Jutta und ließ sich auf das Sofa fallen.

»Soll das wirklich heißen, Tom gehört zu dieser komischen Bande?«

Ich nickte. »So sieht es aus. Hast du eine Ahnung, was er wollte?«

»Ich glaube das einfach nicht.«

»Hat er mich gesucht? Oder wollte er vielleicht zu dir?«

»Um diese Zeit? Normalerweise kommt er früher.«

»Die können nicht wissen, daß ich hier bin. Verdammt, was ist da los?« Ich lief ein paarmal hektisch durch das Wohnzimmer. Jutta schwieg. »Ich habe doch aus meiner Wohnung frische Klamotten mitgebracht. Ich ziehe mich an. Ich muß noch mal los.«

»Jetzt? Was willst du machen?«

»Es ist genau die richtige Zeit.«

»Wofür?«

»Für einen Besuch in der Chérie-Bar. Da fängt der Betrieb ja erst so richtig an.«

»Bist du sicher? Ich meine – wenn unsere Vermutungen stimmen, dann ...«

»... ist das die Höhle des Löwen. Genau. Und Wolfs Wohnung liegt auf dem Weg. Dem werde ich auch noch mal auf den Zahn fühlen. Notfalls werde ich aus ihm herausprügeln, wer hier wen erpreßt.«

Jutta seufzte. »Wenn du meinst, daß das alles so richtig ist.«

Ich zog mich eilig an und schnappte mir den BMW-Schlüssel, den ich auf das Kaminbord gelegt hatte. Daneben sah ich den Motorradschlüssel.

»Du kannst doch jetzt hier nicht so einfach hinausspazieren«, wandte Jutta ein.

»Natürlich nicht. Ich muß denselben Weg nehmen, den ich auch gekommen bin.«

»Durch das Badezimmerfenster.«

»Genau.«

163

18.

Die Stadt war menschenleer. Sicherheitshalber stellte ich den Wagen hundert Meter von Wolfs Wohnung entfernt ab.

Ich hoffte, daß Wolf von seinem geheimnisvollen Treffen wieder zurück war. Wenn nicht, würde ich zuerst in die Chérie-Bar fahren und dann wieder hierher. Irgendwann mußte er ja nach Hause kommen. Niemand war auf der Straße, als ich den Eingang von Wolfs Haus erreichte. Auch kein Auto. Die Ampeln wechselten sinnlos Grün, Gelb und Rot. Die Farben spiegelten sich im nassen Asphalt. Es regnete nicht mehr. Wie bei meinem ersten Besuch war die Haustür zur Straße hin nur angelehnt. Ich erklomm die Stufen zum ersten Stock. Dort wurde ich trotz der nächtlichen Stunde bereits von der dicken Frau Müller erwartet. Sie hatte ihren beleibten Körper auf die Etagenbrüstung gebettet und glotzte mich böse an.»Aha, wußte ich's doch. Sie also.«

Ich kümmerte mich nicht um sie und betätigte Wolfs Klingel.

»Was machen Sie da?« fragte Frau Müller hinter mir. »Sie wissen genau, daß da auf ist.«

Verdammt, dachte ich. Kann die nicht einfach wieder in ihre Wohnung gehen? Was macht die überhaupt hier? Dann sah ich, was sie meinte. Die Wohnungstür war nur angelehnt. Dort, wo sich normalerweise der Türknauf befand, war ein Loch.

»Haben Sie was damit zu tun?« keifte Frau Müller. »He! Antworten Sie.«

Wie sich die Bilder glichen! Eine zerstörte Wohnung – wie bei mir. Ich drückte gegen die Tür und ging hinein.

»Hier stimmt doch was nicht«, stellte Frau Müller fest. »Die ganze Nacht dieser Krach. Da stecken Sie doch auch mit drin, oder nicht? Sie! Hören Sie mir überhaupt zu? Jetzt reicht's. Jetzt hole ich die Polizei.« Sie kehrte in ihre Wohnung zurück. Ich mußte mich beeilen.

Die Bücher aus den Regalen waren auf den Boden geworfen worden und bildeten einen meterhohen Berg, den man erklimmen mußte, wollte man überhaupt durch die Wohnung kommen. Regale lagen umgekippt am Boden. Ebenso der Schreibtisch mitsamt dem alten PC.

Mich durchlief ein Schauer von Klaustrophobie. Ich unterdrückte das

Gefühl und stieg weiter über den Berg aus Papier und Holz. Was hatten die hier gewollt? Ich überlegte fieberhaft.

Ich kam am Bad vorbei. Die Noten! Ich dachte daran, wie Wolf das Notenblatt ins trübe Licht gehalten hatte. Dämlich grinsend wie einer, der die Wahrheit in der Hand hält. Und dann das ständige Gefasel von den »überdeutlichen Zeichen«.

Ich betrat den engen Raum und suchte den Lichtschalter. Währenddessen versuchte ich mich zu erinnern, was Wolf an dieser Stelle getan hatte. Er war in die Hocke gegangen, um das Schriftstück hervorzuholen. Etwas Dunkles füllte die Badewanne. Es war Wolf. Er lag halb im Wasser. Der Kopf war zur Seite gesunken. Die Augen standen starr offen. Die Brille war weg. An der Schläfe klebte Blut.

Ich unterdrückte ein Würgen und hockte mich hin. Ich saß genau vor der Wanne. Meine Nase berührte fast den Rand. Nur wenige Millimeter vor mir befand sich Wolfs käsige Hand. Ich tastete mich vor. Die Wanne war gelb gekachelt, an einigen Stellen waren die Kacheln schon lose. Vor allem unten. Ich drückte dagegen.

Schließlich brach ein Stück heraus und gab den Hohlraum dahinter frei, in dem sich der Wanneneinsatz befand. Ich steckte meine Hand hinein. Meine Finger berührten erst schmierigen Dreck, dann etwas Glattes. Plastik. Ich zog. Eine Tüte kam zum Vorschein. Darin befand sich ein kleiner Pappkarton, etwas größer als DIN-A-4 und ziemlich schwer.

Ich nahm, was ich da hatte, und verließ die Wohnung. Vor der Tür stand Frau Müller. »Zu spät«, stellte sie befriedigt fest.

Ich hastete die Treppe hinunter und kam genau in dem Moment auf die Straße, in dem ein Polizeiwagen hielt. Das Blaulicht flackerte gespenstisch. Sofort nahm ich die Beine in die Hand und rannte die hundert Meter zum Wagen.

Ich kam am Auto an, bevor sie mich erreichten. Verzweifelt überlegte ich, wo ich das Päckchen verstecken konnte. Dann ließ ich es in letzter Sekunde einfach unter Juttas BMW gleiten. Mit dem Fuß schob ich nach; das Ganze verschwand hinter einem der Reifen.

Ich bückte mich wie jemand, der seinen Schnürsenkel schließen will. Seelenruhig stand ich auf und sah demonstrativ auf die Uhr. »Verdammt, ist das spät geworden«, sagte ich laut. »Jetzt aber los.«

Ich kramte in meiner Tasche und zog den Autoschlüssel hervor. Natürlich wußte ich, daß sie bereits hinter mir standen. Trotzdem tat ich überrascht.

Es waren zwei Schutzmänner in Uniform.

»Polizei«, sagte der eine überflüssigerweise. »Können Sie sich ausweisen?«

Der Wachtmeister hackte auf eine mechanische Schreibmaschine ein.

»Also«, stellte er fest und blickte auf die ersten Zeilen, die er in schwerster Tipparbeit niedergeschrieben hatte. Dann las er mit monotoner Stimme vor: »Frau Müller sagte aus, daß Sie heute gegen achtzehn Uhr bei Herrn Frank Wolf waren und nach einer halben Stunde wieder gingen. Sie sagte, sie habe Sie gesehen, als sie nach Hause kam. Sie sagte, sie sei nach dem Einkaufen noch bei einer Freundin gewesen. Nachdem Sie bei Herrn Wolf gewesen seien, wären irgendwelche Leute gekommen. Vorher hätte sich Frau Müller schlafen gelegt, sei aber wach geworden, weil ein starker Lärm aus der Nachbarwohnung drang. Sie habe sich aber nicht weiter darum gekümmert. Sie habe dann aber doch nachgesehen und bemerkt, daß die Wohnungstür kaputt sei. Sie habe gerade überlegt, ob sie die Polizei holen solle ...«

»Danach war sie aber ziemlich schnell dabei«, warf ich ein.

Der Beamte guckte streng zu mir herüber. Dann befaßte er sich wieder mit seinem Schreibmaschinenblatt.

»... die Polizei holen solle. Dann seien Sie plötzlich die Treppe heraufgekommen.« Offensichtlich war das Blatt zu Ende. Er zog es heraus und spannte umständlich ein neues ein.

»Haben Sie was dazu zu sagen?«

»Stimmt nicht.«

»Ja, ist klar, das kennen wir schon.«

»Nein wirklich. Es war nicht heute abend, daß ich bei Wolf war, sondern gestern. Wir haben längst null Uhr durch.«

»Äh – ach so.« Der Beamte war etwas verwirrt, sah erst auf seine Armbanduhr, dann wieder auf sein Blatt.

»Sonst ist alles richtig.«

Der Beamte begann wieder zu tippen und gleichzeitig zu lesen, was er tippte. »Aussage von Herrn Remigi ...« An der Stelle verschrieb er sich, und das Spiel mit dem Blatteinspannen begann von neuem. Beim zweiten Mal klappte es. Diesmal kam er über meinen Vornamen hinweg.

»Aussage von Herrn Re-mi-gi-us Rott, Doppelpunkt. Er gibt zu, daß ...« Er blickte mich an. »Was geben Sie also zu?«

166

»Daß ich die Treppe heraufgekommen bin. Sie haben es gerade selbst erwähnt.«

»… daß er die Treppe heraufgekommen ist. Punkt.«

Dann kramte ich wieder einmal in meinen Taschen. »Und von nun an«, sagte ich, »mache ich von meinem Zeugnisverweigerungsrecht Gebrauch.« Ich legte meine Lizenz auf den Tisch. »Ich bin Privatdetektiv und war gerade dabei, meinen Ermittlungen nachzugehen.« Der Beamte sah sich das Kärtchen genau an und seufzte. »Einen Moment.« Er stand auf und verließ das Zimmer.

Kurz darauf war er wieder da. »Sie können gehen.«

Minuten später verließ ich das Polizeipräsidium und betrat die Friedrich-Engels-Allee – ewig weit von der Kaiserstraße entfernt. Typisch: Erst kassierten sie einen ein, und dann konnte man zusehen, wie man wieder zu seinem Wagen kam. Ich sah auf die Uhr. Mist. Weder Schwebebahn noch Busse fuhren um diese Zeit. So blieb mir nichts anderes übrig, als einen kleinen Fußmarsch in Richtung Elberfeld zu unternehmen.

In der Nähe des Schauspielhauses ergatterte ich ein Taxi, das gerade vor einer roten Ampel hielt. Eine Viertelstunde später kamen wir an Wolfs Wohnung an. Mehrere Polizeifahrzeuge mit eingeschalteten Blaulichtern versperrten die Hälfte der Straße. Gleich am Eingang stand ein Leichenwagen.

»Du meine Güte – sieht ja aus, als hätten sie einen umgebracht«, sagte der Taxifahrer. Ich sagte nichts und zahlte.

Das Päckchen lag dort, wohin ich es hatte verschwinden lassen. Ich hob es auf, stieg in den BMW und startete den Motor.

Um halb vier kam ich in Dornap an, wo sich die Chérie-Bar befand. Das verschlungene Neon war stockdunkel, kein Auto stand vor der Tür. Ich parkte trotzdem und sah mir das Haus aus der Nähe an. Die Fenster und der Eingang waren mit Rolläden verschlossen.

Still ruht der Puff, dachte ich – und machte mich auf den Rückweg.

Der Wachtposten vor Juttas Wohnung war verschwunden.

19.

Jutta pfiff anerkennend durch die Zähne, als ich auspackte.

Das erste, was zum Vorschein kam, waren einige Bündel Tausendmarkscheine. Dann ein kleiner Revolver; eine Attrappe, mit der man jemandem Angst einjagen konnte, die aber ansonsten zu nichts zu gebrauchen war. Und schließlich eine rote Mappe. Darin war das Notenheft, das Wolf mir gezeigt hatte.

Als die Notenblätter jetzt so im vollen Licht auf dem Wohnzimmertisch lagen, sah man sehr deutlich, was ich heute am frühen Morgen in Wolfs Wohnung nur geahnt hatte: Es war keine Fotokopie, sondern eine Handschrift.

»Das sieht aus, als sei es die echte Lehár-Partitur.«

Ich fühlte über das Papier. Es war rauh und besaß eine gelbliche Farbe.

»Oder ist es vielleicht eine Fälschung?« fragte Jutta. »Hat vielleicht jemand die Noten im alten Stil abgeschrieben und Lehárs Handschrift nachgemacht – so ähnlich wie damals bei den Hitlertagebüchern?«

»Keine Ahnung. Aber ich denke mal, daß es sich auf jeden Fall um das Stück handelt, mit dessen Entdeckung Satorius in Wuppertal berühmt geworden ist.«

»Das läßt sich ganz leicht feststellen. Es gibt eine Aufnahme. Die ist damals mit großem Tamtam herausgekommen, als Satorius seinen Fund bekanntgab. Alle höheren und nicht so hohen Tiere der Stadt haben damals diese Aufnahme auf CD geschenkt bekommen.«

Sie stand auf und ging in Richtung Stereoanlage. Sie öffnete einen der großen Wohnzimmerschränke; unten wurde eine lange Reihe CDs sichtbar. Jutta suchte eine ganze Weile, dann zog sie eine der Plastikshüllen heraus, öffnete sie und legte den Silberling in den Player. Eine Trompetenfanfare erklang, dann ein paar Takte volles Orchester. Schließlich signalisierte das berühmte »Hm-ta-ta, hm-ta-ta«, daß der eigentliche Walzer begann.

Die Darbietung erinnerte mich an das berühmte Neujahrskonzert, das jedes Jahr am ersten Januar im Fernsehen kam. Für meine Eltern war es feststehender Programmpunkt eines jeden Neujahrstages gewesen. Für mich ist es bis heute der Inbegriff der Spießigkeit.

168

»Mit so einem langweiligen Zeugs kann man also berühmt werden«, stellte ich fest.

»Mir gefällt's«, sagte Jutta.

Sie nahm die Noten in die Hand und blieb stehen. »Ich kann zwar nicht besonders gut Notenlesen«, sagte sie, »aber immerhin habe ich ja mal Klavierspielen gelernt. Das müßte das Stück sein, das wir da gerade hören.«

Ich nahm die Blätter. »Es sieht auch genauso aus wie die Fotokopie von Satorius.«

Wir warteten, bis das Stück zu Ende war. Jutta ging zum CD-Player und stellte ihn wieder ab.

»Fassen wir also zusammen«, sagte sie. »Satorius findet den Walzer, landet damit einen großen Coup in Wuppertal, das Ganze kommt seiner Karriere zugute. Und bei Wolf findet sich die Originalpartitur. Da stellt sich die Frage: Wie paßt das zusammen?«

»Eben. Warum hat Wolf die Originalpartitur eines Stückes, das Satorius entdeckt hat?«

»These: Er hat sie Satorius gestohlen, um sie zu verkaufen.«

»Und die finsteren Typen, mit denen er sich getroffen hat und die ihn wahrscheinlich auf ihrem nicht vorhandenen Gewissen haben, sind dann wohl professionelle Handschriftenhändler? Das paßt nicht. Wir haben es mit einem Musikstück zu tun und nicht mit einem Kilo Heroin.«

»Auch mit Musik kann man Geld verdienen«, wandte Jutta ein. »Viel sogar. Und damit sind wir bei der zweiten Frage. Wo kommt das viele Geld her? Wieviel ist es eigentlich?«

Ich ging zum Tisch und zählte die Scheinbündel. »Exakt hunderttausend.«

»Runde Summe. Sieht nach krummem Geschäft aus.«

»Und dabei stellt sich Frage Nummer drei: Wie soll man dabei noch die Sache mit Regina Mallberg im Auge behalten?«

Jutta nahm die Scheine in die Hand. »Nicht durchnumeriert. Vielleicht stammt die Kohle von einem Banküberfall?«

»Lassen wir die Hypothesen«, sagte ich. »So kommen wir nicht weiter. Das beste ist, ich befrage die Person über die Geheimnisse dieser Notenhandschrift, die darüber Bescheid wissen muß.«

»Und wer ist das?«

»Unser Superforscher natürlich. Satorius himself. Wie spät ist es?«

Jutta sah auf ihre winzige Armbanduhr und gähnte wie auf Kommando. »Fast fünf. Meinst du nicht, wir sollten schlafen gehen? Ich hebe mir das Nächte-Durchmachen normalerweise für nettere Gelegenheiten auf.«

In diesem Moment klang wieder das dunkle »Ding-Dong« durch die Wohnung: die Türklingel.

»Das ist Tom«, sagte Jutta leise. »Er stand schon zweimal vor der Tür, seit du weggefahren bist.«

Ich schaufelte so schnell es ging Geldscheine, Mappe und Spielzeugpistole in die Plastiktüte und schlich mich auf die andere Seite des Raumes, wo Jutta saß.

»Was ist?« fragte sie verwirrt.

Ich legte den rechten Zeigefinger auf den Mund und deutete in Richtung Eingang. »Laß ihn herein. Er darf mich aber nicht sehen«, sagte ich leise.

Jutta schüttelte nur den Kopf und ging in Richtung Haustür. Ich ging hinüber in die Küche, stellte die Tüte ab und drückte mich an die Wand. Nervös faßte ich an mein Schulterhalfter und zog meinen Revolver heraus. Dann lauschte ich.

Mittlerweile begann im Flur das große Wiedersehensritual.

»Tom!« rief Jutta. »Schön, daß du dich mal wieder sehen läßt.«

Dann hörte ich seine tiefe Stimme: »Ich hatte solche Sehnsucht nach dir. Aber ich muß nachher wieder weg«, sagte Tom. Es klang wie bei einem Erstkläßler, der aus einem Buch vorliest. Dann wurde er wieder er selbst: »Und ich bin so scharf auf dich. Laß uns nach oben gehen. Los.«

»Äh, also … einen Moment noch … wollen wir nicht erst … was trinken?«

»Können wir doch auch hinterher«, schlug Tom vor. »Tolle Idee, was?« Jetzt wurde er auch von der Küche aus im Türrahmen sichtbar.

»Ja, Tom, du hast immer so tolle Ideen«, sagte Jutta etwas verkrampft. Dann wurde ihre Stimme schmeichelnd. »Und eilig hast du's, Mann-o-Mann. Warte einen Moment.«

Sie kam in die Küche, und ich hoffte, daß ihr Lover ihr nicht folgte. Sie machte ein fragendes Gesicht in meine Richtung und zuckte mit den Achseln. Was soll ich tun? fragte sie stumm.

Ich schob sie sachte beiseite, bedeutete ihr wortlos, in der Küche zu bleiben, und schlich hinüber. Kurz bevor ich Tom erreicht hatte, entsicherte ich so leise wie möglich den Revolver.

»Hände hoch und schön stehenbleiben«, sagte ich schnell und merkte sofort, daß ich einen Riesenfehler gemacht hatte. Herumwirbeln, mir die Waffe aus der Hand schlagen und mir einen Hieb in die Magengrube versetzen, war eins. Blitzschnell hatte mich Tom am Wickel, und ich fühlte mich, als sei ich unter eine Dampfwalze geraten. Mein Kopf machte mit dem Marmorfußboden Bekanntschaft, und ein furchtbarer Schmerz zeigte an, daß für den Knochen meines rechten Armes Alarmstufe Rot galt. Tom brauchte ihn nur einen Millimeter weiter zu bewegen, und er würde brechen wie ein junges Ästchen. Mir wurde schwarz vor Augen. Es schien eine Ewigkeit zu dauern. Mein Arm war wie in Lava getaucht. Plötzlich gab es ein krachendes Geräusch. Irgend etwas regnete auf den harten Marmor herab. Der Griff lockerte sich.

Mühsam rappelte ich mich auf. Es war nicht einfach, denn Toms massiger Bodybuilding-Körper lastete auf mir.

»Das war mal ein Hochzeitsgeschenk«, sagte Jutta traurig. Sie hielt eine riesige bunte Scherbe in der Hand. Es war der Rest der Porzellanvase, die sie Tom auf den Kopf geschlagen hatte. Ein Stöhnen neben mir zeigte, daß er nur für ganz kurze Zeit außer Gefecht gesetzt war.

Jutta verschwand in die Küche und kam mit einer Wäscheleine zurück. Während ich meinen Arm betastete und nach weiteren Schäden suchte, verwandelte sie ihren Lover in ein gut geschnürtes Paket.

»So«, sagte sie, als sie fertig war. »Und jetzt hätte ich gern eine Erklärung.«

Tom, der am Boden lag, an Armen und Beinen gefesselt war und sich nicht rühren konnte, kam wieder zu Bewußtsein. Ich hob meinen Revolver auf, sicherte ihn und steckte ihn wieder in das Halfter.

»Tom, was ist los?« wollte Jutta wissen.

»Was soll los sein? Ich komme hierher, und dieser Typ da schlägt mich nieder.«

»Sag ihm, was du zu sagen hast«, forderte Jutta mich auf.

»Der Herr Tom dort«, erklärte ich, »gehörte zum Rollkommando, das meine Wohnung und die Katze auf dem Gewissen hat. Außerdem haben Sie auf mich geschossen und danach Frank Wolf umgebracht. So ist zumindest die ungefähre Reihenfolge.«

»Woher willst du das eigentlich so genau wissen?« fragte Jutta, plötzlich unsicher geworden. »Ist eindeutig bewiesen, daß er was damit zu tun hat?«

»Sagen wir mal so«, erklärte ich. »Ich habe den richtigen Riecher. Und außerdem Augen im Kopf.«

»So, so.«

»Er trägt die gleiche ätzende Uniform wie alle diese Typen. Bomberjacke, Jeans und Springerstiefel. Er könnte glatt zum Parteitag der vereinten Rechten marschieren.«

»Ja spinnst du denn?« sagte Jutta. »Es gibt massenhaft Leute, die so rumlaufen. Das kann doch Zufall sein.«

»Und das ist noch nicht alles. Mit seinem penetranten Rasierwasser hat er beim Einbruch in meine Wohnung alles verseucht. Der zieht geradezu eine Erkennungsspur hinter sich her. Bei dir im Bad riecht's auch danach.«

»Das Zeug heißt ›Jungle‹. Ich hab's aus Florida mitgebracht. Die Flasche hat dreihundert Dollar gekostet.«

Tom lag am Boden und grinste dämlich. »Du wirst es nie rauskriegen, Rott. Du bist ein Idiot, Mann. Streitet euch noch ein bißchen. Die Jungs sind bald über alle Berge.«

»Da hast du's«, rief ich. »Das war doch schon fast ein Geständnis, oder?«

Tom verging das Grinsen. Erst jetzt bemerkte er, daß er besser den Mund gehalten hätte.

»Okay. Was machen wir?« fragte Jutta.

»Hm – vielleicht foltern wir den Kleinen hier eine Weile, bis er uns alles erzählt, was wir wissen wollen.«

»Mach dich nicht lächerlich. Ich bin dafür, wir rufen die Polizei.«

»Wir haben nichts in der Hand.«

»Und das Geld? Und die Pistolenattrappe?«

»Na gut«, sagte ich und ging zu dem kleinen Sekretär, auf dem sich die Station mit dem schnurlosen Telefon befand. Ich war kaum dort angekommen, als Jutta hinter mir aufschrie.

Ich drehte mich um. Da stand Tom. Er hatte Jutta mit seinem rechten Arm gepackt. An ihrer Kehle blitzte etwas. Ein Messer. Jutta war starr vor Schreck.

»Tja, Rott – Gefangene duchsucht man erst mal nach Waffen. Wußtest du das nicht? Und fesseln scheint auch nicht gerade deine Stärke zu sein.« Offenbar hatte sein Spatzenhirn vergessen, daß Jutta ihn gefesselt hatte. Ich machte einen Schritt nach vorne.

»Schön stehenbleiben, Rott. Noch ein Schritt, und deine hübsche Tante, oder was sie ist, geht über die Wupper.« Er lachte dämlich.

»Und jetzt her mit deiner Knarre.«

Ich griff langsam in die Innenseite meiner Jacke. »Schön langsam, Rott. Mach nichts Unbedachtes, dann wird dem scharfen Mädel hier schon nichts passieren.«

Ich zog die Pistole heraus.

»Schieb sie hier herüber.«

Ich legte sie auf den Steinfußboden und gab ihr einen Stoß. Tom warf Jutta ohne Vorwarnung nach vorne. »Hinlegen. Hände ausstrecken«, befahl er. Als Jutta auf dem Bauch lag, nahm er die Pistole an sich und steckte das Messer weg. Er entsicherte die Waffe und befahl Jutta, wieder aufzustehen.

»Und jetzt den Schlüssel. Von dem Wagen.«

Ich schob sie ihm ebenfalls hin. Er ließ sie in seiner Tasche verschwinden. »Du brauchst gar nicht nach Zweitschlüsseln zu suchen, die hab ich schon.«

Langsam näherte er sich mit Jutta der Tür. Der Pistolenlauf war auf ihre Schläfe gerichtet.

»Verhalte dich ruhig – dann passiert ihr nichts.«

Tom griff nach der goldenen Rolex, die auf dem Bord lag. »Ist meine, hab ich hier irgendwann mal vergessen.«

Dann fiel die Haustür ins Schloß.

20.

Kaum war Tom mit Jutta hinter der Glastür verschwunden, löste ich mich aus meiner Erstarrung. Ich brauchte ein Fahrzeug, ich mußte hinterher. Ich griff nach dem Motorradschlüssel, raste in die Diele, dann die Treppe hinunter. Ich öffnete die Tür, die in die Garage führte.

Vor mir war tiefste Dunkelheit. In der Eile fand ich nicht gleich den Lichtschalter. Schließlich ertastete ich eine ganze Leiste von Schaltern und betätigte sie einfach alle. Rumpelnd ging das Garagentor auf, dann sprang die Neonröhre an. Ich hörte, wie draußen ein Wagen gestartet wurde.

In der Ecke stand Juttas nagelneues Motorrad. Ich schloß es auf. Während ich die Enduro auf die Straße schob, sah ich die Rücklichter des silbernen Mercedes, mit dem Mallberg unterwegs gewesen war. Er bog rechts ab in die Sadowastraße. Ich versuchte gar nicht erst, das Motorrad anzutreten, sondern schaltete in den zweiten Gang und ließ mich die Straße hinabrollen. Als ich an der Abzweigung angekommen war, ließ ich langsam die Kupplung kommen. Es gab einen mächtigen Ruck, der Motor knatterte auf, und ich schoß wie eine Rakete die Sadowastraße hinunter.

Schon auf der Briller Straße sah ich den Mercedes wieder. Wenn er unter einer Straßenlaterne durchfuhr, konnte ich deutlich Jutta auf dem Rücksitz sehen. In Gesellschaft von Toms Kumpanen. Es mußte jetzt gegen sechs Uhr sein.

Wir fuhren auf die Bundesallee, die in die Friedrich-Engels-Allee überging, und folgten ihr bis nach Barmen. Dann ging es links die Steinstraße hinauf in Richtung Autobahn – wieder in den Stadtteil Rott. Wir unterquerten die Güterbahnstrecke; kurz danach stoppte der Wagen und bog in eine Einfahrt. Ich parkte das Motorrad und wartete eine Weile. Dann sah ich mir das Grundstück genauer an.

Etwas abseits lag ein helles Gebäude. Bevor man es erreichte, mußte man einen asphaltierten Platz überqueren, der von gelblichen Lampen beleuchtet wurde. In den Ecken quoll Gras hervor. An einer Mauer hatte sogar eine junge Birke den Weg durch den harten Bodenbelag gefunden und war immerhin an die zwei Meter hoch geworden.

Schließlich schlich ich mich ans Haus heran. Mit roter Farbe hatte je-

174

mand in großen Lettern »Eingang« über die Tür gepinselt, daneben waren ein paar asiatische Schriftzeichen zu sehen. Die Tür besaß im oberen Bereich ein Fenster. Ich sah hindurch. Der Raum lag in einem diffusen Licht, so daß ich nicht viel erkennen konnte. Ich ahnte eine größere Halle. In einer langen Reihe standen Objekte, die mich an Zahnarztsessel oder den elektrischen Stuhl erinnerten. Es waren Fitnessgeräte. Hinten, in der Dämmerung, sah ich verschwommen die Seile eines Boxrings. Ich drückte die Klinke herunter. Verschlossen.

Vorsichtig schlich ich um das Haus herum. Auf der Rückseite gab es einen kleinen hölzernen Anbau von der Größe einer Garage. Das einzige Fenster war mit schmutzigen, gelben Vorhängen verhängt. Ich bemühte mich, im Schatten der Mauer zu bleiben.

Was nun?

Ich lauschte. Von der Straße kamen Verkehrsgeräusche. Nicht besonders laut. Um so mehr fielen mir die Stimmen auf, die aus dem hinteren Trakt drangen. Ich suchte mir eine Deckung an der Begrenzung zum nächsten Grundstück und fand eine Großraummülltonne, die genügend Schutz bot.

Eine Tür öffnete sich, Licht fiel auf den Asphalt. Ein Mann kam heraus. Er torkelte. Beinahe wäre er die drei Stufen hinuntergestürzt, die zu dem hinteren Teil des Platzes führten.

Als er sich aufzurappeln versuchte, erkannte ich ihn. Es war Arthur Satorius.

Ich wartete, bis er ein Stück in Richtung Straße gegangen war, dann folgte ich ihm. Auf der Straße sprach ich ihn an. Satorius zuckte erschrocken zusammen und drehte sich um. Als er mich erkannte, rang er sich ein gequältes Lächeln ab.

»Ach, Sie«, sagte er nur. »Ich wußte, daß ich Ihnen in diesem komischen Spiel irgendwann noch einmal begegnen würde.«

Von dem eitlen Starprofessor hatte er jetzt überhaupt nichts mehr an sich. Er trug einen Trenchcoat, der am unteren Saum schwarz angeschmutzt war. Seine sonst so prachtvolle Solariumsbräune wirkte ungesund und erinnerte mehr an Gelbsucht als an Urlaub in südlichen Gefilden.

»Was für ein Spiel?« fragte ich. »Was machen Sie hier?«

Wir standen auf dem Bürgersteig. Ein paar Männer kamen vorbei. Arbeiter, die zur Frühschicht unterwegs waren. Niemand achtete auf uns.

»Halten die drin eine Frau gefangen? Mit roten Haaren.«

175

Satorius nickte.

»Erzählen Sie mir alles, was Sie wissen! Kommen Sie mit.«

Wir gingen zum Motorrad. Von hier aus konnte ich den Eingang des Grundstücks gut im Auge behalten. Ich war angespannt bis in die Haarspitzen. Wie sollte es nun weitergehen?

Satorius zog einen länglichen Zigarillo aus der Tasche und zündete ihn an. Seine Hand zitterte.

»Alles in Ordnung?« fragte ich.

Satorius schüttelte den Kopf. »Nichts ist mehr in Ordnung. Gar nichts. Eine ganze Weile schon.«

»Seit Regina tot ist?«

Er nahm einen tiefen Zug und starrte vor sich hin. »Es hat keinen Zweck. Mir ist alles egal.«

Ich sagte nichts, obwohl ich vor Ungeduld bald platzte. Es war besser, wenn er einfach redete.

Er sah mich direkt an. »Sie haben nie für eine Musikzeitschrift geschrieben, oder? Ich habe mich nach unserem Gespräch in den Redaktionen erkundigt. Niemand kannte Ihren Namen. Und als Sie anfingen, Fragen über Reginas Tod zu stellen, hatte ich schon den Verdacht, daß Sie ein Schnüffler sind. Mir war nur nicht klar, welche Sorte. Von der Polizei sind Sie nicht, oder?«

Ich schüttelte den Kopf. »Ich bin Privatermittler. Was ist mit dem Lehár-Walzer, was stimmt nicht damit?«

»Mit dem stimmt alles.«

In meinem Kopf wurden die Bilder von der gequälten Katze wieder lebendig, von Wolf, von den zerstörten Wohnungen, ich dachte an Jutta, die gerade in der Gewalt der Gangster war, und plötzlich konnte ich nicht mehr an mich halten. Ich packte Satorius am Kragen. Er ließ es geschehen, als wäre er ein nasser Sack. Keine Gegenwehr.

»Kommen Sie mir nicht so. Ich will alles wissen. Und wenn Jutta da drin was passiert, werden Sie bezahlen«, blaffte ich ihn an.

Er grinste nur. »Habe ich schon. Habe ich schon. Lange. Und viel!«

Er kicherte so ähnlich, wie Wolf gekichert hatte.

»Sie haben Regina auf dem Gewissen, oder nicht?«

Er zog wieder an seinem Zigarillo. »Irgendwie. Vielleicht. Obwohl ich das wirklich nicht wollte.«

»Warum habe ich bei Wolf die Originalhandschrift des Walzers gefunden? Erzählen Sie, Mann!«

»Ich weiß nicht, welche Rolle Sie in dieser Sache spielen, und Sie brauchen es mir auch gar nicht zu sagen. Aber Sie scheinen tatsächlich nicht sehr viel zu wissen.«

»Dann klären Sie mich auf, verdammt noch mal.«

»Darauf kommt es jetzt auch nicht mehr an. Überhaupt nicht.«

Er stockte und dachte eine Weile nach.

»Ich habe diesen Walzer nicht entdeckt. Diese Ehre, wenn ich es mal so sagen darf, wurde Frank Wolf zuteil. Er fand das Manuskript eines Tages auf dem Vohwinkeler Flohmarkt.«

»Und weiter?«

»Er war ein junger Idealist. Er war einer meiner Studenten. Eines Tages kam er damit zu mir. Er wollte mit diesem Fund ganz groß in Wuppertal rauskommen.«

»Warum hat er es dann nicht einfach getan? Das Stück herausgebracht und die Lorbeeren kassiert?«

Satorius warf die Kippe weg. Er schüttelte den Kopf. »So einfach ist das nun auch wieder nicht. Man braucht schon Verbindungen. Zu Verlagen. Zu Musikern. Konzertveranstaltern. Geldgebern. Wolf hatte solche Verbindungen nicht. Die einzige Verbindung, die er hatte, war ich. Und so kam er zu mir. Er bat mich um Hilfe.«

»Und – haben Sie ihm geholfen?«

Satorius grinste wieder. »Ich habe mir die Fotokopie des Stückes geschnappt und habe den Walzer selbst veröffentlicht. Wolf war damit ausgebootet. Es war nicht ganz korrekt. Aber das Leben ist nun mal hart. Auch für Wissenschaftler.«

»Aber er hatte doch weiterhin das Originalmanuskript.«

»Natürlich. Aber danach fragte niemand. Man begutachtete die Handschrift, die ich als Kopie besaß. Und die war echt. Als man nach dem Original fragte, behauptete ich einfach, es sei im Besitz eines Privatmannes, der anonym bleiben wollte. Das gibt es oft in solchen Fällen. Und dann machte ich eine ganz große Nummer daraus. Sicher gab es ein paar Neider, die genau nachfragten, aber so etwas interessiert die wirklich wichtigen Leute nicht.«

Obwohl meine Gedanken kontinuierlich um Jutta kreisten, fragte ich weiter. Das Haus lag weiterhin still. »Hat sich Wolf nicht irgendwie gewehrt? Ich an seiner Stelle wäre sofort zu einem Anwalt marschiert.«

Satorius wühlte in seinen Taschen. Ich zog meine Camels hervor und bot ihm eine an. Er griff zu.

»Dazu war er zu weltfremd. Und zu verbohrt. Aber er hat mir trotzdem die Hölle heißgemacht.«

»Wie?« Ich gab ihm Feuer.

»Er hat mir aufgelauert. Mir gedroht. Es gab ganz groteske Situationen. Er hat meine Vorlesungen gestört. Er hat herumgeschrien, alles sei Lüge und Betrug. Aber niemand hat ihn ernst genommen.«

»Dabei hätte er nur das Originalmanuskript zu zeigen brauchen.«

»Vielleicht. Aber ich merkte schnell, daß es ihm gar nicht um die Entdeckung selbst ging.«

»Sondern?«

»Wie immer: ums Geld. Er begann, mich zu erpressen. Am Anfang ließ ich mich überhaupt nicht darauf ein.«

»Dann aber doch?«

Satorius zögerte, bevor er weitererzählte. »Es war an einem Abend, den ich mit Regina verbracht hatte. Ich hatte sie kurz zuvor nach Hause gebracht, und so war die Beifahrertür nicht abgeschlossen. Als ich von der Luhnsdorfer Höhe nach Hause fuhr und gerade vor meinem Haus parken wollte, sprang Wolf blitzschnell herein. Er hielt mir eine Pistole an die Schläfe und forderte mich auf, weiterzufahren.«

Ich dachte an die Pistolenattrappe, die ich gefunden hatte.

»Wir fuhren durch die Stadt. Er hielt mir vor, daß ich ein wissenschaftlicher Plagiator sei. Es war Abend, und es regnete stark. Ich war aufgeregt und konnte mich schlecht aufs Fahren konzentrieren.«

»Worauf wollen Sie hinaus?«

»Wir fuhren kreuz und quer durch die Stadt. An der Hofaue erwischte ich mit dem Wagen einen Fußgänger. Besser gesagt – eine Fußgängerin. Es war eines der Mädchen, die dort manchmal stehen. Wolf befahl mir weiterzufahren. Was sollte ich machen? Ich hatte seine Pistole an der Schläfe, und ich tat, was er wollte.«

»Und das Mädchen ist gestorben.« Die Kollegin von Anja.

Er nickte. »Ja, sie ist gestorben. Es stand zwei Tage später in der Zeitung. Es kam nie heraus, daß ich es war. Aber von nun an hatte Wolf gleich zwei Dinge in der Hand, mit denen er mich erpressen konnte.«

»Und die Sie Ihre Karriere gekostet hätten, wenn sie herausgekommen wären.«

»Mindestens«, sagte Satorius. »Abgesehen von der Strafe wegen der Fahrerflucht.«

»Aber haben Sie sich nicht gewehrt? Haben Sie nicht versucht, Hilfe zu finden?«

»Allerdings. Was glauben Sie, was ich hier zu suchen hatte?« Er nickte kurz in Richtung des Hauses. »Diese runtergekommene Bude da gehört Karl Steinbach. Er sollte mir helfen, Wolf unter Druck zu setzen. Und andere, die herumschnüffelten.«

»Zum Beispiel mich.«

»Zum Beispiel Sie. Nach dem sogenannten Interview alarmierte ich Steinbach. Daß seine Kerle dann mit dem Holzhammer vorgehen und Ihre Wohnung dem Erdboden gleichmachen würden, konnte ich nicht wissen.«

»Und bei Wolf? Da haben sie auch den Holzhammer ausgepackt?«

»Und wie. Der mußte dran glauben. Hab ich jedenfalls gerade erfahren. Armer Kerl.«

Immer noch keine Bewegung am Haus. Was sollte ich tun? Allein gegen diese Gorillas? Ich versuchte, mich mit Satorius Informationen zu beruhigen, und fragte weiter. »Wie sind Sie an Steinbach gekommen? Das sind doch normalerweise nicht Ihre Kreise, oder?«

»Sie werden es nicht glauben. Durch Regina. Steinbach ist ein Bekannter ihres Vaters. Als das mit Wolfs Erpressungen anfing, war sie der Meinung, ich sollte ihn um Hilfe bitten. Sie hat es wahrscheinlich nicht ganz ernst gemeint, aber schließlich sah ich keine andere Chance mehr.«

»Am Tag, bevor sie starb, war sie bei mir.«

Satorius machte ein überraschtes Gesicht. »Tatsächlich? Das wußte ich gar nicht. Und warum –«

»Warum ich ihr nicht geholfen habe? Sie hat mich nicht beauftragt. Irgend etwas kam dazwischen. Sie stand bei mir im Büro, bekam einen Anruf über ihr Handy und verabschiedete sich. Am Telefon waren Sie, stimmt's?«

»Wann war das genau?«

»Ungefähr um drei Uhr am Nachmittag.«

»Ja. Wolf wollte wieder mal Geld haben. Eine riesige Summe. Ich hatte Schwierigkeiten, sie aufzutreiben.«

»Hunderttausend Mark.«

»Das ist richtig. Wolf hatte eine raffinierte Art, die Geldübergabetermine festzulegen. So befahl er mir immer einige Tage vorher, das Geld bereitzuhalten. Dann meldete er sich noch einmal unmittelbar vor der eigentlichen Übergabe. Diesmal wollte er es genau um zwei Minuten vor acht am Tag des Konzerts haben. Er wußte natürlich, daß ich kurz danach auf der Bühne zu stehen hatte. Aber das war ja gerade der Trick. Damit verhinderte er, daß ich Hilfe holen konnte. Er gab mir erst um neunzehn Uhr dreißig Bescheid. Er rief mich auf dem Handy an, als ich mich in der Garderobe befand.«

»Und als Sie am Tag vorher Regina bei mir im Büro anriefen, teilten Sie ihr mit, daß Sie das Geld aufgetrieben hatten. Wo sollte die Übergabe stattfinden? Auf dem Dachboden der Stadthalle?«

Er schüttelte den Kopf. »Nein. Auf einer der Treppen, die vom unteren Foyer nach oben führen. Es sollte so wirken, als sei er ein normaler Konzertbesucher. Ich wäre dann dazugekommen und hätte ihm den Umschlag zugesteckt.«

»Ihm war aber doch klar, daß Sie das Geld unter diesen Umständen nicht persönlich bringen würden?«

»Er wußte, daß ich notfalls auch Regina schicken würde.«

»Sicher«, überlegte ich laut. »Die beiden kannten sich ja. Und Sie hatten Regina in die Sache eingeweiht.«

»Sie stand zu mir. In jeder Situation. Und glauben Sie mir: Wäre es nicht so gekommen, ich hätte sie geheiratet und aus ihrem bigotten Elternhaus herausgeholt.«

»Aber warum ist sie zu Tode gekommen?«

»Vielleicht hat Wolf sie körperlich bedroht. Regina mag geflüchtet sein. Sie hat vielleicht eine offene Tür gefunden, ist auf den Dachboden geraten, Wolf hinterher. Und dann ist es eben so gekommen, wie wir es alle erlebt haben. Eine Vermutung lediglich. Sicher ist nur, daß Wolf unbemerkt mit dem Geld entkommen konnte.«

Satorius wirkte erschöpft.

»Sie sollten zur Polizei gehen«, sagte ich »Noch ist es nicht zu spät. Wolf ist tot. Er kann Sie nicht mehr erpressen.«

»Wolf mag tot sein. Aber denken Sie an die Schande. Wenn das alles rauskommt, ich könnte es nicht ertragen. Und außerdem: Mittlerweile haben längst andere seine Stelle eingenommen.«

»Wer?« fragte ich.

»Na, die da drüben.«

In diesem Moment wurde gegenüber ein Motor gestartet. Mist. Ich hatte nicht aufgepaßt. Während ich das Motorrad ankickte, redete Satorius einfach weiter. »Vorhin haben Sie mir noch mal fünfzigtausend abgenommen. Ich bin ruiniert.«

180

»Und warum haben die Wolfs Wohnung umgekrempelt, nachdem sie ihn Ihnen vom Hals geschafft haben?«

»Na, das ist doch klar. Sie haben kapiert, daß sie ebenfalls die Lehár-Partitur brauchen, um mich erpressen zu können.«

»Und die haben sie gesucht. Aber nicht gefunden.«

Er nickte.

Ich sagte nichts mehr. Aus der Einfahrt kam der silberne Mercedes. Ich konnte nicht sehen, wer am Steuer saß. Juttas leuchtendroter Schopf blitzte von hinten hervor.

Ich kümmerte mich nicht weiter um Satorius. Der Wagen fuhr in Richtung Wupper. Ich folgte und sah den Professor im Rückspiegel. In seinem hellen Mantel wirkte er wie ein Gespenst.

Auf der Friedrich-Engels-Allee ging es wieder in Richtung Elberfeld. Als wir die Stadthalle passierten, ahnte ich, wohin die Fahrt ging. Ich stellte das Motorrad ein paar Straßen von der Chlodwigstraße entfernt ab.

Vor dem Haus, in dem Steinbach bei meiner ersten Verfolgung verschwunden war, stand ein riesiger Lkw. Er parkte auf dem Gehweg. Der Laderaum stand offen und gewährte einen Blick auf Stapel von Umzugskartons. Nichts Besonderes für einen zufälligen Passanten. Doch kein Mensch weit und breit.

Die Haustür war nur angelehnt. Ich schlich in den Flur und nahm Stimmen wahr. Weit weg, offenbar aus dem Keller.

Ich ging vorsichtig den Geräuschen nach. Eine spärlich beleuchtete Treppe führte hinab. Sie war sehr lang. Vorsichtig stieg ich in die Tiefe. Die Kellerabteilungen der Mieter: Holzverschläge, ordentlich mit Vorhängeschlössern gesichert.

Die Stimmen waren verstummt. Es war still. Zu still.

Ich hatte keine andere Wahl, ich mußte jetzt handeln, obwohl es wahnsinnig war ohne jede Unterstützung. Ich hastete weiter und gelangte an eine grau gestrichene Stahltür. Sie war verschlossen. Daneben dunkle Gänge. Plötzlich hörte ich ein schleifendes Geräusch. Es war nicht auszumachen, wo es herkam. Hektisch sah ich mich um, konnte jedoch nichts Besonderes entdecken. Dann ein anderes Geräusch, ganz nah. Ich drehte mich um. Die Stahltür ging auf. Ich konnte mich gerade noch in einem Seitengang verbergen.

»Das muß alles hier raus«, sagte eine Männerstimme. »Beeilt euch ein bißchen.« Es war Steinbach, der da sprach. Er stand jetzt vor der offenen Stahltür und sprach in den Raum hinein, der dahinter lag. »Na kommt schon. Alles rauf in den Lkw. Los.«

Er ging wieder hinein. Dann sah ich ein paar der Jungs mit den Bomberjacken. Drei von ihnen marschierten an mir vorbei, ohne mich zu sehen. Jeder trug einen großen Karton in der Hand. »Na also, geht doch«, sagte Steinbach und ging wieder in den Raum hinein. Offenbar waren da noch mehr von den Kerlen beschäftigt, denn ich hörte seine Befehle. »Die hier, die hier und die hier – alles rauf. Hab ich doch eben schon erklärt. Ist das denn so schwer? Nichts bleibt hier. Am Ende kommen auch die ganzen Dekorationen mit.«

Wieder ging ein kleiner Trupp Kartonträger vorbei. »Halt, stop – oben bleiben«, rief er. »Die Treppe ist zu schmal. Laßt erst mal hier die Jungs rauf. Bleibt oben.«

Jetzt schien die Luft rein zu sein. Neben der Stahltür war ein völlig leerer Kellerraum, nicht besonders groß. Das einzige, was auffiel, war ein kreisrundes Loch im Fußboden. Daneben lag der passende Deckel. Ich blickte hinein: ein tiefer Schacht wie ein Brunnen. Am Rand lehnte eine Leiter. Ohne zu überlegen, machte ich mich an den Abstieg. Ich mußte Jutta finden.

Die Leiter führte in einen weiteren Vorraum, dann stand ich vor einer offenen Tür. Helles Licht drang heraus. Kein Kellerraum mehr, sondern ein voll eingerichtetes Zimmer. Es ähnelte einem Filmstudio. Auf der einen Seite heller Teppichboden und cremefarben gestrichene Wände. Ein großes Doppelbett und Biedermeier-Möbel: ein Sofa, ein paar Stühle, auf denen Kleidungsstücke hingen. Auf dem Ärmel einer schwarzen Jacke war ein Hakenkreuz aufgenäht. Gleich daneben eine Art Sadomaso-Folterkammer mit blutroten Wänden. Ein Käfig, schwarzlederne Peitschen, Handschellen. Davor standen Lampen und eine Videokamera auf einem Stativ. Mir war klar, daß hier nicht gerade die Augsburger Puppenkiste gedreht wurde.

Ich durchquerte den Käfig und gelangte in einen langen Gang. Links und rechts befanden sich Metallregale mit kleineren Kartons. Ich griff hinein und zog zwei buntbebilderte Videos heraus. Auf einer der Kassetten sah man eine helle Blondine in Nazi-Uniform, die gerade eine Asiatin auspeitschte. Auf einer anderen hatte sich die Blondine ihrer historischen Kleidung entledigt und befand sich mit ihrem männlichen Partner in der Missionarsstellung. Ganz normale Pornographie. Wenn

182

der Mann nicht eine SS-Uniformjacke getragen hätte. Ich erkannte in den Kulissen das Studio wieder, durch das ich gekommen war.

Offenbar kam der Packtrupp zurück. Mir blieb nichts weiter übrig, als in den dunklen Gang hineinzuflüchten. Im Dämmerlicht sah ich eine Treppe. Ich hastete die Stufen hinab und gelangte vor eine weitere graue Eisentür. Verschlossen. Es ging nicht weiter. Ich drehte mich um. In diesem Moment flammte im gesamten Treppenabgang elektrisches Licht auf. Vor mir stand Steinbach. Seine Augen waren nicht zu erkennen wegen der verspiegelten Gläser.

»Sieh mal an. Wen haben wir denn da?«

Steinbach mußte blitzschnell ausgeholt haben. Denn unmittelbar darauf verlor ich das Bewußtsein.

21.

Irgendwo wurde eine Straße aufgerissen. Man zwang mich, ohne Ohrenschützer neben dem Preßlufthammer zu stehen. Es war unerträglich. Ich versuchte wegzulaufen, aber es ging nicht. Man hielt mich von allen Seiten fest, und ich mußte dableiben. Aber der Lärm war nicht alles. Irgend etwas kratzte mich im Gesicht und stach mich in die Seite. Ich versuchte zu sehen, was das war. Wieder Fehlanzeige. Noch nicht einmal meine Arme konnte ich frei bewegen. Na gut, dachte ich, bleib einfach, wo du bist. Aber das ging auch nicht, denn der Mann am Preßlufthammer machte immer weiter und weiter. Es gab keine Sekunde Pause.

Als ich die Augen aufschlug, sah ich zehn Zentimeter vor mir ein Stück Mauer. Der Putz war alt und brüchig. Es roch feucht. Ich fröstelte und begriff, daß ich auf dem Boden lag. Ein dunkler Teppich rieb an meiner Wange. Meine Hände waren mit Handschellen gefesselt. Was mich auf der rechten Seite stach, war ein spitzer Stein, der unter mir lag.

Ich versuchte mit aller Gewalt, mich herumzudrehen. Aber bei dieser Kraftanstrengung begann der Preßlufthammer wieder. Ich biß die Zähne zusammen. Dreimal mußte ich innerlich Anlauf nehmen. Schließlich klappte es. Ich konnte nur durch ein Auge sehen; das andere war verklebt. Getrocknetes Blut, dachte ich.

Der Raum war eigenartigerweise rund. Ein paar funzelige Glühlampen hingen nackt von der Decke.

Ich hatte das Gefühl, meine Zunge sei aus Schmirgelpapier, so trocken war mein Mund. Zu gern hätte ich etwas getrunken. Langsam ließ ich die Zunge kreisen, doch alles war taub. Hoffentlich haben sie nicht auch noch ein paar Zähne erwischt, dachte ich bei meiner Angst vor dem Zahnarzt!

Von irgendwoher klangen Schritte. Ich setzte mich auf und blickte in die Runde. Meine Hände konnte ich nicht mehr fühlen, doch das Gewummere im Kopf war etwas besser geworden. Ich entdeckte eine Tür im Mauerwerk und sah jetzt auch, daß der runde Raum keineswegs leer war, sondern noch einen Tisch und Stühle enthielt.

Nach einer Weile nahm ich eine Bewegung an der Tür wahr. Ein Mann kam herein und sah sich um. Es war Mallberg. Als er sah, daß ich bei Bewußtsein war, lächelte er mir zu.

»Hallo, Herr Rott. Schön, Sie bei mir begrüßen zu können.«

Hätte ich die Augen geschlossen und mir einen anderen Ort vorgestellt, hätte ich glauben können, Mallberg sei ein Hotelier, der mich zu Beginn der Ferien in Empfang nahm.

»Ganz meinerseits«, wollte ich sagen, brachte aber nur ein unverständliches Gegurgel hervor.

»Oh, ich vergaß«, sagte Mallberg in bedauerndem Tonfall, »meine Leute haben Ihnen ein paar Unannehmlichkeiten bereitet. Das tut mir leid. Aber es mußte sein. Ich werde Sie bald davon erlösen.«

Ich versuchte zu sprechen. Es ging nicht. Ich räusperte mich ausgiebig. Mallberg setzte sich auf einen Stuhl und sah mir bei meinen Bemühungen zu. Er hatte etwas in den Händen. Ich erkannte meinen Revolver.

»Schwein«, sagte ich mühsam.

Mallberg setzte eine tadelnde Miene auf. »Aber Herr Rott, wir wollen doch höflich bleiben.«

»Kein Wunder, daß Ihre Tochter damals versucht hat, sich das Leben zu nehmen – bei so einem Vater«, krächste ich.

»An ihrem Tod bin ich nicht schuld. Manche Kinder sind eben etwas labil. Das gibt es. Ich habe mich damit abgefunden.«

»Wie haben Sie der Polizei weismachen können, daß es Selbstmord war?«

»Oh, das war einfach. Sie hatte bei dem damaligen Selbstmordversuch einen Brief hinterlassen, den aber niemand außer mir zu sehen bekommen hatte. Es war ein leichtes, das Datum abzuschneiden und ihn der Polizei zu präsentieren.«

»Mit so einer plumpen Fälschung haben sich die Behörden zufrieden gegeben?«

»Mit gewisser finanzieller Unterstützung gibt man sich gern mit einfachen Lösungen zufrieden. Vor allem als Beamter.« Er hob den rechten Zeigefinger. »Sie sind doch nicht so dumm, wie ich anfangs geglaubt habe, Rott. Sie haben zum Beispiel im Botanischen Garten den ›Milchstern‹ entdeckt. Erinnern Sie sich?«

»Aber meine Findigkeit hat Ihnen ganz schön zu schaffen gemacht.«

Er zuckte die Achseln. »Nur weil meine Frau plötzlich nicht an den Selbstmord glauben wollte. Ein bedauerlicher Zwischenfall. Wer hätte gedacht, daß sie so viel Eigeninitiative entwickelt und einen Privatermittler einschaltet.«

»Eine Eigeninitiative, die auch Ihre Tochter schon an den Tag gelegt hatte.«

185

»Mag sein. Jedenfalls mußte ich Sie aus dem Verkehr ziehen.«

»Wissen Sie denn überhaupt, wie Ihre Tochter umkam? Daß Satorius erpreßt wurde und sie sich praktisch für ihn geopfert hat, weil dem großen Herrn Dirigenten sein Auftritt wichtiger war als die Probleme, in denen er steckte?«

»Unsere Tochter hat uns hintergangen. Und dieser sogenannte Professor hat sie schamlos ausgenutzt.«

»Regina war kein kleines Kind mehr. Warum haben Sie sich überhaupt so viel Mühe gegeben, die Polizei mit dem falschen Brief abzulenken?«

»Die Schande für Regina. Und natürlich muß ich die Behörden möglichst von meinen Geschäften hier fernhalten.«

»Wo sind wir hier?« fragte ich, teils aus Neugier, teils um Zeit zu gewinnen.

»In einem Bunker in der Elberfelder Südstadt. Stammt aus dem Zweiten Weltkrieg und liegt genau unter meinem Haus in der Chlodwigstraße. Das genialste Versteck. Vor allem für einen wie mich.«

»Sie sind der ›Große Boß‹«, sagte ich.

»Na ja, das ist eine etwas übertriebene Bezeichnung, die in gewissen Kreisen in dieser Stadt kursiert. Ich befinde mich eigentlich noch in den Anfängen. Im Aufbau sozusagen.« Er schüttelte bedauernd den Kopf. »Sie sind doch zu klug, Rott. Schade um Sie.«

»Aber auch in diesem Bunker kann man Hausdurchsuchungen durchführen lassen«, gab ich zu bedenken und spürte, wie mir trotz Frösteln der Schweiß ausbrach.

Doch Mallberg schüttelte den Kopf. »Da muß ich Sie leider enttäuschen. Diese Räume sind von allen Plänen verschwunden. Die Behörden wissen nichts mehr davon. Auch in den Archiven findet sich nichts. Ich habe den zuständigen Amtsleiter bei der Stadtverwaltung jahrelang entsprechend finanziell versorgt. Alle Dokumente darüber sind nicht mehr existent. Selbst meine eigenen Leute kennen das Versteck nur zum Teil. Und es ist genial, Rott.« Mallbergs Stimme verriet Stolz.

»Hier wird mit Filmen Geld verdient, die an eine große deutsche Zeit erinnern. Viele wissen das zu schätzen: gute, blonde, deutsche Frauen. Sicher, die Filme sind ein bißchen unmoralisch, aber die Zeiten ändern sich. Die Moral wird lockerer, aber die deutschen Ideale bleiben. Die Polen und die Tschechen – diese Kanaken haben uns jahrelang diese Geschäfte streitig gemacht. Doch ich habe sie in deutsche Hand zurückgeholt. Es war ein ganz schönes Stück Arbeit. Eigentlich sollte man mir dafür einen Orden verleihen.«

Mallbergs Blick ging in eine unbestimmte Ferne. Er sah so aus, als erwarte er, daß man ihm die Auszeichnung jeden Moment anhefte.

»Einen Orden? Dafür, daß Sie wehrlose Leute umbringen?«

Mallberg kehrte gedanklich in die Wirklichkeit zurück und sah mich an. »Ehre ist kein Fremdwort für mich, Rott. Selbstverständlich werde ich Ihnen die Fesseln abnehmen, bevor ich Sie erschieße. Übrigens mit Ihrer eigenen Waffe. Mal sehen, vielleicht können es meine Leute als Selbstmord tarnen. Außerdem werden wir in Ihrer Wohnung ein bißchen Heroin verstecken. Dann waren Sie eben auch in krumme Geschäfte verwickelt. Kein Wunder, bei Ihrem chronischen Geldmangel. Keiner wird Ihnen eine Träne nachweinen.«

»Warum haben Sie es so eilig«, fragte ich dazwischen. »Wo steckt Jutta?«

»Herrlich! Ein Detektiv bleibt eben ein Detektiv. Auch im Angesicht des Todes bleibt er noch seiner größten Tugend treu: der Neugier … Das weiß ich zu schätzen, Rott. Sie sind ein Held. Also: Steinbach hat ein bißchen zu dick aufgetragen, als er mit seinen Leuten Frank Wolf umbrachte. An so etwas kommt auch eine gut geschmierte Polizei nicht mehr vorbei. Wir werden diese Stadt nun verlassen. In zwei Stunden geht unser Flieger von Düsseldorf. Unsere Ware wird mit dem Lkw in ein besseres Versteck gebracht. Wenn wir weg sind, werden nur noch Sie hier unten sein – und Ihre liebe … wie soll ich sagen … Freundin Jutta. Natürlich als Leichen.«

»Was sind Sie für ein Mensch, Mallberg? Denken Sie doch mal an Ihre Tochter! Geht Ihnen Reginas Tod kein bißchen nahe? Sie war eine Künstlerin, Mallberg. Sie halten doch so viel von deutscher Heimat, von deutscher Tradition. Regina hat viel für die deutsche Kultur getan. Sie hat doch auf dem Klavier sicher auch Bach und Beethoven gespielt. Und der Walzer, den Satorius entdeckt hat. Ein Stück deutsche Tradition. Wuppertaler Tradition. Ist das nichts?«

»Lehár war Österreicher«, winkte Mallberg ab.

»Ja, genauso wie Adolf Hitler.«

Ich hatte ihn zu sehr gereizt. Mein Versuch, an die Vaterseele zu apellieren, war schiefgegangen. Mallberg nahm meine Pistole.

»Halten Sie den Mund.«

»Man kann den Schuß hören«, wandte ich ein.

»Machen Sie sich nicht lächerlich«, gab Mallberg ruhig zurück. »Kommen Sie. Stehen Sie auf.«

Ich überhörte seine Aufforderung. »Warum dieses Doppelleben, Mallberg? Auf der einen Seite der biedere Familienvater, auf der anderen der Gangsterboß?«

Er antwortete nicht. Ich konnte mir die Antwort selbst geben. Schließlich hatte man in der Geschichte von deutschen Bürgern gehört, die tagsüber ein KZ befehligten und am selben Abend mit ihrer Familie Weihnachten feierten.

»Und was ist mit Ihrer Frau?« fragte ich. »Sie scheint ja von all dem hier gar nichts zu wissen.«

»Weiß sie auch nicht. Sie weiß nur, daß ich gleich eine längere Geschäftsreise unternehmen werde. Das ist alles. Sie ist nämlich eine sehr gehorsame Frau, wissen Sie. Meistens jedenfalls – wenn sie nicht gerade auf eigene Faust Ermittler engagiert. Los jetzt, Rott. Ich habe keine Zeit mehr.«

Ich stellte mich auf die Beine und spürte, daß sie eingeschlafen waren. Ich konnte nur langsam gehen. Ich nutzte die Zeit, um meine Lage zu überdenken, und überlegte, ob ich Mallberg angreifen sollte. Selbst wenn es mir gelingen würde, ihn zu überwältigen, würde ich es kaum schaffen, das Gebäude zu verlassen. Aber ich könnte ihn als Geisel nehmen und damit zumindest Zeit gewinnen. Vorausgesetzt, ich bekam die Waffe in die Hand. Aber ich trug immer noch diese Handschellen.

Mallberg öffnete die Eisentür. Der Raum dahinter war stockdunkel. Er betätigte einen Schalter, Licht flammte auf. In der hinteren Ecke saß Jutta. Ihre Augen waren angstvoll aufgerissen. Sie hatte einen Klebestreifen vor dem Mund und die Arme auf dem Rücken gefesselt.

Mallberg bückte sich, um sie hochzuziehen. In dieser Sekunde bekam ich meine Chance. Ich holte aus und knallte Mallberg die Handschellen gegen die Schläfe. Der Schlag traf ihn voll. Er fiel auf den Rücken und versuchte, den Lauf der Pistole auf mich zu richten. Die Waffe war noch nicht entsichert. Ich ließ mich auf seinen Arm fallen. Doch ich besaß kaum Bewegungsmöglichkeiten. Mallberg dagegen war sofort wieder auf den Beinen – viel schneller als ich.

Die Pistole landete auf dem Boden. Als er sich bückte, traf ich ihn mit den Füßen an der Kehle, und er fiel wieder nach hinten. Ein Tritt von mir, und die Buchhalterbrille splitterte. Das Blut schoß ihm aus der Nase. Aus den Augenwinkeln bemerkte ich, daß Jutta es geschafft hatte, aufzustehen. Sie kickte die Pistole weg. Mallberg kam wieder auf die Beine. Ich war nicht so schnell und verpaßte ihm kniend mit den gefesselten Händen eine Breitseite in die Leistengegend. Sofort klappte er wieder zusammen. Doch dann war ich am Ende. Jutta, die schon seit Stunden gefesselt war, ebenfalls.

Mallberg konnte sich unbehelligt aufrappeln, ein paar Schritte gehen und die Pistole aufheben. Noch einmal nahm ich all meine Reserven zusammen und warf mich von hinten auf ihn. Er schüttelte mich ab und riß die Waffe hoch. Ein Grinsen ging über sein Gesicht, als er langsam auf mich zielte. »Hoch, Rott. Ich bin wirklich enttäuscht von Ihnen. Stehen Sie auf. Sterben Sie wie ein Mann.«

Plötzlich gab es einen ohrenbetäubenden Knall. Ein blutroter Schleier senkte sich vor meinen Augen.

Als alles wieder klar wurde, war der Raum voller Menschen. Jetzt ist alles aus, dachte ich und hob die Hände. Mir wurde wieder schwarz vor Augen. Hoffentlich machen sie es kurz. Aber nichts passierte. Irgendwann erkannte ich, daß die Männer grün gekleidet waren und Schirmmützen trugen.

Es dauerte eine Weile, bis ich begriffen hatte, daß die Polizei gekommen war.

Vor mir lag jemand. Regungslos. Mallberg.

Mit benommenem Kopf quälte ich mich die endlosen Treppen hinauf. Ich kam auf die Straße, und es war hell. Wie spät war es? Ich sah auf meine Armbanduhr. Halb sieben am Morgen. Wo war Jutta?

Auf der Straße wimmelte es von Polizisten. Das Lager wurde beschlagnahmt und die Kartons in Polizeifahrzeuge verladen. Überall drehten sich die blauen Lichter und flackerten an den Hauswänden entlang. An den erleuchteten Fenstern in der Nachbarschaft drängten sich die Neugierigen. Manche waren auf die Straße gekommen und wurden von Polizisten so gut es ging ferngehalten. Steinbachs Leute und der Chef der Schlägertruppe selbst verließen das Haus in Handschellen.

Schließlich kam ein Krankenwagen. Jutta wurde auf einer Trage herausgebracht. Ich beugte mich hinunter. »Alles klar Remi«, sagte sie matt. »Die wollen mich nur sicherheitshalber untersuchen.«

Ein Sanitäter sprach mich an. »Sind Sie in Ordnung?«

»Ja, ja. Ich will mitfahren.«

Jemand legte mir die Hand auf die Schulter. Ich drehte mich um. Es war Krüger. »Herr Rott, wir brauchen noch Ihre Aussage. Wo können wir Sie später erreichen?«

Ich nannte ihm Juttas Adresse und Telefonnummer. Währenddessen schlossen die Sanitäter die hinteren Türen des Krankenwagens und fuhren davon.

»He – ich wollte doch mitfahren«, rief ich.

»Wir bringen Sie im Streifenwagen hin«, sagte Krüger. Er winkte einem der Uniformierten.

Als ich im Wagen saß, klopfte Krüger noch einmal an die Scheibe. »Wir sprechen uns später. Sie haben uns einen großen Dienst erwiesen.«

22.

Mittags waren wir wieder bei Jutta zu Hause. Außer einer leichten Unterkühlung und deutlicher Übermüdung hatte sie keine körperlichen Schäden davongetragen.

»Gegen Kälte habe ich was in der Bar«, sagte sie und öffnete die Säule in ihrem Wohnzimmer.

Kurz darauf stießen wir an. »Auf was trinken wir?«

»Auf Tom«, sagte Jutta.

»Was?«

»Na, wenn er mich nicht gekidnappt hätte, wäre Mallbergs Perverspornoproduktion nie aufgeflogen. Die hätten das Zeug nach Holland oder sonstwohin geschafft.«

»Wenn du's so siehst. Ich frage mich aber was ganz anderes.«

»Was denn noch?«

»Na, wer uns eigentlich gerettet hat. Erinnerst du dich? Mallberg war gerade dabei, mich zu erschießen.«

»Dazu wird dir Krüger sicher was sagen können.«

»Und was wird damit?« fragte Jutta und öffnete noch einmal den Karton, den ich bei Wolf gefunden hatte. »Da warten hunderttausend Mark.«

»Auf Satorius«, gab ich zu bedenken. »Sie gehören ihm, und ich werde sie ihm zurückbringen. Genauso wie die Lehár-Partitur. Ist mir doch egal, daß er sie nicht selbst gefunden hat. Soll er sich ruhig weiter in seinem Ruhm sonnen. Wegen der Fahrerflucht allerdings im Knast.«

»Edel, edel.«

Das Telefon klingelte. Jutta ging ran. »Für dich.«

»Hier Krüger. Herr Rott, wir brauchen Ihre Aussage jetzt sofort. Können Sie ins Polizeipräsidium kommen? Es ist noch etwas anderes passiert.«

»Was?«

»Professor Satorius hat sich umgebracht. Erhängt. In seiner Wohnung. Ich denke, daß Sie uns dazu auch etwas sagen können.«

»Ich komme gleich.«

Wir fuhren mit einem Taxi ins Präsidium. Keiner von uns war in der

Lage, sich ans Steuer eines Autos zu setzen. Wolfs Waffenattrappe nahm ich mit. Sie wurde beschlagnahmt.

Ich fragte Krüger, wieso die Polizei bei unserer Befreiung zur richtigen Zeit am richtigen Ort gewesen war, aber sich ansonsten von so fadenscheinigen Indizien wie einem uralten Abschiedsbrief hatte einwickeln lassen.

»Ich nicht«, wehrte Krüger ab. »Es gab da in gewissen Etagen der Kripo einen Sachverhalt, den ich … nicht weiter benennen will.«

»Korruption.«

»Das haben Sie gesagt. Ich habe jedenfalls damit nichts zu tun. Und mir war von Anfang an klar, daß Sie letztlich Licht in die Sache bringen würden. Wir ermittelten auch schon wegen dieser rechtsradikalen Pornos. Wir hätten Mallberg früher oder später wegen dieser Nazi-Videos an den Wickel gekriegt. Aber das ist nicht alles. Mallberg war gewissermaßen Abnehmer im Menschenhandel. Die asiatischen und schwarzen Frauen in den Videos sind gegen ihren Willen zu diesen Sachen gezwungen worden. Sie wurden in der Chérie-Bar gefangengehalten.«

»Jetzt sagen Sie mir doch noch eines.«

»Ja?«

»Wieso haben Sie das Haus gestürmt? Welchem Zufall verdanken Jutta und ich unser Leben?«

»Hm. Sie waren heute nacht im Präsidium. Erinnern Sie sich? Die Kollegen haben Sie gesehen und später mit einem nicht angemeldeten Motorrad und ohne Helm auf der Straße wiedererkannt, als Sie weit über der Höchstgeschwindigkeit durch Wuppertal jagten.«

»Das reicht aber noch nicht, um ohne Durchsuchungsbefehl in ein Haus einzudringen.«

»Erstens wurden Sie von Polizisten beobachtet, wie Sie in das Haus gegangen sind. Zweitens hat man in einem günstigen Moment den Inhalt des Umzugswagens unter die Lupe genommen. Das reichte für drittens: den Durchsuchungsbefehl. Ich muß dazu sagen: Uns war die Existenz dieser Videoproduktion bekannt. Wir wußten nur nicht, wo sich die Quelle befand. Mallberg hat das Zeug weltweit angeboten – auch über Internet.«

Ich hatte genug erfahren. Wir standen auf und gingen. Auf dem Flur stand Frau Mallberg mit versteinertem Gesicht.

»Auf Wiedersehen, Frau Mallberg«, sagte ich.

»Auf Wiedersehen, Herr Rott.« Sie sah mich eine Weile an. »Ich weiß jetzt alles. Sie haben richtig gehandelt. Danke.« Sie gab mir die Hand.

Alles in mir sehnte sich nach Schlaf.

Juttas Gästebett war eine Wohltat.

23.

Ich erwachte am nächsten Morgen gegen elf.

Jutta war schon auf. Der Tisch war bereits gedeckt, und die Sonne schien. Wir frühstückten und redeten kaum.

Irgendwann ging Jutta zur Haustür, kam mit der Zeitung zurück und legte sie vor mich hin. »Das Ende vom Großen Boß«, schrie die Schlagzeile der WZ.

»Ich glaube, ich will das jetzt nicht lesen«, sagte ich. »Später vielleicht.«

»Deswegen habe ich dir die Zeitung auch nicht gegeben.«

»Warum dann?«

»Hier.« Jutta zog einen bunten Prospekt hervor. »Ich glaube, das hast du dir jetzt verdient«, sagte sie. Sie schob mir das Blatt hin. Es war ein Angebot für Fernseher.

Ich goß mir die zweite Tasse Kaffee ein und nahm einen Schluck. »Und woher soll ich das Geld nehmen?«

»Hast du das vergessen? Auf dem Wohnzimmertisch liegt dein Honorar. Jedenfalls gewissermaßen. Hunderttausend. Satorius ist tot. Niemand wird das Geld vermissen.«

»Hm.«

Ich überlegte, ob es Zeugen dafür geben könnte, daß das Geld in meine Hände gekommen war. Wolf hatte es besessen, bevor ich es in seiner Wohnung fand. Ob nun er es verjubelt hätte oder ich es tun würde, lief auf dasselbe hinaus. Jutta hatte recht.

»Und da liegt noch etwas«, sagte ich.

»Die Partitur.«

»Genau.« Ich stand auf.

»Wo willst du hin?«

»Zu einem Rendezvous.«

»Mit einer Frau?« staunte Jutta.

»Was denkst denn du?«

»Aha, jetzt kommt die große Auflösung. Die unbekannte Geliebte des Detektivs. Da bin ich aber gespannt.«

»Kannst du auch sein. Ich brauche noch mal deinen Wagen.«

»Den brauch ich gleich. Du kannst mit der Enduro fahren.«

194

»Noch mal ohne Nummernschild und ohne Helm durch die Stadt? Bei der aufmerksamen Polizei? Nein, danke.«

Ich nahm die Partitur, verstaute sie in einer Plastiktüte und machte mich auf den Weg zu einer alten Dame in Barmen.

Mit der guten alten Schwebebahn.

ANMERKUNGEN

Die Existenz des Walzers »Wupper-Wellen« ist frei erfunden. Wahr ist jedoch, daß Franz Lehár (1870–1948) im Jahre 1888 kurze Zeit im Theaterorchester Barmen-Elberfeld als Geiger gearbeitet hat. Dort pflegte er nähere Beziehungen zu einer sechsunddreißig Jahre alten Opernsängerin, die ihn auch finanziell unterstützte. Für sie schrieb er die Komposition »In stiller Nacht, hörst du nicht flüstern?« – angeblich das einzige Stück, das er in Wuppertal zu Papier brachte. Diese Information stammt aus dem Buch »Immer nur lächeln – das Franz Lehár-Buch« von Ingrid und Herbert Haffner (Berlin 1998, S. 21).

In den 50er Jahren stürzte ein junger Mann während eines Konzerts (gespielt wurde Bruckners Sinfonie Nr. 8) von der Empore. Den Hinweis auf dieses Ereignis fand ich in dem Beitrag »Die Wuppertaler Stadthalle sah viele Gesichter« von Stephanie Peine, erschienen in dem von Joachim Frielingsdorf und Jost Hartwig herausgegebenen Buch »Die Stadthalle« (Wuppertal, 1995).

Die an verschiedenen Stellen zitierten Verse von Else Lasker-Schüler stammen aus folgenden Gedichten (Reihenfolge nach den Zitaten):
Nun schlummert meine Seele (aus »Meine Wunder«)
Ankunft (aus »Meine Wunder«)
Verinnerlicht (aus »Gottfried Benn«)
Abends (aus »An Ihn«)
Morituri (aus »Styx«)
Selbstmord (aus »Styx«)
Weltschmerz (aus »Styx«)
Der Wortlaut folgt dem Band »Else Lasker-Schüler, Die Gedichte«, erschienen im Suhrkamp-Verlag 1997 (Gesammelte Werke, Band 1).

DANK DES AUTORS

Ich danke meinen »Testlesern« für ihre Geduld und ihre Ratschläge. Allen voran meiner Frau Claudia, ohne die dieses Buch nie entstanden wäre und die dafür einen unserer seltenen Urlaube geopfert hat. Außerdem Werner Wittersheim, Carolin Sturm, dem ganz besonderen Mutmacher Norbert Bluhm, Winnie Bluhm und Claudia Brandt.
Ich danke auch den Leuten vom Gasthof Doktorwirt in Salzburg für die kulinarische Unterstützung sowie den Mitarbeitern des Wuppertaler Polizeipräsidiums, Frau van Treek vom Klinikum Barmen für wichtige Informationen, außerdem Carsten Dürer für Hinweise über die Stadt Düsseldorf und Motorradtypen. Dank auch an Frau Angelika Wick für allseits geduldige Vermittlung.
Und natürlich an Tüffel für seinen grandiosen Gastauftritt.

Der Bergische Krimi

Edgar Noske und Klaus Mombrei
Über die Wupper
Der Bergische Krimi 1
ISBN 3-924491-60-7
160 Seiten, 16.80 DM

»Mörderjagd im Bergischen Land. Viel Lokalkolorit, viel Action, viel Fäuste.«
Bild

Volker Kutscher und Christian Schnalke
Bullenmord
Der Bergische Krimi 2
ISBN 3-924491-87-9
200 Seiten, 16.80 DM

»Ein unterhaltsames Lesevergnügen.«
Prisma

im Emons Verlag

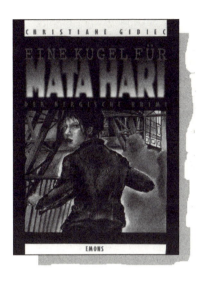

Gibiec, Christiane
Ein Kugel für Mata Hari
Der Bergische Krimi 3
Paperback
ISBN 3-924491-96-8
170 Seiten, 16.80 DM

»Christiane Gibiec erzählt mit bemerkenswerter Unbekümmertheit eine spannende und zugleich fröhliche Lektüre.«
Welt am Sonntag

Volker Kutscher und
Christian Schnalke
Vater Unser
Der Bergische Krimi 4
Paperback
ISBN 3-89705-131-1
260 Seiten, 16.80 DM

»Gruselig und glänzend recherchiert präsentiert sich die Geschichte um ein paar Halbstarke.«
Westdeutsche Zeitung

Der Bergische Krimi

Edgar Noske
Der Bastard von Berg
Der Bergische Krimi Classic 1
ISBN 3-89705-123-0
340 Seiten, 19.80 DM

»Ein packender Mittelalter-Krimi.«
Bild Köln

Christiane Gibiec
Türkischrot
Der Bergische Krimi Classic 2
ISBN 3-89705-147-8
220 Seiten, 16.80 DM

»Das Buch hat Voraussetzungen
ein Bestseller zu werden.«
Bergische Blätter